内部控制最佳实务译丛
Internal Control Best Practices

内部控制政策与程序
Internal Controls Policies and Procedures

[加]露丝·海特渥 著
张宜霞 译

大连出版社
DALIAN PUBLISHING HOUSE

图书在版编目(CIP)数据

内部控制政策与程序/(加)海特渥(Hightower, R.)著;张宜霞译. —大连:大连出版社,2009.12
(内部控制最佳实务译丛)
ISBN 978-7-80684-842-5

Ⅰ.内… Ⅱ.①海…②张… Ⅲ.企业管理—研究 Ⅳ.F270

中国版本图书馆 CIP 数据核字(2009)第 227628 号

辽宁省版权局著作权合同登记号:图字 06-2009-15 号

Internal Controls Policies and Procedures by Rose Hightower.
ISBN 978-0-470-28717-0

出 版 人:刘明辉
策　　划:刘明辉 毕华书　　责任编辑:毕华书 周 鑫
封面设计:金啸宇　　版式设计:金啸宇
责任校对:金 石　　责任印制:刘 晨

幅面尺寸:170mm×240mm　　印　　张:18.5
印　　数:1~3000 册　　字　　数:358 千字
出版时间:2009 年 12 月第 1 版　　印刷时间:2009 年 12 月第 1 次印刷
定　　价:36.00 元　　书　　号:ISBN 978-7-80684-842-5

出版发行者:大连出版社(地址:大连市西岗区长白街 10 号 邮编:116011)
电话:(0411)83621349/83621049 网址:http://www.dl-press.com 电子信箱:cbs@dl.gov.cn
印 刷 者:大连美跃彩色印刷有限公司印刷　　经销者:各地新华书店

如有印装质量问题,请与我社营销部联系
购书热线电话:(0411)83621349/83621049

译者简介

张宜霞，东北财经大学博士，厦门大学博士后，曾任东北财经大学内部控制与风险管理研究中心副主任，现任浙江工商大学副教授、公司治理与风险管理研究所所长，北京联合汇华投资有限公司副总裁、首席技术官（CTO），兼任中国会计学会财务成本分会理事，中国会计学会内部控制专业委员会委员。主要从事企业内部控制与风险管理、CPA 审计和会计监管领域的研究。曾在《会计研究》、《审计研究》、《国有资产管理》等专业期刊发表论文 30 余篇，公开出版《企业内部控制论》、《内部控制国际比较研究》、《企业风险管理——应用技术》、《PCAOB 第 5 号审计准则》等专著、译著 10 部，参编、参著 15 部。先后参与和主持完成国家自然科学基金、国家社科基金、财政部、水利部、中国博士后科学基金、中国石油天然气股份有限公司、金蝶软件股份有限公司、辽宁省社科基金、教育厅等内部控制与风险管理研究课题 20 余项，多次参与审计准则、内部控制规范等多项内部控制法规的制定和审定工作。先后获得中国会计学会、辽宁省等各级别奖励 25 项。2006 年 4 月入选首批“全国会计学术带头人后备人才”。

北京联合汇华投资有限公司是一家从事企业内部控制和风险管理研究与咨询服务的专业机构。公司将致力于以企业内部控制与风险管理为主的理论与实务研究，跟踪和研究国际前沿发展，关注和分析国内发展动态，积极与国内外高校和研究机构合作，促进企业内部控制与风险管理理论与实务在中国的发展。公司将贯彻“理论和实务研究与咨询服务并重，以理论和实务研究为基础，以服务为导向”的战略，将应用最新、最前沿、最实用的内部控制与风险管理理论与实务经验，为企业提供专业化的咨询服务和培训服务。公司将面向国内外企业尤其是上市公司和大中型公司，提供专业、权威、前瞻性的专业咨询服务，为企业提供内部控制与风险管理的最优解决方案和专业的培训服务，促进企业内部控制与风险管理的建立健全和有效运行，进而提高企业经营效率，确保财务报告的可靠性，遵守相关的法律法规，从而实现企业的战略目标，促进企业长远、健康地发展。

译者序

众所周知，健全有效的内部控制被视为企业解决许多潜在问题的一种有效方法。人们普遍认为，内部控制可以把公司保持在实现利润目标和完成公司使命的轨道上，并且使这个过程中的风险降至最小；使管理层能够处理迅速变化的经济和竞争环境、多变的顾客需求和偏好，并重新构筑未来的增长；可以提高效率，减少财产损失的风险，并有助于确保财务报表的可靠性以及与规章制度的符合性。企业内部控制由来已久，可以追溯到很远的年代，但是，长期以来，对企业内部控制的研究"百家争鸣"，企业及相关各方对内部控制的应用基本出于自愿，对内部控制的认知也处于一种"混沌"的状态。1992 年，COSO 发布了《内部控制——整合框架》，这种情况才有所改观，一方面，企业及相关各方对内部控制的应用越来越广泛；另一方面，人们对内部控制的认识逐渐趋于统一。当世界进入新千年之后，美国安然等一系列事件的爆发最终导致美国 2002 年颁布了《萨班斯—奥克斯利法案》，对企业内部控制问题从法律上提出了要求，使过去的企业自愿评价和报告内部控制变成了强制性的评价、报告和审计内部控制。《萨班斯—奥克斯利法案》的颁布实施一度引发美国上市公司的"民怨沸腾"，纷纷抱怨这个法案的过高遵循成本以及由此带来的种种问题，从而，迫使美国 SEC 和 PCAOB 不得不研究和改进内部控制的评价和审计方法，以提高内部控制评价和审计的效率，降低成本。2007 年 6 月，美国 SEC 发布了《美国证券交易委员会关于管理层报告财务报告内部控制的指引》，对企业管理层评价和报告内部控制的方法进行了规范和指导，PCAOB 也发布了《审计准则第 5 号——与财务报表审计相结合的财务报告内部控制审计》，对 CPA 审计企业的内部控制进行了规范和指导。相比之前，SEC 的评价指引和 PCAOB 的审计准则更加全面和系统地阐述了自上而下、风险基础的评价和审计方法，并强调了采用这种方法的重要性和意义。因此，有效地采用自上而下、风险基础的方法评价和审计内部控制成为企业、会计师事务所以及相关机构重点关注和研究的问题。

《内部控制政策与程序》是一本实务性很强的书，专为内部控制、会计和财务经理以及承担实施方案的专业人士编写，它可以识别提高效果和效率的计划以及减小风险、安排员工、遵守外部治理和报告的要求，比如美国证券交易委员会的报告和《萨班斯—奥克斯利法案》的合规。

本书由浙江工商大学副教授张宜霞博士主译，北京联合汇华投资有限公司的齐秀丽、王丽、贺敬燕、李俊洁完成了部分初译工作，由张宜霞博士完成终译和终审。本书的翻译得到了北京联合汇华投资有限公司总裁白威先生以及全体员工的大力支持和帮助，在此一并致谢。更要感谢大连出版社社长刘明辉教授、毕华书博士以及多位编辑的谅解和支持以及为本书的出版作出的努力和贡献。

受时间和学识所限，书中谬误和疏漏在所难免，恳请广大读者不吝赐教！接受批评意见和问题讨论的电子信箱为：yixiazhang@ 163. com。

如何使用本手册

无论是大型的公众盈利公司，还是小型的独立公司，采用内部控制方案都是有益的和有价值的。

这本手册是按照最终产品的形式组织的，它包含了记录内部控制方案所需要的所有内容。这些文档记录必须根据公司的情况制定，并进行调整以适应公司的文化和环境。在整个手册中有一些练习，在完成这些练习时要向内部控制方案提供一些输入并确定公司内部控制的状况，这将会对你有所帮助。可以登陆网址 www. wiley. com/go/icpolicies 下载本书并根据具体情况调整。按照本书中文档记录的安排，并运用公司的语言和程序调整范围和流程。本书中所有的内容都包含在上述网址的下载中。

除了把本手册作为一个参考或“如何做”的建议外，还可以把它作为工作手册。当你通读了这些章节之后，完成这些练习以深化你的认知，识别并安排你的战略，让员工成为解决方案的一部分。当你重新阅读本手册时，随着进程完成这些练习，你会有一个定制化的内部控制方案和计划。

除了提供一些有关内部控制为什么重要的背景资料以外，本手册还包括了内部控制方案特定的政策、程序和测试指引，基本上都是你启动内部控制方案所需要的。本手册是《会计与财务政策和程序》的姊妹篇，也是由 John Wiley & Sons 编著的，该书可以在 www. wiley. com/WileyCDA/WileyTitle/productCd-0470259620. html 中下载。

这些下载包括了 Microsoft Word、Excel 和 PowerPoint 格式的文档和 Visio 图，它们是按照内容目录命名和编号的。可以下载的文件是以“本来的样子”分布的，不需要任何批准。

这些下载资料只可以用于公司内部个人的用途，禁止进一步的传播或销售。通过购买本书可以获得下载本手册的许可。本书和可供下载的版本包含了基本的信息，并不试图应对特定的情况和要求。作者对于本书的内容质量或对于具体目的的适用性，不提供任何明示或暗示的保证、声明或承诺。

如果想获得更多方案的信息和支持，可以通过 policyguru@ idealpolicy. com 或登陆 www. idealpolicy. com 联系我。

前　　言

致：首席财务官、首席合规官和内部控制方案经理，

你们担心……

1. 实现目标？

2. 对变化及时作出调整的充分弹性？

3. 巧妙的管理风险？

4. 识别机会？

你知道你的风险在哪儿以及如何排序吗？你的员工有识别和减轻这些风险所需要的资源和支持吗？你的公司能从改进的会计和财务流程中获益吗？

拥有一个强大的内部控制部门能够使管理层迅速地应对变化的经济和竞争环境、变化的客户需求和优先次序以及识别为未来发展进行再造的时间和区域。

本指南是为内部控制、会计和财务经理以及承担实施方案的专业人士编写的，它可以：

1. 识别提高效果和效率的计划并减小风险；

2. 安排员工；

3. 遵守外部治理和报告的要求，比如美国证券交易委员会的报告和《萨班斯—奥克斯利法案》的遵循。

内部控制部门承担的职能和责任并不仅仅是治理、风险和监督。本书论述了这些问题，并提供了能够应对 CEO/CFO 的担心的工具和技术。

内部控制不仅是一种职能和责任，更是一种理念、文化和思维方式。本书整合了治理目标与内部控制要素，并提供了工具和技术，如果使用这些工具和技术就可以为执行领导者和其他利益相关者提供有价值的信息。

在我开始研究和准备本书的时候，我认识到大部分大型上市公司正在以相同的方式应用和描述 COSO 框架。这种现象既有好处也有坏处。好的方面是有相当多的证据表明 COSO 框架是一个普遍接受的标准，而且对定制化的指南有一致的看法和感觉。内部控制方案经理变成了执行这个框架的专家。

对作者来说困难的是如何使这个主题新鲜和新颖。因此，尽管目录看起来相似，但我希望我提出一种新鲜和新颖的常识性方法来应用这个框架。因为我的优势是会计和财务流程以及流程管理，所以，我的理念是把 COSO 嵌入到我们每天生活和工作的流程中去。

无论你是一个大型的公众公司还是小型的独立公司,这个理念和方法最起码都会增值。这种方法是以法律和规范为基础的,并且遵循一个常识性的方法来运用持续的流程改善技术。

本书由三部分组成,包括治理过程的讨论、内部控制方案和内部控制测试指引。本书包含了练习、自我评估以及各种其他工具和技术,它们可以而且应当适用于你公司的控制环境。

本书提出的许多概念是最佳流程驱动公司全部技能的组成部分,这些公司使用了在其他已被证明的模型和方法中使用的工具和技术。本书把这些概念以一种新颖的定制和实施方式集中在一起,目的是实现最基本的结果。这将会参考《萨班斯—奥克斯利法案》和 COSO 框架,你可以识别自我评估工具、流程管理以及项目管理技术的方式。所有这些合并到一起作为实施或更新内部控制方案的路线图。

这些文档应当被用作构建、恢复或记录你们公司内部控制方案的起点。这个方案和测试指引必须个性化并根据实际情况制定,以满足你们公司的需要。把我公司的名字(IDEAL,LLP. 只在一些文档的开始部分使用)换成你们公司的名字。按照这个文档机构,并用你们公司的语言和程序调整其范围和流程。

欢迎来到一个激动人心的过程。当你完成这个过程时,其结果将会为你提供关于你公司的洞察力和机会,这些是现在所意识不到的。把本手册作为评估内部控制方案成熟度的起点。当你处理每一个流程时,如果流程来得“非常容易”(例如,现在可用;被你公司的大部分(如果不是全部)子公司遵循;作为持续改进的基础来衡量和使用),那么,该流程是非常成熟的,而且不会有意外。

无论你把本书作为参考、业务手册还是指引,恭喜你迈出了第一步。

露丝·海特渥

Policyguru@ idealpolicy. com

www. idealpolicy. com

目 录

第一章 治理过程

第一节 从大 G 到小 g 的治理过程

投资于公开发行的证券(如股票)可以推动经济发展。近代历史和当前时局都表明股票市场由于诸多原因是不稳定的。为了保护投资者和股东,外部或公共治理组织已经制定法律,要求公司为投资者和股东提供及时(current)、准确和相关的数据和信息。治理就是为那些法律、规章制度建立一个环境和流程。

本部分多处提及发起组织委员会(COSO)和《萨班斯—奥克斯利法案》(SOX);如果你需要复习一下,本章末尾总结了这些重要的创始者(initiatives)。

一、什么是治理

根据国际会计师联合会(IFAC)的定义,治理是指管理层实施的一系列职责和惯例(practice),其目的是提供战略指引和战术指导,以确保实现公司的目的和目标、识别和适当管理风险,以及可靠地分配资源。关键的要点是,治理是一个过程,其实施可以增强诚信和责任,展现领导能力。

需要注意的是,上述定义不限于公众公司,也不限于法律和法规。一些公众公司不得不应对其市场和资产价值"过山车"般(急转突变)的冲击,我们可以从中吸取很多教训。那些"没有如此公众"的公司采用治理过程中使用过的工具可以受益并获得底线收益。因此,如果你是一家小公司或私有公司,也有一些警示和教益需要你去注意。

二、治理是关于什么的

治理要建立并维持一个合乎道德标准的工作环境,要制定和遵守规则,还关系到透明和披露问题。治理要建立和遵循一个流程,来制定、沟通、实施以及衡量管理业务所需要的原则、规则和制度。

三、治理来自哪里

从会计和财务的视角来看,外部或大 G 治理源于法律和监管部门,比如证券交易委员会(SEC)、财务会计准则委员会(FASB)和公众公司会计监督委员会(PCAOB)。

从外部来看,这些监管部门提出原则、规则和方法,旨在提高向潜在投资者和股东呈报的定量和定性信息的完整性。为了遵守外部治理,领导者必须找到一种方式把这些外部驱动规则和法规整合到内部经营的实务和流程中去。

大 G 治理源自公司的外部,而小 g 治理源于公司内部。大 G 治理背后的一些力量包括:

1. 市场稳定性,受投资者以及监管者驱动,他们要求准确、完整和透明的信息;
2. 政治和经济的稳定性,受当地政府对具体行业实施的经济政策和法规的影响;
3. 财务稳定性,通常被视为股票价格和资产价值之间的一种衡量。

作为大 G 治理的一部分,被要求实施这些法规的公司要向其监管机构和部门提供信息,比如,公众公司要满足季度财务报告的需求。公司和其他利益相关者要对现在和将来的方向给出评论。SEC 和 PCAOB 审查和评价提交的文档和评论,最终确定现行监管制度的适当性以及如何能够和必须改进这些监管制度。SEC 和 PCAOB 最终负责监督大 G 治理会计和财务法律法规的遵守。

遵守外部大 G 治理表现为满足报告要求和公司领导证实所报告内容的准确性和完整性。由于领导者不能对每笔交易的各个方面都进行监督,所以他们把外部法律法规转换和整合进内部流程、政策和程序,从而形成小 g 治理的监管环境。

小 g 治理的目标仅是把大 G 治理的规则整合进公司的流程,并遵守报告和披露的法律法规。

公司治理或小 g 治理可以定义为一个由公司董事会、管理层和其他员工发起的流程,应用于公司整体的过程,以实现:

1. 遵循适用的法律法规;
2. 所有公开报告和信息的透明和可靠,以便做出准确及时的决策;
3. 公司流程的适当(比如有效果和有效率)运行,包括对社会的积极影响;与客户、供应商及员工之间进行公平诚信的交易;报酬补偿措施;管理的评价。

内部或经营治理表现为审查、分析和记录完成工作所需要的内部惯例和流程。内部业务流程界定了工作应该怎样组织和实施;界定了审查、批准和扩大的触点。流程的负责人要负责设计出合规而且运行有效的流程。

就我们的目的而言,“小 g 治理”这个专业术语可以广泛地用来表示公司内部采用外部规章制度,公司治理成为外部要求和期望与内部流程和资源限制的一座桥梁。

四、为什么要治理,为什么是现在

是法律的要求。

大 G 和小 g 治理的创建应该是动态的,也就是说,它要结合各种组织(如企业、投资者、债权人、政府和旨在定义和改进治理原则和规则的国际组织）的投入，对不断变化的环境做出反应。

对于大多数公司而言，重点在于小 g 治理以及需要满足合规和监督管理的任务。对任何一个企业来说，在其行为中都要有可以识别的价值。创建和监督小 g 治理的方案必须是通过改进流程管理和决策来增加公司的利润贡献。

小 g 治理是创建一个满足内部决策和对外财务报告需要的内部环境和文化。因此，大 G 治理与法律有关，而小 g 治理是把法律转换和整合进企业的组织结构。小 g 治理：

1. 为顾客和其他利益相关者做出明智的决策提供所需要的准确、完整和及时的数据和信息。

2. 为员工提供工作所必要的工具和资源，让他们行动起来并承担高绩效员工所需要的个人责任。

3. 衡量公司的核心竞争力和工作系统，管理和改进其关键流程；明确自己在做什么并创造一个成功的环境。

小 g 治理是在继续实现公司目标和满足大 G 治理报告要求的同时，确保经营流程得以界定、衡量和审核。作为监督工作的一部分，需要对经营流程进行记录和风险估价，保证遵循内部决策和外部报告。

下面的流程图展示了从大 G 治理到小 g 治理，再到风险和监督，然后又回到大 G 治理的过程。值得注意的是，小 g 治理的角色和职责就是把大 G 治理应用到公司的操作层面以及风险和监督活动的评价与监管层面。随着公司业务领域流程的实施，数据和信息、正式和非正式报告都向上传递到领导小组。高级领导层和董事会最终对这些流程的有效运行负责，并向大 G 治理部门报告公司的结果。

五、治理过程流程图

外部监管机构发布指令和指南，公司接受和评估这些要求，制定计划将它们整合到经营中或评估没有充分执行这些要求的风险。

通常情况下，对指令做出反应需要时间和资源，同时也有风险。公司需要评估这些要求并确定他们需要改变业务流程的哪些方面以及做何种程度的改变。这种评估需要了解和评价公司具体的流程和风险。当公司确定在什么地方以及如何实施流程变化时，就要启动过渡计划（transition plan）和项目并将其整合进企业的操作层面。在过渡期以及之后，公司可能还存在风险，需要进行监督和定期的重新评估。

流程一旦实施和应用，就要进行更新，而且，监管制度发生变化所产生的影响要通过交易的处理来衡量。操作流程的效果和效率要通过衡量风险和遵循的方案来监督。

公司利用风险评估技术来评估没有遵守或没有完全遵守法规制度的风险。如果决定不接受这样的风险,那么经营流程就要更新。如果决定接受一定程度的风险,那么就要用内置于风险管理流程的监督对风险进行管理。

证实了操作流程以及识别出风险的影响之后,向高级领导层和董事会提交报告。一经批准,他们就可以发布外部报告,以满足外部监管的报告要求。

另外,外部监管机构收到公司报告和反馈或这些机构评估其他经济环境指标时,会导致删减和改变外部规则和法规。这样就构成了一个完整的治理流程。

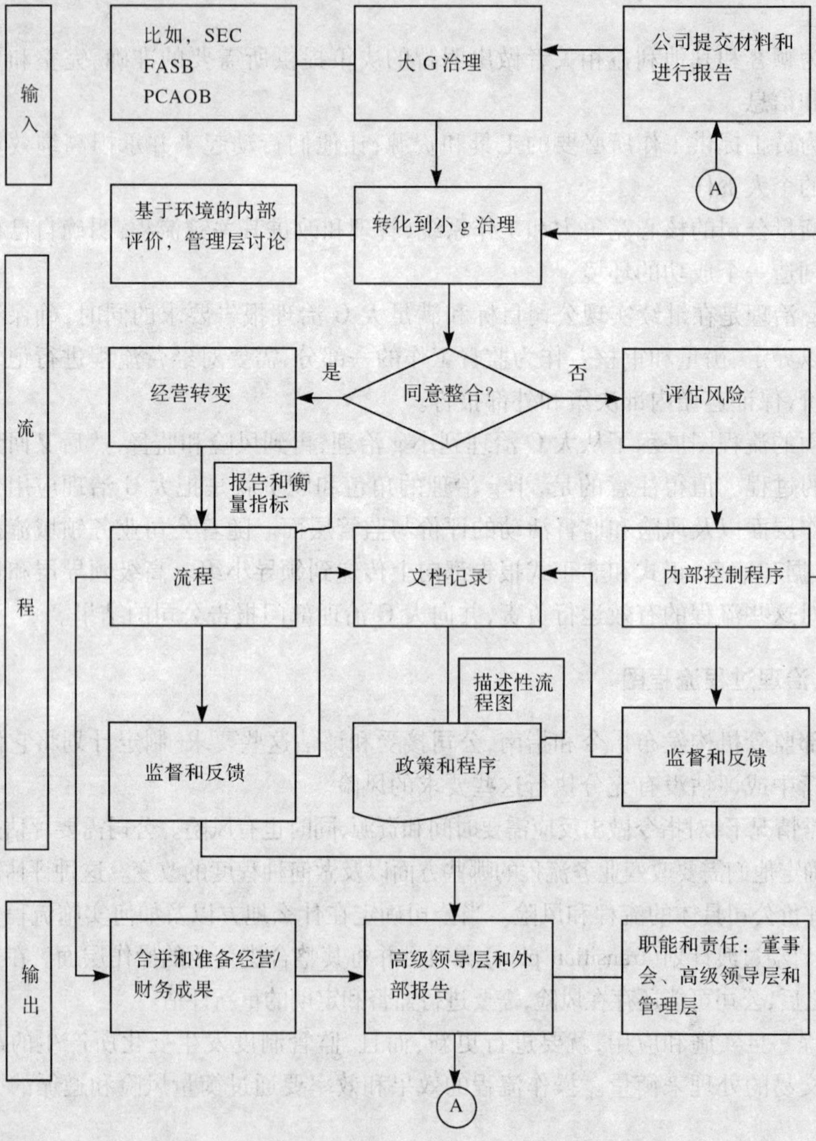

附录 COSO、SOX和PCAOB的一些背景资料

如今,每个内部控制指南都参考Treadway委员会的发起组织委员会(COSO)框架和《萨班斯—奥克斯利法案》(SOX)。对于那些不熟悉这些初创者的人来说,下面的内容是对它们的这些重要里程碑的一个简短回顾和定位,因为它们与内部控制治理过程紧密相关。

一、COSO框架

1992年,COSO发布了《内部控制—整合框架》,帮助企业和其他主体(entity)评估和加强内部控制系统。管理人员、董事会成员、监管者、标准制定者、职业组织和其他各方把这个框架视为一个适当的内部控制综合框架。登陆www.coso.org网页可以获得更多有关COSO的信息。

本书既没有替换这个框架也没有修改它,而是为如何将其整合到你的内部控制环境中提供指引。讨论和描述COSO概念的书籍已随处可见,本书重点不是强调COSO,而是把COSO用作一个工具和指引去实施公司定制化的方案。内部控制流程开始于管理层设定与公司特定业务活动和环境相关的财务报告目标。

一旦设定目标,管理层识别和评估这些目标的各种风险,确定哪些风险会导致财务报告的重大错报,以及确定如何通过一系列的控制活动来管理这些风险。管理层实施步骤来获取流程以及传递财务报告和其他内部控制要素所需要的信息。所有这些都是在公司的控制环境背景中完成的,它要进行必要的定型和提炼,以提供适当的来自高层的基调。这些要素也要接受监督,以确保控制能够长期持续地适当进行。

COSO要素包括:

1. 控制环境。它是公司内部控制意识程度的一个指标。它是所有其他要素的基础,为它们提供指引、秩序(discipline)和结构。

2. 风险评估。它表示识别和分析实现目标过程中的相关风险。这个要素形成了风险应该如何被识别、管理和报告的基础。

3. 控制活动。它嵌入经营和财务流程中,并确保采取了必要的行动。

4. 信息与沟通。它识别、捕捉和沟通上行和下行的数据和信息。

5. 监控。它指的是评估和评价流程在应对内部控制目标方面的效果、效率以及合规性。包含在COSO监控要素内的是报告公司内部控制状态的责任。

二、在实现成本有效性(cost-effective)内部控制过程中监督面临的挑战

如果管理层认为控制是加到现行经营体系上的管理负担,而没有意识到经营

的需要以及与核心流程相整合的有效内部控制的好处，这种情况尤为如此。这些挑战有：

1. 获得充足的资源来实现充分的职责分离；

2. 管理层主导某些使管理层有很大机会凌驾控制的活动的能力；

3. 招聘具备财务报告和其他必要专业技能的人员在董事会和审计委员会有效地服务；

4. 招聘和保留具备充分会计和财务报告经验和技能的人员；

5. 把管理层的注意力从经营企业移开，以充分重视会计和财务报告；

6. 以有限的技术资源维持计算机信息系统的适当控制。

COSO 框架认为，一个主体必须首先设定一套合理的财务报告目标。在高层面，财务报告的目标是编制可靠的财务报表，这包括获取财务报表不存在重大错报的合理保证。从这个高层面的目标出发，管理层要设定与公司经营活动和环境以及公司财务报表科目的适当反映和相关披露有关的支持性目标。只关注那些直接适用于业务以及与那些对财务报表来说重大的活动和环境相关的目标，才能获得效率。

三、《萨班斯—奥克斯利法案》

《2002 年公众公司会计改革和投资者保护法案》，即通常所说的《萨班斯—奥克斯利法案》，是根据他们的发起人美国参议员保尔·萨班斯和众议员迈克尔·奥克斯利命名的。《萨班斯—奥克斯利法案》(SOX)要求所有公众公司做一些一直以来本应该做的事情：授予首席执行官(CEO)和首席财务官(CFO)对公司内部控制的权力以及展示适当和透明治理的机会。

《萨班斯—奥克斯利法案》中影响这一主题的条款包括：

1. 第 301 条款，与会计和审计控诉相关；

2. 第 302 条款，阐述披露程序和控制，包括季度的 CEO/CFO 确认(certification)；

3. 第 404 条款，阐述财务报告内部控制的确认和证实(attestation)；

4. 第 409 条款，要求对重大事项的快速披露。

SOX 的要求以优良企业的基本原则为基础。每个企业，无论是否要遵守 SOX，都能够从实施和关注内部控制中受益。一个有效(strong)内部控制结构和方案的好处在于，它产生的企业价值远远超过了强制性的遵守 SOX 的规定。SOX 中有两条款需要注意：302 条款和 404 条款。

302 条款关注管理者的责任。CEO/CFO 必须亲自确认他们对披露控制和程序负责。每个季度提交的文档都必须包含一个对这些控制设计和有效性的评价。

404 条款要求对公司内部控制方案进行年度评价。这项规定要求管理层将其评价建立在一个公认框架的基础上，比如 COSO 框架。执行管理者要用包括文件在内的充分证据来支持其评价。此外，404 条款将责任施加在外部审计师身上，他们必须审计管理层的评估并出具相关审计意见。

SOX 和 COSO 一起提出了要求，并规定了内部控制部门要用的方法。公司如果仅仅集中于该法案的法律遵循，将会错过将法案的规定作为催化剂促进公司整体转变的潜在收益。公司可以通过 SOX 规定提高员工效率和生产力、流水线经营以及通过更及时、更透明的财务信息来做出更好的财务决策。该项法案代表了一个机会，可以提高公司诚信、重建投资者信心以及推动经济发展。

在“季度次级确认（subcertification）方案”这一章中，还有一些其他有关《萨班斯—奥克斯利法案》以及如何将其整合进内部控制方案的信息。如果需要更多有关《萨班斯—奥克斯利法案》的信息，可以参考 www. sec. gov/about/laws/soa2002. pdf。

四、公众公司会计监督委员会（PCAOB）

公众公司会计监督委员会（PCAOB）从《2002 年萨班斯—奥克斯利法案》102 条款获得授权，该法案要求如果会计公司为美国公众公司编制或出具审计报告，就必须在该委员会进行注册。

公众公司会计监督委员会（PCAOB）是一个通过 SOX 创建的私人、非营利组织，其目的是监督公众公司的审计师，以保护投资者的利益以及在编制有信息含量、公允和独立的审计报告过程中的公共利益。

公众公司会计监督委员会（PCAOB）审核审计师，并向公众提供报告。公众公司会计监督委员会（PCAOB）被授权提供一般公认审计准则，并沟通和测试其遵循情况。关于公众公司会计监督委员会（PCAOB）的更多信息可以在 http://www. pcaobus. org/找到。

第二节　风险评估

我们生活在一个不稳定和多变的时代，公司管理业务的能力甚或其整个生命都可能被看似其控制之外的力量所抛弃。需要公司一直勤勉的因素可以列出一个无止境的单子。这些因素包括但不限于来自以下事项的影响：

1. 贪污、欺诈；
2. 自然灾害；
3. 经济周期；

4. 供应链限制、约束；
5. 全球化；
6. 地缘政治动荡；
7. 日益增加的监管；
8. 竞争性或行业性合并；
9. 诉讼；
10. 消费者需求；
11. 知识产权的盗版行为；
12. 网络犯罪。

评估或不评估这些风险会带来其自身的代价，形式表现为机会丧失、信息与方案超载、增长的风险厌恶以及失败的高成本。结果就是重新开始的机会和对风险的关注，包括公司为风险出现时识别和管理风险所作的准备。

运营良好和成功的公司知道如何利用风险做有利于自己的事情。为了推动创新和寻找商业优势，在他们的组织中会专门有一些人来监控甚至寻找有风险的机会。这些公司也明白如果风险水平不适当，资源会被逐渐耗尽和浪费。了解这个差别是非常重要的。

创新和兴奋地寻找机会可能成为销售、市场营销、研究以及发展的领域。当创新和兴奋地寻找机会与公司的长期目的和目标不一致，或者在追求目标的过程中没有在投资之前在财务、技术以及运营方面实施适当水平的应有努力，这时就会存在不成比例的财务风险。

如果通过效果和效率计量识别出不可接受水平的浪费时，经营风险就产生了。如果预算或计划目标没有实现，或者如果内部控制程序存在的缺陷表明可能会发生欺诈和滥用，那么财务风险就会呈现出来。

在本手册中我们重点关注的是危及内部控制状态的风险类型。这包括经营风险和财务风险。

一、什么是风险

风险是为意外事项做准备，无论是幸运的还是危险的。风险是预测没有计划的事项，并有信心和能力比竞争者更快的应用批判性思维。风险管理是一个计划、组织、领导、控制和沟通的过程，其目的是将风险对组织的资本和收益的影响最小化。

从一个整体公司或企业的视角来看，管理层要拓展这些流程的广度和深度，使其不仅包括与意外损失相关的风险，还包括与财务、战略和经营状况相关的风险。

二、风险是关于什么的

风险涉及了解其性质并采用一种谦恭谨慎的方法。公司了解风险及其在企业经营中的地位,应用风险来缓解不必要的威胁,甚至能够通过承担深思熟虑的风险来赢得胜利和获利。如果它通过识别和纠正经营低效率为节约成本提供机会,或者促进"开放式"思维,或者为超越竞争者创造机会,风险管理就会增加底线收益。风险是充满信心并为行动做准备。

并不是所有的风险都需要规避。例如,回头看一下治理流程图。当遭受大G治理规则和法规时,需要实施评估来决定如果有流程受到影响将会怎样。一旦识别出受影响的流程,就要分析并决定遵循监管的最好途径,其中包括成本效益分析。所做出的决策可能是要:

1. 接受监管并将其整合进当前流程;

2. 接受监管并将其整合进重新设计的流程——开发一个过渡流程计划;

3. 接受监管并确定一种高层管理方法以满足监管的报告要求,而不将其整合进流程。

4. 部分接受监管并将其整合进当前或重新设计的流程。监管未被采用的部分也要视为风险,而且必须进行管理。那些未被采用的内容必须进行完整的记录,包括在当时不能采用该内容的根本原因。只要可能的话,必须采取和监督缓解控制,在监管者约请公司时,收集证据来表明一种"善意"的努力。即使有文档记录和缓解控制,监管者可能还要考虑不超过完全采用不遵守法律的策略所产生的任何事情。如果决定不遵守法律,就要考虑潜在惩罚的成本以及对公司声誉的风险。

三、为什么进行风险管理,为什么是现在

这是因为我们生活和工作的环境。

风险的时机渗透到组织的每一个方面,包括外部环境施加特定限制和/或需要特定信息的时点。下表列示和描述了我们作为会计和财务专业人员经常遇到的各种类型的风险。

风险类型	描　述
经营持续性	确保体系和经营活动是冗余的,而且在发生自然灾害或经营失败时是可恢复的。
经营环境和治理	是公司文化的指示器;设定组织、业务单元或职能部门的基调;影响其员工的控制意识;提供秩序和结构,是风险管理和内部控制的基础。

续表

风险类型	描　述
变更管理	公司领导和员工不能或不愿对流程/产品/服务实施足够快的改进以与变化的市场环境保持一致。
合规性	衡量对适用的法律法规以及内部政策和程序的遵守情况。
顾客满意度/声誉	这种风险指由于缺乏对顾客需求的关注,公司的产品和/或服务不能持续满足或超出顾客预期。
数据安全性	对敏感和重要信息以及支持信息技术的实物资产的保护和防护。
员工健康和安全	由于缺乏控制而导致的健康和安全风险是重要的,它使公司暴露于重大的员工补偿债务。
财务报告	这种风险指向监管机构、现有和潜在投资者以及债权人发布的财务报告包含重大错报或遗漏重大事项。
人力资源	员工有效管理经营活动的能力,包括:员工聘用、员工保留、沟通技能、授权、责任、委派(delegation)、职权(authority)、诚信、判断和培训。
法律	法律和诉讼可能性没有充分纳入管理层决策流程的风险。
经营和处理	持续的企业经营包括内部(比如,文化、人员和流程)和外部(比如,竞争、政治和社会环境)因素。
计划	公司经营战略没有对环境变化做出反应,不受适当的输入或有效计划流程的驱动,并且没有在组织范围内一致地沟通。
定价/合同承诺	以原材料或产品为基础的商品价格波动导致不能实现预算或预计的收益。
监管/行业环境	监管者对行业监管环境施加影响,导致竞争压力增加或业务流程变动。
报告	与内部和外部报告相关,受到编制者一般公认会计准则(GAAP)以及其他监管和内部会计原则知识的影响。
风险管理	如果市场和信贷条件发生变化,或没有适当建立、更新或监督销售、信用和财务限制,应对公司损失的风险。
技术	基础设施瘫痪(比如信息系统和电信和/或处理限制),包括未能适当评估快速变化的技术产生的影响。

风险和欺诈是不一样的,而且,欺诈更值得多提一下。通常认为,发生欺诈一般需要三个要求:动机、机会和个性。动机的程度通常取决于环境压力,它表现为对金钱的需要、个人满足或减轻对失败的恐惧。机会指的是会出现一种能够实施欺诈的情形,比如内部控制缺陷、经营环境的必然性或相近性(necessity or proximity)、管理风格和公司文化。个性包括一种个人或行为特征,它表明一种实施欺诈的意愿。个人诚信和道德标准需要足够"灵活"以为欺诈辩护,可能出于供养小孩或为家庭成员支付医疗费。

缓解欺诈比缓解风险更困难。对一个人的欺诈动机施加影响很困难,因为很少有员工愿意共享到那个层面。个性有时可以通过培训和认知方案得以改变。机会是通过建立和实施有效的内部控制系统能够最容易且最有效应对的。尽管欺诈的情形不能被消除,但是利用深思熟虑的支持方案,通过建立恪尽职守的环境和在适当层面采取适当措施,欺诈的机会就可以减少。

四、评估流程风险的练习

一个公司对风险的关注表现在公司渴望或要求规避风险。一个公司的风险阈值(threshold)是根据公司愿意接受的某一事项带来的风险敞口的数量或潜在不利影响来确定的。当一个公司达到其风险极限时,就需要实施风险管理措施和经营控制以使敞口水平恢复到可接受水平之内。

下面是一个简单的练习,你单独或者和一个精良的小组都可以实施。一般情况下,最令你担心的事情更容易引发风险。不用过多思考,用你的第一印象回答这些问题,然后评定等级并将它们描绘在风险矩阵上。

1. 你认为哪些流程或领域当前有最大的风险敞口?考虑采用自上而下的方法来识别那些如果发现了内部控制缺陷就会发生最大影响的领域。审核你的财务报表、损益表和资产负债表,列示那些有最大余额的账户(如:收入、存货、税金)。这将有助于你在这些领域中识别哪些是风险。

2. 假定你还没有实施任何研究或调查,你打算分配资源给哪些领域?也就是说,如果这些领域令你感到担心,你可以将这种风险命名为恶魔,而且准备花费时间和金钱去找出更多的恶魔;那么,这就是需要你注意的重要事项。考虑事项发生概率下的财务与经营影响以及事项发生的可能性。

3. 什么水平的风险需要一个正式的应对策略来缓解潜在重大的影响?换句话说,你想消除所有的风险,或者说你愿意生活在某种水平的风险下吗?

根据影响和可能性矩阵将风险绘制在栅格内,并按照你愿意采取的策略将风险分组,这些策略主要有:

4. 接受——保留在业务结构中并提供资源来监控和跟踪它。

5. 缓解和控制——建立阈值和控制以确保：如果继续进行，就监控和跟踪风险；如果不继续进行，则建立一个过渡计划将其从业务结构中消除。

6. 共享——考虑一个与客户、厂商、供应商或其他人共享风险的替代方案。

7. 规避——从业务结构中将这种风险消除并且从源头上阻止这种风险。

风险矩阵

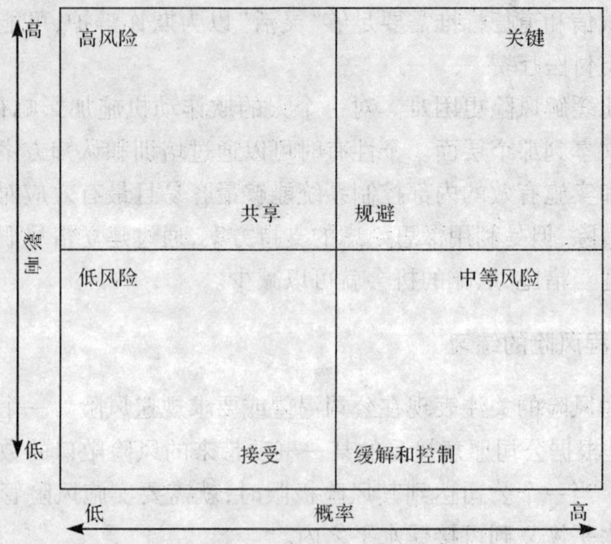

一旦你的回答绘制到上面的栅格中，确认你能或你想做什么来缓解风险或者测试控制。下表中包含了几个典型的例子以便于你开始。

为扩大你的范围，请求流程负责人或业务领域管理者花费几分钟时间来完成下面针对“让他们夜不能寐”的流程领域提供的输入。大约花费 20 分钟的时间，你就能收到大约 80% 主要风险领域的输入。

列示流程	选择一个你愿意接受的适当风险水平			
	接受	规避	降低	共享
应收账款——信用管理：机会是减少或消除客户信用评估	接受来自财富 500 强的任意客户的赊销。	评估为资不抵债的客户。	通过对交易额超过 50 000 美元的交易实施信用评估来降低风险。	对于“在险”客户，要求预先支付三分之一的销售款，从而共享信用风险。

续表

列示流程	选择一个你愿意接受的适当风险水平			
	接受	规避	降低	共享
应付账款——发票处理	接受采购订单、发票和验收报告之间的三方核对。	不接受没有适当管理层批准的发票。	对选出的预先确定的采购，通过接受发票和验收报告之间的两方核对来降低风险。	

分析并把列表排序，为你的风险管理流程提供一个起点。

读者注意：

本文通篇都在使用“流程”（process）这个词，它指的是一系列可定义的、可重复的、可预测的、可衡量的、可整合的任务。为了保持一个流程的完整性，它必须具备所有这些维度：

1. 可定义性，在于有一个包含系列任务的具体范围；有一个开始和结束；有确定的输入、确定的工作活动和确定的输出。对于流程来说，不存在未定义的任务。例如：G 等于 E 加上 F。

2. 可重复性，在于流程要由一致、重复的任务构成。为了确保一致的结果，每次承担任务都要以同样的方式来实施。对于任务的次序，很少或没有改变的余地。例如：任务 E 总是在任务 F 之前实施。

3. 可预测性，在于一旦任务开始，就会产生一致和可比的结果。这个能够被计算出来，这样，如果知道输入就能够预期输出，如果知道输出就能够计算出输入。例如：E 加上 F 等于 G。

4. 可衡量性，在于业绩衡量要作为一个流程可预测性指标嵌入到流程中。例如：如果 1E 导致 1F，那么 1E 就是 1F 的预选（preelection）。

5. 可整合性，在于流程依赖于其他流程，并与其他流程相互联系、相互影响。例如：C 加上 D 等于 E。

如果一项有效控制的目标是确保每次遵循流程时，会产生一个可定义的、可重复的、可预测的、可衡量的结果，那么，为什么不生成文档记录来支持这个流程呢？

注意，如果你没有在流程内设计适当的控制要素，那么，你可能有一个可定义的流程，但还是没有控制。因此，一个确定的流程等于控制或者文件记录等于控制的说法是荒谬的。

第三节 监督

哪里有规则和风险,哪里就有机会和监督。例如,在高速公路上有驾驶规则,假定每小时60英里(100公里)。这对于高度精确的汽车来说是机会,对于不合格的驾驶者来说存在违背这些规则的风险。那么,存在监督就应当没有什么大惊小怪的。然而,监督并不仅仅是管制(police)和捕捉违规者,必须要有结果。因此,风险、监督和结果是紧密相连的。

一、监督来自哪里

监督包含在大G治理的规则和法规中,包括但不限于证券交易委员会(SEC)、《萨班斯—奥克斯利法案》(SOX)以及公众公司会计监督委员会(PCAOB)。除了提供对其他组织的监督外,每个大G治理的组织都有责任监督自身的规则和法规。例如,公众公司会计监督委员会(PCAOB)监督为公众公司财务状况提供审计和出具意见的审计师。

二、什么是监督

监督被定义为,谨慎的关注、仔细的检查以及干预。一种有效的监督方法有能力影响企业领导者、经营以及组织文化。成功的监督方案被证实能够揭示浪费、欺诈和滥用;保护个人权力;确保遵循法律和评价企业绩效。

监督被设计用来观察以客观、独立方式完成的每件事。监督方案要审核、监控并指导政策和程序的执行和实施,从而确保切实执行了法律。至于公众公司会计监督委员会(PCAOB),监督方案要审核负责审核、监控和纠正职能的流程和方案。因此,像公众公司会计监督委员会(PCAOB)审核审计师一样,内部监督要审核内部审计与控制的效果和效率。为了提供独立性和客观性,监督的基本原则是将具有监督职能的管理层从行政和经营管理中分离出来。

三、监督是关于什么的

监督就是要建立一个方案,处理存在潜在风险的问题并提供相互制衡,以确保对原则、规则、政策和程序的遵守。至于治理和风险,监督是一个流程,是内部控制方案的一部分,这个内部控制方案用于提高为决策而提交的信息的完整性、可靠性和责任。作为一个方案,治理和监督必须应用方案和流程规范(process discipline)来监控它们自己。

监督是给审计师以及那些审查审计师的人分配管制的职责。审计职责的一个方面是为公司遵守外部规则和法规提供谨慎的关注和检查。

不遵守的后果可能是重大的,包括:

1. 对公司、行政人员和/或董事会成员进行罚款;

2. 股票市场价值的损失;

3. 公司形象和声誉的蒙羞和损失,包括丧失顾客、员工和供应商;

4. 吊销营业执照,这意味着公司再也不能从事经营。

内部控制的一项功能是当缺陷出现时提供一个防护性或预警信号。内部控制方案要识别需要监控的治理问题以及存在最大风险可能的内部流程。像公众公司会计监督委员会(PCAOB)对外部审计师一样,内部控制职能必须监控公司内那些监督合规情况的流程,包括内部审计流程的有效性。

然而,该方案并不限于仅仅提供公司监督;为了保持有效,必须对方案本身进行监督。也就是说,内部控制必须监控和衡量其方案在提供和监控治理方面的有效性。作为 COSO 指南的一部分,内部控制方案也必须被评价。

四、为什么实施监督,为什么是现在

为了使领导者负起责任。会计责任的挑战是要表明治理政策和程序是在公司范围内实施。把监控用作一个流程的权力是鼓励领导者冒险走出办公室,审核经营,改变政策,重新分配资源以及测试审计控制措施。

作为最佳实践,内部控制的职责是提供数据和信息,它们有助于公司实施有效果和有效率的流程以及使负责领导负起责任。

使用下表作为起点来识别哪些领域需要监督。这个练习是要识别和评估(rate)监督各项标准(principle)的重要性和效果。

在每项陈述之后,评估这项标准在你公司的重要性以及你如何考虑做一些事情来满足这项标准。使用高、中、低的等级划分,而且像本单元中的其他练习一样,根据你的第一印象来进行。作为公司领导,你应该对哪些是重要的以及运营得如何有洞察力和判断力。

重要性指的是这些标准和实践对你经营企业来说有多重要,效果指的是这些实践嵌入你公司文化和环境的程度。诚实对待——这将会有助于你改善。

监控的标准	监控的实践	重要性	效果
战略,使命,计划	治理主体(如董事会成员、高级行政人员)应该: 1. 提供战略指导,监控管理层去实现公司目的和目标; 2. 确保主体遵守所有相关的法律和规范; 3. 公司和股东之间进行沟通; 4. 识别和监控主要风险领域和风险的可容忍偏好(tolerance appetite);关键绩效指标。		
监督主体	治理主体应任命下属委员会和/或部门来帮助履行其监督职责。 这些委员会和/或部门应该有: 1. 履行其职责所需要的资源和独立性,委员会成员应该具有必要的技能、知识和能力以确保有效; 2. 一项清楚的授权,确认其成员身份、职责和责任; 3. 一个确定的流程,接触、监控和测试适当和相关的流程与信息; 4. 一张有确定日程和时间的日常会议进度表,追踪已经采取或将要采取的行动; 5. 及早报告重大事项的规定程序。		
透明和披露	管理层应表明真实、准确、完整和及时的原则,并及时向治理的下属委员会和/或部门披露。 治理的下属委员会和部门成员应: 1. 确保他们自己在提出意见或做决策之前已收到客观、精确、完整和及时的信息; 2. 接受治理主体对其业绩和有效性的评价。		
道德环境	治理主体应: 1. 制定、沟通和测试公司的行为守则; 2. 提供一个包括欺诈、贪污和其他风险的秘密(如揭发)流程。		
审计,风险和合规	执行管理层应负责: 1. 设计、实施、监控以及把大 G 治理整合进小 g 治理的政策、程序、实践和活动中; 2. 建立有效的内部审计和内部控制职能,对管理层管理公司的能力提供独立反馈。		

那些项目的等级如下:

1. 重要性高，而且效果好（high）——祝贺你，你已经达到了最佳实践的状态；

2. 重要性高，而且效果不好（low）——考虑制定一项行动计划来缩小差距；

3. 重要性低，而且效果好（high）——考虑一下是否花费了过多的时间和资源；

4. 重要性低，而且效果不好（low）——考虑因为没有满足或应对这项重要的标准而遗漏的机会和/或风险。

监督方案的适当执行能够产生成效，提高盈利能力。在我看来，如果企业从他们的监督方案中不能看到切实的（bottom - line）结果，那么，监督的职能和责任就是错置的。监督方案可能由于缺少明确的授权（mandate）、资源或范围而受到损坏。如果监督方案提供的是临时照看和管理（baby - sitting and policing），而没有产生提高责任的效果，那么这种监督不但是无效的，而且也是无力的。

如果流程负责人指望（look to）合规部门、内部审计或者内部控制来确定哪些地方和何时必须把控制设计进一个流程以及确定控制活动的类型以测试计划或验证数据时，那么监督方案就失去了它的独立性和客观性。我的建议是回到根本，应用项目/流程管理技术，确定职责和责任，并在可接收的风险水平基础上把局部控制活动和监督测试活动设计进每一个流程。

当出现下列情况时，你要知道你有过多或错置的监督：

1. 妨碍了创新和创造；

2. 不能增加价值；

3. 施加了政治影响；

4. 没有关注结果；

5. 目标变得更倾向于“抓住犯错误的人”①（gotcha）和更具有破坏性，而没有监督改进和建设性；

6. 规划监督活动计划的会议优先和超过了实施实际监督活动所花费的时间和资源。

在组织内应用一个成功的监督方案包括：

1. 独立性和客观性；

2. 有规律的、系统的方法，不管范围或职能业务领域；

3. 对所有流程进行的全面审核和分析；

4. 包含使用来自其他制衡活动（比如，关键绩效指标）的输入；

5. 熟悉审计和内部控制的领域以及审计或测试的职能领域的专业人员工作的效果；

6. 职能性组织；

---

① Gotcha 的本意是“抓到你了！我赢你了！或者这下抓住你了”，在此指的是过于倾向于抓住犯错误的人和错误。——译者注。

7. 划分仔细检查和微观管理的界限；

8. 记录确定的行动项目和后续跟进措施；

9. 沿命令与执行领导的科层链向上报告结果。

依据 SOX 的规则，董事会和高级领导层负责监督公司内部控制和披露控制的有效性。监督非常重要，如果独立审计师确定董事会没有履行其监督责任，那么，这种失效将是一个重大漏洞。

董事会不仅对内部控制的监督有责任，它实际上还是内部控制的一个组成部分。董事会对财务报告职能、内部审计职能、风险管理职能以及与独立审计师的关系的监督是内部控制的一个组成部分。如前所述，董事会和高级领导层有责任提供指导，并把大 G 治理转化为小 g 治理的实施，他们还要负责通过监督小 g 治理的实施是否遵守了大 G 治理的规则来完成这一过程。

第四节 记录

对在经营中实施小 g 治理并将其与风险和监督联系起来至关重要的是沟通和记录。

一、记录来自哪里

我们周围全是记录，有些是正式的，如章程、政策、程序以及指示；有些是非正式的，如清单、表格以及电子邮件。在治理过程中，所有的记录都要进行详细审查和审核。考虑一下近期的调查，其中看起来无意的电子邮件和便笺导致了公司的垮台。

查阅公司记录和信息管理和/或信息处理政策和程序。除了其他诸如法律保持和毁坏的重要主题外，这些政策和程序规定了记录是什么和不是什么、必须如何分类、必须放置在哪里以及必须保存多长时间。员工对这些规则遵循得如何将会对满足治理的要求有重大影响。这些政策和程序必须确定这些记录的分类、使用和保存。

在组织层面上，最佳实践是一个高层面的处理流（process flow），把公司的流程与地点连接起来。这可以仅用一个组织结构图或使用处理流完成，目标是把子流程与更高层面的流程联系起来以及确保将流程间的“切换”作为控制点处理。作为一个提示，你一般会在流程“切换”点发现控制问题。

二、什么是记录

记录指的是证实的行为，它提供实质性证据和证明。记录指的是正式的和非正式的书面审计痕迹，它描述和证明存在基本的流程特性、要素和标准，从而，作为沟通、指导和应有谨慎（due diligence）的一种形式。

通过建立一个公司范围的政策—程序方案，并将该方案作为衡量合规的基础，领导者确立了这样一种基调：内部控制是重要的，而且必须视为每个人工作的组成部分。内部控制必须建立在每个流程中，而且，必须有计划好的审核和测试以确保这些控制按照计划实施。

为了表明存在受控的环境，流程必须表明它是可定义的、可重复的、可预测的、可衡量的以及可整合的，以证明该流程是那些事情的全部，必须对其进行记录、监督和控制。

管理者必须仔细区分内部控制记录和内部控制本身。建立一个描述控制的记录不是控制。控制必须是流程的组成部分，人们用这些流程来执行那些书面的政策和程序。认为记录等同于内部控制或者没有记录就意味着不存在内部控制的说法是荒谬的。流程可能有内嵌的控制，但记录本身可能是没有的。记录流程也必须进行评价。

前已述及，记录是内部控制框架的支柱（backbone）。有不同但可以接受的多种方法来记录控制程序，包括观察、描述和流程图。软件应用记录工具可以用来为这一过程提供便利，而且在网上可以找到很多有名的软件公司。

自从 SOX 法案通过之后，许多公司开发了计算机软件产品用于帮助遵循该法案的内部控制要求。这些软件工具主要是帮助公司在监控审查、测试和纠正进度计划的同时自动记录内部控制程序。

自动化工具的首要目的主要是充当所有流程指引和记录的储存库。在控制的记录或者内部控制本身的记录不存在或缺失的情况下，软件可以使公司有效的记录现存的政策或设计，或者记录新的政策或设计。

因为控制目标包括完整性和准确性，理想的情况是拥有完整的记录痕迹。然而，大多数公司运行在理想和临时记录基础之间，也就是说需要时才会完善记录，并不担心与其他流程的一致性。对于较小的公司来说，由于所有者监督所有的流程，这种方法可能有用。较小的公司可以用备忘录和说明书来替代正式的政策和程序。对于较大的公司而言，临时记录的方法表明存在改善的机会。

确定适当水平的记录取决于谁要使用记录。我建议花一定时间来准备有用的记录，因为它能够而且应当用于培训新员工、确定流程的基准或再造流程以及确定流程的哪些部分可以去除、转移或外包。

除了较高层面的政策和程序，测试内部控制的有用记录可以采用下列形式：

1. 描述——识别为了产生期望的结果而要实施的活动或任务的逐步列表。这些有时也被称为桌面程序（desk procedure）。这些描述会识别输入的触点（contact）

和来源,测试并证明源输入是正确、完整和准确的。这种描述包括系统和表格的注释、已实施分析的类型、决策的标准以及流程中那些需要审核和/或批准步骤的名称。最后,需要确定发送的地点(例如,哪个系统或数据库)时间以及发送给谁。

2. 流程图——无论是作为处理流,还是作为角色导向的"泳道"流程图,流程图可以为展示流程是如何组织的提供实际可见的帮助。处理流程图强调处理流,包括数据、信息和决策点,而泳道图则强调个人的职能和责任。

3. 内部控制调查问卷——它实际上不是对流程的描述,而是用来识别可能领域或缺失控制活动的清单。这些一般从内部审计工作记录改编而来,用来识别流程中典型的监控和测试点。

在实施控制审核和测试过程中,一个典型的记录环境的例子可能会揭示出漏洞。总分类账管理员描述了一个有关实际政策和程序的公允印象。与每月权责发生制会计人员的讨论揭示出程序性输入的更多细节,从而证实总分类账管理员指出的某些程序;不管怎样,新细节或主要变化得以披露。最后,当检查最终输出时,发现主要的授权控制没有包括在程序中,而这些授权控制是总分类账管理员或实施这项任务的员工讨论过的。在这种情况下,可能存在也可能不存在一个控制缺陷;然而,确实存在一个记录缺陷。

在评估记录的充分性时,管理层确定控制目标是否得到了考虑。本手册中提出的测试指南已经安排用来识别和考虑下列每一个控制目标:

1. 数据和信息的真实性(integrity),它包括完整性、准确性和及时性;

2. 根据正式的权力委派授权并实施;

3. 保护公司的资产和公司接受委托的资产;

4. 职责分离是为了提高经营效率和效果,而且不会因为错误、错报或舞弊的机会而损害公司的诚信;

5. 在空间和时间可能的情况下,通过信息技术控制的形式实现自动化。

在测试控制目标的过程中,你必须分别评价控制和记录,评价结果分为:

1. 充分的控制和记录。也就是说,记录使管理层和外部审计人员可以验证这一过程,并且能:

(1)确定政策、程序和流程的设计是否恰当;

(2)实施审核和测试,以验证控制配置和运行的有效性。

2. 存在控制,而记录被认为是非正式的,如口头沟通或没有记录。必须建立适当的记录,以便于评价控制设计的有效性。

3. 不存在控制或没有遵循书面记录。流程负责人必须设计、实施和记录新的控制程序和/或执行受控的流程。

三、记录是关于什么的

记录是关于报告和沟通的，为报告目的提供方向和材料。记录是指使用自上而下的方法建立原则、规定和行为，并将其传达给更大的员工群体。文件记录为员工在所规定的范围内行动提供授权和责任。记录同时也是使用自上而下的方法告知管理层工作实际上是如何完成的，也就说，识别处理交易所需的步骤。

不管使用哪种方法记录新的或现存的控制，目标是相同的——按照公司的现状，准确的描述公司的控制程序和内部控制状况。编制记录的人应深入的了解：

1. 主体目前的经营状况和现有的控制程序；

2. 内部控制概念，如同 COSO 框架所描述的那样；

3. 财务报告流程；

4. 财务报表列示的认定和披露要求。

一旦记录作为内部控制的准确反映建立起来，并且标准化的更新程序恰当应用，那么，流程的实际变化就必须反映在记录里。流程负责人必须至少每年审查和证实记录是最新的和准确的。

四、为什么要记录，为什么是现在

根据美国证券交易委员会（SEC）的要求，首席会计师、会计记录、政策和/或程序占无效财务报告内部控制问题的99%。忍不住要重复：与财务报告内部控制相关的问题99%是由于记录的缺失或与记录不一致。

依我看来，这意味着在自上而下的管理层意图和管理层自下而上审查实际什么正在被执行之间存在断点或风险。具备有效果和有效率的记录方案可以减少这种风险。这听起来像一个简单的论点——依照规则制定指引，然后衡量这些指引的遵循情况。

对执行内部控制审查和测试来说，充分了解流程环境是很关键的。记录对流程、相关控制和主要职能和责任的了解，可以通过流程描述和流程图来完成。一旦这些记录被证实是准确的，它们就为实施风险分析、内部控制测试以及执行必要的流程改进提供了基准。

需要注意的是，不论监督和测试的结果如何，记录都是需要的。记录变成了实施内部控制计划必需的应有的谨慎职能，而不仅仅是为了寻求结果的审计痕迹的一部分。

关于外部审计师可以在何种程度上依赖公司实施的评价内部控制有效性的测试，这个问题在美国公众公司会计监督委员会（PCAOB）发布的第2号审计准则“与财务报表审计一同实施的财务报告内部控制审计”中有说明。基本上来说，如果内部控制方案是完整的、深入的，那么，外部审计师就可以依赖内部控制方案的结果，来减少现场测试的数量和必需的审计，从而减少公司外部审计费用。

五、那么，为什么纠正和执行它是如此的困难

记录流程是一项单调乏味的工作，需要不同部门和管理层的合作和决策。通常情况下，生成记录是一个重复性的流程，它需要不同层级职责的人员讨论处理步骤、相关责任和流程度量或输出。如果需要更多关于建立成功的会计和财务政策—程序方案，可以参考 John Wiley 和 Sons 编写的《会计与财务政策和程序》，网址：http://www.wiley.com/WileyCDA/WileyTitle/productCd0470259620.html.

至于内部控制有效性认定所需记录的程度，这是一个问题。答案自然是，这取决于多方面的因素。公司建立和维持业务流程、程序和内部控制系统其他要素的记录有很多原因。一个原因是促进一贯遵循期望的实践，而其他原因是记录有助于沟通、创造绩效的期望、有助于教育和培训，而且，自然可以提供支持交易流程的证据。要审核和测试记录的一致性、完整性和准确性。

记录的水平与性质因公司的不同而变化较大。较大型的公司通常拥有更多的经营活动需要记录或更为复杂的财务报告流程，因此，拥有更多的正式记录是有必要的。较小的公司通常不需要正式记录，比如详细的政策手册、流程的系统流程图、组织结构图或岗位描述。他们可能以备忘录的形式记录人力资源、采购或信用政策，并由管理层在会议上提供的指引来补充备忘录。

确定记录的水平和复杂程度是一个判断问题，需要基于价值和用途做出决定，也就是说，记录方案要有助于公司的成功。

记住要记录和测试内部控制流程本身。因为内部控制方案是一个关键的经营流程，它也需要记录、监督和测试其效果和效率。

你要收集什么类型的内部控制指标来支持你的内部控制状况呢？

六、准备核对表（readiness checklist）

为了评价记录的有效性，考虑下面的自我评估或内部控制准备清单。对下列问题回答是或否。一个否的回答表明一个改进的机会。

问题	是	否
流程描述：		
1. 流程的描述总结是否有编制人的签名？		
2. 流程的描述总结是否有审批人的签名（适用的情况下）？		
3. 相关的政策和程序是否标注在总结中？		

续表

问题	是	否
4. 相关的政策和程序是否保存在公司批准的记录库里？		
流程图：		
1. 流程图是否表明了每一项活动的输入和输出？		
2. 在流程中是否存在任何估计或假设？方法是否在描述中进行了解释/记录？		
3. 风险和控制发生的地方是否记录了风险和控制？		
4. 在流程步骤中识别的风险是否有控制？		
信息技术：		
1. 存在流程信息的地方是否有特定的参考数据库？		
2. 描述是否指明了哪个数据库？		
风险清单：		
1. 是否存在适用于整个流程的风险/控制？		
2. 风险是否恰当的界定以能够解释什么会出错？		
3. 每个风险是否与至少一个控制相联系？		
4. 是否每个风险说明都包括了原因和影响？		

第二章　内部控制方案

第一节　内部控制方案

内部控制不仅是规章制度，它体现的是一个公司的原则、信念、价值观和文化。内部控制活动不仅是检查整个流程是否与记录相符，内部控制也不仅是标准化的流程，它表明的是：决策是根据适用的原则做出的，并记录了做出决策所用的假设、标准和证据。

内部控制是治理过程的一部分，它有责任评估、测试、监督、评价和报告大G治理的实施情况。

一、什么是内部控制

控制指的是一系列活动，用于向着一个方向进行指导、管理和调整。内部控制指的是在公司内部形成并使用的一项技术，它应用判断来评估和确定合规性。那些执行内部控制的人员必须有权力和威望去驱动（actuate）和纠正发现的问题。

内部控制指的是一个活动的方案，建立这些活动是为了捕捉和监督能够导致重要错误、疏漏、错报或欺诈的潜在风险（exposure）。内部控制方案（方案）是大G和小g治理、风险、监督、记录和评估集合在一起的核心。

内部控制方案为下列流程提供合理的保证和监督：

1. 设定授权指导和监管经济活动的界限（parameter），这些经济活动包括企业外部监管所要求的经济活动以及内部政策和程序中识别出的经济活动；

2. 测试和报告对那些已设定界限的遵循性；

3. 评价经营效果和效率；

4. 评估财务报告的可靠性；

5. 报告对相关法律法规的遵循；

6. 通过检查第一步设定的权利界限支持纠正措施。

内部控制方案包括一套特定的政策、程序和用于应对机会、风险和不确定性的活动。

二、内部控制是关于什么的

内部控制涉及评估风险、提供监督和报告公司的控制状况。人们经常将内部控制与内部审计相混淆，很多公司的内部控制变成了内部审计的附属。内部控制和内部审计在目的方面是相同的，都是为了增加价值和改进组织的经营。他们都要用审计技术和分析工具来评估和评价经营环境。

内部控制不同于内部审计是因为它不仅仅以监督的角色来评估和评价一个公司的合规情况，内部控制职能需要变成界定、记录、沟通、教育、测试和支持公司经营与财务目的和目标的主动参与者。许多公司把内部控制作为一种避免受罚的审计，部门和流程经理可以对业务实践和大 G 治理的实施提出意见和决策。

内部审计人员一般对验证周期期末的数据和报告感兴趣，其目的是提出判断和意见。内部控制通常对验证一个周期内所用的经营和财务流程感兴趣，其目的是揭露缺陷和识别要改进的领域。

为了总结和应用我们会计人员可能更好理解的语言，内部审计人员评价和评估一个时点的流程，而内部控制专家则需要评价和评估一个期间的交易。

三、内部控制的模型和要求来自哪里

内部控制是治理循环的一部分，起源于外部的法律和法规，并转化成内部的战略政策和程序，实施这些政策和程序可以用于产生数据、信息并向那些依法律成立的相同的外部组织报告。

内部控制开始于强大的控制环境，它由管理者“拥有”，每一个员工都要负责。内部控制必须设计并嵌入到业务流程中，而不是作为强迫性的“禁止性”(thou shall not)规则捆绑到流程上。

美国 COSO 委员会在 1992 年发布了《内部控制——整合框架》，以帮助企业和其他主体评估和加强他们的内部控制系统。行政管理人员、董事会成员、监管者、标准制定者、职业组织和其他人员已经把这个框架视为内部控制的一个恰当的、综合的模型。

为了应对 SOX 法案的要求，大部分内部控制部门都经历了资源约束和不现实的时间需求。因此，过去的内部控制要求非常不同于现在的内部控制要求。在过去，内部控制审查经营和财务流程，为研究、调查和处理企业实践类型的问题(现在称之为合规性)提供资源。现在，主要鉴于监管的工作量太大，内部控制测试通常把经营排除在外，主要集中在验证是否存在适当水平的审核和授权。因此，内部控制的功能通常既不是增加价值的功能，也不会作为团队中有价值的成员被邀请到桌面上。在太多公司里，内部控制经理厌倦于“杀死信差”的斗争。

下面的内容是内部控制方案没有按照预计的方式运行的信号：

1. 员工是不是会说“我不知道那些”？如果是这样，就表明员工对企业的政策、程序或治理要求缺乏了解。

2. 当你问一个员工谁负责执行一项特定的工作，而员工回答"我们相信'A'做所有的那些事情"时，这可能是职责分离不适当的信号。

3. 如果存在共享的密码、未上锁的办公室或者现金没有安全保管措施，那么，就存在不适当的接触和保护资产。

4. 当你听到"你的意思是我应该做除签字之外的事情吗?"，那么就存在没有实质内容的不完整表格。

5. 如果公司的文件说"只要完成，无论用什么方法。"这是控制逾越的可靠信号和其他"高层基调"问题的强烈迹象。

6. 如果员工的借口是"人就是凡人，不能避免错误的发生，你不能预见和消除风险"，那么，就存在固有的局限，而且，要求员工完成的工作与他们所能得到的数据和技能不匹配。

本手册追溯到内部控制的历史根源，并整合流程管理、财务管理和审计技术以执行内部控制方案。

四、为什么要有内部控制，为什么是现在

为了确保遵守法律法规以及使领导层对构成我们工作环境的流程和决策负起责任。

不完整的流程通常可以通过使用有效的内部控制方案来修补，而且，这些不完整流程的迹象反映 COSO 框架也并非偶然。

1. 缺乏足够的管理监督和责任，没有形成一个强大的内部控制文化(与 COSO 框架的控制环境相联系)；

2. 对特定活动的风险评估不足，无论是资产负债表内或表外(与 COSO 框架的风险评估相联系)；

3. 关键控制活动缺失和失效，例如职责分离、审批、核查、核对以及经营绩效的审核(与 COSO 框架的控制活动有关)；

4. 信息在不同层级管理者之间的沟通不充分，特别是问题向上的沟通(与 COSO 框架的沟通和纠正相关)；

5. 应用包括内部控制和审计方案在内的监督活动不当或无效(与 COSO 的监督、评价和报告相关)。

从一个执行良好的内部控制方案获得的收益包括：

1. 提高经营效果和财务报告的可靠性；

2. 提高盈利能力；

3. 改进控制的记录和控制流程的评价；

4. 改进贯穿整个组织的控制的定义，包括控制和风险之间的极其重要的联系。

控制有效的公司都经历过经营效果、效率、沟通、可靠性、灵活性和弹性的改进。拥有有效内部控制的公司有能力按照计划执行、按照计划分配资源，并为决策和报告提供一致和可靠的数据和信息。

重视内部控制的复苏促使内部控制回归到按照其历史要求实施和测试。市场领导者知道如何利用从内部控制方案中得到的知识在整个组织中创造可以衡量的价值。

下一章介绍的是方案章，其目标是提供：

1. 经营效果——在处理交易、生产产品和/或提供服务过程中识别和纠正缺陷；

2. 经营效率——在处理交易、生产产品和/或提供服务过程中识别和纠正延迟；

3. 监督财务报告内部控制——包括为了满足政府和报告要求而对外提交的数据和信息；

4. 对所有其他适用法律法规的监督与内部控制——根据公司经营业务所在国家和地区的规定。

五、方案与流程

为什么内部控制方案不仅仅是一个内部控制流程呢？内部控制方案大于一个流程。内部控制方案要确保必须存在一个据以调查、确定和实施内部控制方案目标的流程。内部控制方案的管理者要经常注意验证方案的目标和方法，以确保最大可能地适合公司。流程的管理者要注意实施的一致性，完善实施方法但不一定要拓展或者改变流程的要求或范围。

注意，内部控制一章的第一个目标就是建立一个内部控制方案。

六、举例

一个交易或经营流程是一组相连的任务和活动，当执行它们时，会制造产品或者提供服务。一个流程开始于确定的输入，终止于确定的输出。输入如何转化为输出的实施就是一个流程。流程的每一次执行都需要不连续的输入和输出，而且，尽管流程可能会在输入和/或输出的不同部门和功能间相互影响，但是流程本身就包含在一个部门或者一个职能小组中。

应收账款收回流程的目标是执行预先设定的任务，为从客户那里收回有效的未付应收账款提供便利。这个流程包括：

1. 输入：开票部门发送过来的有关发票的数据和信息。

2. 流程：界定程序，通知应收账款收账人员时间安排以及接触客户使用的流程。

3. 程序的步骤：(1)编制一个客户账龄分析报告；(2)识别和选择那些现在发票到期客户；(3)与客户进行沟通，以获得汇款或发票的解决方法；(4)加强对那些不履行付款义务客户的程序;(5)记录与客户通信与沟通的努力和结果;(6)编制输出。

4. 输出:报告逾期应收账款的情况。注意,已收现金核销应收款(application)是另一个流程,而不是收款部门的一个规定输出。

内部控制方案不同的地方在于它是一系列的流程,这些流程是相连的,而且只需要根据基本输入做出定期的改变或更新,比如规则和制度发生变化时。内部控制方案的执行部分通常贯穿职能线,并包括一个影响整个公司的循环。

一个应收账款方案的目标是最佳化应收账款的政策和程序,使销售额最大化并减少公司风险。这个方案包括:

1. 输入:(1)公司的目的和目标(例如:销售和应收款计量,比如应收账款平均回收天数);(2)销售期限和条件。注意:销售计划是可选择的输入,因为如果仅倾向于世界500强企业销售而不是大范围市场的销售,那么,这可能会影响应收账款方案的战略;(3)销售退回;(4)来自邓白氏征信公司、信贷机构和顾客的外部输入;(5)来自财务部的保证金报告。

2. 方案的范围:信用管理、收款、现金核销应收账款。

3. 方案的程序:(1)评价和帮助设定公司有关销售期限和条件的目的和目标;(2)安排人员和分配资源来执行必需的应收账款程序,确保员工受过相关训练、具备一定的技能并且可以接触适当的系统;(3)建立授权的员工等级制度;(4)执行信用管理、收款和核销应收账款;(5)核对客户账户;(6)为销售和管理编制、审核、分析客户的状态报告;(7)为日记账和会计报告准备输入;(8)为管理层编制、审核和分析应收账款的效果和效率报告;(9)评价应收账款方案。

4. 输出:(1)用作销售输入的顾客状况报告;(2)用作总会计和外部报告输入的日记账和会计报告;(3)对应收账款方案的持续改进。

方案和流程在一些方面是相同的,两者都是可定义的、可重复的、可预测的和可衡量的;它们都与公司的组织结构整合在一起,而且都需要记录。

七、财务、经营以及执行的风险、控制和测试

在评估风险的过程中存在财务和经营风险,这些风险定义如下:

1. 经营风险是交易型的或基于事项的,它影响工作设计、执行、监督或衡量的方式。经营风险指的是影响流程的内部机会和缺陷,它影响公司经营目的和目标的实现。如果流程没有以一种有效的方式执行、公司的资产没有得到保护或暴露于因舞弊、盗窃或其他环境条件导致的滥用,那么经营风险就发生了。所有不适当的经营风险都会有财务影响。

2. 财务风险是经营风险的结果,而且代表着一个没有效果、没有效率的流程的

财务结果。如果会计处理更新以反映财务报告要求的变化，那么，也会发生财务风险，并被视为不合规风险。

3. 如果公司和流程的负责人被驱使去实现特定的关键绩效指标，而不顾经营或财务真实性的成本，绩效风险就会出现。绩效风险通常会绕开经营和财务控制，并且需要蓄意的设计和共谋。

八、财务报告内部控制

大G管理规定了管理层评估和报告财务报告内部控制（ICOFR）状况的规则和标准。

1. SOX法案规定SEC通过详细的规则来实施法案与内部控制相关的要求。尤其是，302条款和404条款确定管理层必须证实关于内部控制的评估。

2. PCAOB规定了外部审计准则。这些准则描述了外部审计师在对管理层关于内部控制有效性的认定出具报告时应该遵循的方法、要求的测试和其他指引。PCAOB审查外部审计师以保证这些准则得到遵循。

3. 根据SOX和SEC的要求，管理层对内部控制有效性的报告需要披露管理层评估有效性时依据的标准。普遍接受的标准是COSO的《内部控制——整合框架》。

COSO整合框架包括财务和经营控制，已认识到经营控制对财务报表中报告的数额和披露有间接的影响。COSO框架把内部控制视为与实现公司经营目标、财务目标和合规性目标相关。

包含在本手册中的内部控制测试指引不但描述了财务控制目标，也描述了经营控制目标，已经认识到流程不但是相互依赖的，而且也依赖于经营方面，即经营数据和财务报告要求之间的因果关系。因此，我们建议，内部控制的方法要考虑内部控制要求的历史根源，并包括经营和财务监督。

内部控制的目标是建立一个由流程组成的方案，当执行这个计划时，不但产生内部控制的结果，而且产生对整个方案自身的评估。

COSO提供了一个公认的内部控制框架，它由五个相关联的要素构成：

1. 控制环境；

2. 风险评估；

3. 控制活动；

4. 信息与沟通；

5. 监控、评价和报告。

下面的内容是框架要素的定义，包括一个自我评估，它可以帮助你衡量公司采用这个框架的情况。

附录 根据COSO对内部控制框架进行的自我评估

COSO把内部控制的要素和范围定义成一个框架，监督大G和小g治理的人可以使用这个框架。紧随COSO内部控制要素之后的是一些自我评估的问题。

如同前面的自我评估联系，你自己或选择一个小组来完成这一评估。理由是，作为执行者，你最了解你的业务以及担心的是什么。在分析你对这些问题的回答时，应用随后的评分矩阵给出一个自我评估的基线分数。

把COSO框架整合进你的公司和内部控制部门的活动，你认为你做的怎么样？应用每一个COSO组成要素后面列示的定义和问题，评估你的公司在何种程度上将这些要素整合进经营的方式、安排和结果。应用下面的评分标准给你自己一个等级。在进入下一个等级之前，你必须满足前一个等级。

要注意，从临时的到成为标杆公司的晋级过程，随着你提高等级，就要求更深入、更整合的配置。需要有表明方法和配置引起了改进的结果来实现更高类别的评级。

如果你得分较低，不要灰心，按照评分线路图来提高。

评分标准定义如下：

1. 达到20%——临时，这意味着：

没有明确的方法；问题出现时才纠正。

2. 达到40%——意识，这意味着：

(1)方法包括战略、战术和经营活动。

(2)资源被配置在内部控制活动中。

(3)配置到企业的一些领域。

3. 达到60%——配置良好，这意味着：

(1)方法配置到企业的大部分领域。

(2)内部控制的衡量结果收集起来并告知管理层改进。

4. 达到80%——结果，这意味着：

由于方法的配置，对改进的内部控制措施有直接的因果关系。

5. 超过80%——基准，这意味着：

结果是持续的，而且公司的内部控制方案与其他公司和行业分享。

得分表

达到的百分比(%)	控制环境	风险评估	控制活动	信息与沟通	监控
达到20%——临时					
达到40%——意识					

续表

达到的百分比(%)	控制环境	风险评估	控制活动	信息与沟通	监控
达到60%)——配置良好					
达到80%——结果					
超过80%——基准					

一、控制环境

控制环境确立了组织的整体基调或文化，它对所有的控制职能有普遍的影响。一个受控的控制环境的原则需要记录、沟通、并与每一个流程相整合。公司整体的基调和控制目标可能包括成为一个"流程驱动型"公司。在一个"流程驱动型"公司，每一个流程和员工都是流程价值链的一部分，为了达到类中同级最佳，同类最佳或世界级水平的目标，流程价值链需要受到持续改进的监控和管理。

1. 高级领导层是否确定了一个总体控制战略并分配适当的资源来执行战略？

2. 为了支持这个整体控制战略，列出表明高层基调的沟通的类型和频率。

3. 全体员工是否能够清晰的说出公司的控制战略和环境？如果你不确定，询问一下。

4. 如何管理、监控和改进控制战略以确保实现高级领导层的目的和目标？这个战略会向下渗透到执行流程的人吗？

二、风险评估

风险评估是一个过程，它识别内部控制目标实现过程中的风险。这个过程形成了设计控制活动以减少风险的基础。例如，风险评估考虑有助于员工评价每一流程效率(例如，缺陷的数量)和效果(例如，循环的时间)的衡量方法、设备和工作辅助工具。一旦基线流程和措施建立起来，就需要识别和量化风险。

1. 公司是否定义和识别了出现不可接受风险水平的经营领域和流程？是否有一个确定的职能业务领域来评估、监控和追踪这些流程？

2. 用什么方法定义、确认、量化和报告风险阈值的状况？

3. 是否有一个工具使每一个员工可以报告有不当风险水平的交易事项和流程？

4. 风险相关的问题是否被及时地调查、追踪和解决？对设计有控制的流程的改变是否替代了"创可贴"式的控制修复？

5. 风险战略是如何被管理、监控和改进的，以确保实现高级领导层的目的和目标？

三、控制活动

控制活动是用来识别和降低实现公司成功和内部控制目标的风险的政策和程序。它的目标是优化绩效、预先防止控制失效(例如财务报表的错误或者员工舞弊)以及反应性的发现发生的失效。

1. 用什么方法来定义、识别、衡量和报告控制活动的状况?

2. 如何识别内部控制活动并将其并入公司的记录?谁审查和批准这些控制活动适合实现公司的目的和目标?

3. 是否存在一个流程来衡量、收集和报告这些控制活动的有效性?采取什么类型的措施来应对不当水平的控制?

4. 如何对监控和报告控制活动的流程进行衡量、报告和改进?

四、信息与沟通

信息与沟通指的是传播财务和经营信息的系统。这种系统必须在内部和外部有效地传递信息,并从内部和外部信息资源接收信息。

例如,管理者必须设计和开发适合公司组织和经营方式的流程。管理层必须授权员工采取行动或执行这一流程。员工必须具备相关技能和受过训练,可以使用执行他们的工作所需的信息。为了控制组织,管理层必须收到及时、准确和完整的报告。为了遵守监管要求,组织必须能够及时的生成准确的报告。有效的信息与沟通要求系统是设计良好的和控制良好的。设计确保恰当类型的信息得以在内部和外部传递和接收,而控制则确保信息是完整的、准确的和及时的。

1. 是否存在信息与沟通的政策和程序(例如,记录、信息管理和信息处理)用来保护公司的信息财产?

2. 列出内嵌在信息与沟通政策和程序中的控制类型。谁来审核和批准这些控制活动适合实现公司的目的和目标?

3. 是否有一个流程计量来衡量、收集和报告这些内部控制的有效性?要采取什么类型的行动来应对不当水平的控制?

4. 如何对监控和报告控制活动的流程进行衡量、报告和改进?

五、监控、评价和报告

监控、评价和报告整合了上面描述的内部控制的四个要素,而且是有效内部控制系统的一个基本特征。对控制环境日常的和持续的监控、风险评估、控制活动以及信息与沟通为这些控制要素的效率和效果提供了持续的反馈。

监控发生在组织的各个层面,从董事会到每一个员工。

1. 监控、评价和报告是否被认为是增值活动？监控、评价和报告职能是否与那些提供经营支持的职能区域相分离？

2. 有没有确定的工具可以用于分析和决策？评价过这些工具的有效性吗？

3. 是否监控、评价和报告内部控制方案本身，以证实适当水平的风险、控制和控制活动在公司得到了实施？多年来，内部控制方案如何得到改进？

4. 执行管理层和董事会至少每年接受与治理、合规和内部控制程序有关的培训？

对读者的注释：

SOX 法案颁布的几十年前，内部控制已经成为公司成功的一个重要的因素。内部控制成了流程控制和流程管理内嵌的秩序（discipline）。在 SOX 法案很久之前以及在 MBA 影响经营领域很久之前，一个可靠的控制环境可以用作一种工具和技术来应对和加速企业目的、目标和利润目标的实现。

如果你完成了本章和先前章节中那些简单但又有效的练习之后，你就会对你公司的内部控制状况有很好的基本认识或了解。在制定内部控制计划的过程中，把这些用作有价值的输入。

下面的章节用来帮助你的公司采用和衡量一个可靠的内部控制计划。从战略的角度，引入工作辅助工具来帮助建立和衡量内部控制。

下面是一些快速修正的方法，你可以立刻实施予以改进：

1. 为了减少错误或不当行为的风险，在职责被分开或分离的领域实施职责分离。没有一个人可以控制任何交易的所有方面。

2. 确定一个获得审批授权的人批准的交易与政策和程序一致。

第二节 内部控制流程

为了给公司创造价值，内部控制方案应当用来应对公司长期和短期的需要。无论这些需要是提高流程的效率和效果、市场价值、客户、投资者和员工信心，或仅仅只是满足外部的报告要求，内部控制方案都是一个有价值的工具。

下面是整个内部控制方案、流程和描述的流程图。因为我们已经决定应用 COSO 的框架作为我们的模型，并将其嵌入在流程中，相关方面引入的是：

Ⅰ. 控制环境；

Ⅱ. 风险评估；

Ⅲ. 控制活动；

Ⅳ. 信息与沟通；

Ⅴ. 监控、评价和报告。

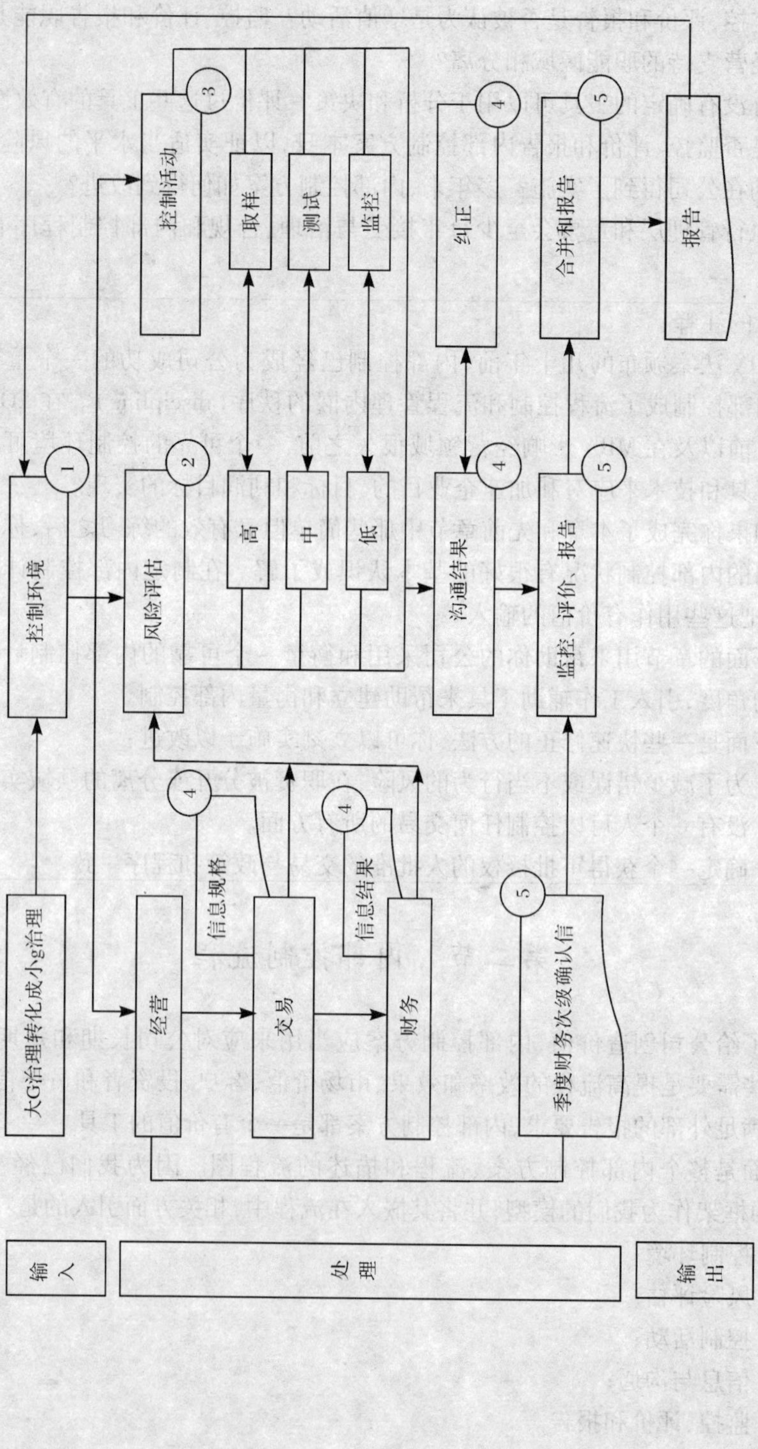

输入
处理
输出
大G治理转化成小g治理
季度财务次级确认信
经营
交易
财务
信息规格
信息结果
控制环境
风险评估
高
中
低
沟通结果
监控、评价、报告
控制活动
取样
测试
监控
纠正
合并和报告
报告
1
2
3
4
5

一、流程描述

> 读者注意:
>
> 在描述下列步骤时,用到了"should"(即,should 的意思是"应该但不是必须这样)这个单词。这没有试图成为条件性说明,而是表明在使用提出的一些或所有指引时可以有选择性。如果没有遵循指引,那么,必须用一个同等的选择进行替代。我认为,向广大读者呈报详细的技术对较小的公司而言可能太严格,而对其他公司来说可能是不费力的。判断、常识、以及成本收益分析必须在与内部控制管理阶层支持者(executive sponsor)和多功能支持者的讨论中使用。

Ⅰ.控制环境

如果你参考治理的早期处理流,你会注意到:当大 G 治理转化成小 g 治理时,就产生了这个流程的输入。转化步骤意味着大 G 的规则和要求已经被公司采纳并被嵌入流程中。实施控制环境和设定适当的基调是董事会、CEO 和 CFO 的职责和责任。

控制环境应该包含定义和/或加强高层基调的说明,这些说明包括:

1. 公司的价值。控制环境必须说明所有项目最终的成功都源于公司的价值,而且,公司要重视其诚信、正直和高道德标准的文化。

2. 高层基调。除了高层管理者设定基调之外,资源必须是可用的,包括具有适当技能、时间、信息技术的人以及对经营的干预和资金。

3. 对行动的授权。业务领域和流程负责人必须有权建立和实施经营控制、分配资源以及对何时和何地需要控制做出关键决策。

公司的董事会(BOD)必须了解公司的机遇和限制(constrain),并就组织结构、可接受的风险水平和控制战略向公司执行管理层提出建议。为了监控、评价和报告管理层的责任,董事会的审计委员会负责衔接内部与外部审计师和内部控制。

高级领导层负责执行董事会批准的战略。高级领导层在这一步的重点是确保有适当和一致的活动来支持控制环境,例如沟通、提供充足的资源和执行时间以及让流程负责人负起责任并对流程结果负责。

总的来说,董事会和高级领导层负责倡导高水平的道德和诚信标准,在组织内建立一种强调和展示内部控制重要性的文化。这些标准都反映在内部控制战略和目标中。

如果没有董事会,就以相似的方式利用公司的顾问。从独立的各方收到客观的审核和分析很重要。无论是公众公司还是私人公司,花点时间考虑什么样的风险水平在战略上是重要的以及需要关注哪些控制目标是很重要的。

对管理层的大 G 治理指引指出，管理层使用的方法必须是基于原则的，必须直接针对会发生重大错报的高风险领域，并根据实际情况和环境做出相应的调整。为你的组织“量身定做”一个内部控制方案很重要。

因为大 G 治理把重点放在了原则和范围上，我已经分别讨论了这些内容。作为你内部控制方案的组成部分，在确定期望被广泛遵循的原则和控制目标时这将会节约很多时间和减少很多争论，事先达成一致意见有助于改进要审核的范围以及要证实目标的控制活动的类型。选择和量身定做适合你公司的原则。你应当发现这些原则在公司的道德行为守则或其他合规政策中以一种形式或另一种形式得到阐述。

提示：用这些原则形成清晰的“高层基调”沟通信息以支持内部控制方案。

二、内部控制原则和控制目标

原则是人们普遍接受的标准，它预示着令人满意的行为。当评估和评价公司内部控制的状况时，内部控制原则充当了传达具体特征的基本假设。原则支持政策和程序，并表示了必须嵌入经营和财务流程设计和执行中的应有谨慎。

每个内部控制测试指引都要识别控制目标以及流程中用来测试这些原则的存在性和系统应用的活动。在设计内部控制方案时，你必须识别和记录重要的原则以及这些原则在组织中是如何界定的。下面的列示描述了要整合进内部控制方案中的内部控制原则和目标：

1. 遵守法律法规指的是大 G 治理，它要求会计和财务专业人员知悉现在和未来的法律法规。尽管他们不必是专门领域的专家，但是他们必须能够表明：他们预定和使用了资源来提供适于其职责和责任的一定信息。

2. 遵守公司政策和程序指的是小 g 治理，它要求会计和财务专业人员保持与时俱进（keep current）并参与那些影响战略、战术和公司当前与未来政策、程序、流程和方案的经营性质的跨职能活动。所有的交易最终都会影响财务报表，无论是数量还是质量；会计和财务专业人员必须十分熟悉相关的流程。作为一项控制，这需要记录，以支持适当的方法和可靠的途径来应对跨职能的需要。

3. 遵守合同条款和条件要求公司兑现其授权和批准的承诺。公司对顾客、合作方、供应商、员工和投资者有责任确保合同条款和条件是清晰的、可理解的、一致应用和可执行的。作为财务专业人员，我们应证实资产负债表中报告的资产和负债是公司在那个时点的真实权利和义务。

4. 授权（authority）由权力委托来确定，使员工可以代表公司做出承诺或声明。管理层界定并传达识别经济事项和交易授权的标准。参考有关授权和审批的章节。注意授权和审批是有区别的，这是由于一些公司选择职责上的不同：授权人被分配有影响和做出决策和承诺的权利，而审批人要遵循一个证实、确认和鉴别的流程。还有通常所说的“交易原则的适当性”，这确保存在一种文化和环境：交易和活动在执行之前得到了适当的审核和授权。

5. 财务报告内部控制包含一些应对下列问题的控制目标：

(1)款项已支付、记录并反映了授权的交易，这些交易是采购的结果或以公司的名义应承担的责任。付款要按照具体的时间表和合同的安排进行。现金或其他资产根据一般公认会计原准则(GAAP)进行支付和记录。

(2)款项已收到、记录并反映了授权的交易，这些交易是销售的结果或应移交给公司的权利。收款要按照具体的时间表和合同的安排进行。现金或其他资产根据一般公认会计准则(GAAP)收取和记录。

(3)交易被及时的记录，并描述属于相关主体的活动以及根据公司确定的规则和程序进行分类(比如，账户图)。交易通常记在收到并被公司接受的期间。例外情况必须遵循公司的政策和程序。

(4)披露是出于透明的目的而需要的一种控制。无论是内部关注还是外部关注，披露都要求有充分和适当的记录来支持交易的处理，从而表明对于分析什么数据、如何分析、如何做出决策以及采取了什么措施存在清晰的审计痕迹。

披露也是出于监管目的的一种要求。与披露作为一种控制类似，基于监管目的的披露要求公司的政策和/或程序以及相关的背景信息是共享的。此外，监管目的的披露还要求：

①前延活动分析，表明一个期间的期末余额按照活动类型加(减)总额得出当期的期末余额。

②表明期末余额的数据和(或)信息的分部呈报，显示的是按照逻辑分类的小计。

(5)经营和财务审核由获得授权的审核者执行。审核者负责检查有问题的领域并：

①验证：支持性记录与交易的内容和背景相符以及做出的所有假设都与公司政策和程序以及GAAP一致。

②通过审核数据来源并测试公式来验证计算的准确性。

③分析结果和发现的事项，确保它们是完整的以及交易给定的目的、内容和背景的合理性。

④评价那些要求遵守公司政策和程序以及授权的交易。一旦进行评价，审核结果可以发送给“需要知道”的其他人。

经营审核的效果和效率涉及保护对公司的持续性至关重要的核心能力以及公司的持续经营。

(6)核对(reconciliation)在原始记录与总账之间和/或合同与处理的交易之间实施,目的是:

①验证只有合法和获得授权的活动得到了处理;

②验证金额得到了正确计算;

③比较现金流入或其他资产等于公司收益的增加额;

④比较现金流出或其他资产等于公司债务减少的金额;

⑤确保审核已经被执行。

6. 真实性包括准确性、完整性和及时性。如果交易和其他事项和情况在特定的期间发生并在这个期间被识别,那么,就出现了完整性。财务报表中的项目不但要按照一般公认会计准则和公司政策与程序公允呈报,还要恰当的描述和分类。没有未记录的资产、负债或交易以及没有遗漏的披露。

(1)准确性指的是所呈报数据和信息的正确性、精确性和真实性。准确性指的是有形资产、负债和权益的物理存在性以及公司对无形资产、负债、权益的权利和义务的存在性。计价的准确性指的是,验证和批准为了以适当的数额量化交易所做的假设。

(2)完整性指的是所呈报数据和信息的完整性或全面性。所有应发生和已发生的交易和事项涉及发生的概念,它包含在完整性中。

(3)及时性指的是遵守处理或操作的进度以及流程和控制点沿着时间表的时间安排。及时性还涉及在应该报告的期间正确的报告交易。

7. 职责分离指的是识别和分配某些领域的关键职责和责任,在这些领域为了减轻曲解、欺诈、串通舞弊的风险必须对职责进行分离。通过由不同的人员在交易的不同阶段实施独立的处理,适当的职责分离减少了(故意或非故意的)错误未被发现的可能性。职责分离的基本设计是在履行其职责的正常过程中没有一个或一组员工处在一个犯错并隐瞒错误或违规事项的位置上。

职责和责任必须界定清晰,以确保没有人能够完全控制超过一个关键的处理职能,比如授权、审批、确认、支出、收入和核对。

资源约束会限制员工的数量,有时候会导致职责分工的问题。在这种情况下,管理者必须采取必要的措施增加控制特征来弥补资源的不足。这些措施包括管理者审查明细交易的系统报告;对选择的交易进行同级评审(peer review);对存货的盘点过程进行监督;在批准之前审查日记账分录的支持记录以及独立核对账户余额。

8. 资产保护指的是对公司有形和无形的财产和资产的保管和保护安排。资产的控制包括资产的分类、分配、转移和使用。

公司的资产包括它的客户、合格的供应商和合作方,员工、产品和服务,现金,有价证券，存货和不动产、厂房与设备，专利，商标，商誉，还包括流程和那些运行结果，如数据和信息。

对于每一类资产、关键表格和记录、处理领域和处理程序，管理者必须清晰的确定对其负首要责任的员工。尽可能的，资产的实物保管职责必须授予那些不负责而且不能接触资产会计记录的员工。

三、用自上而下的方法确定范围

根据大 G 治理指引，公司可以应用自上而下、风险基础的方法来确定一个适当的范围，识别相关的经营和财务报告风险。为了确定内部控制活动的范围（例如：对实施全面审计的关键指标的持续监控），财务经理必须识别包含重要账户和披露的财务报告要素，如果这些账户和披露数额重大而且有错报就会有重大或重要的影响。

应用自上而下、风险基础的方法，首先从财务报告科目开始，向下到子账户或流程层面识别那些具有以下特征的账户：（1）交易数量多；（2）交易数额大；（3）流程风险高。

接下来，通过确定以下三个方面的问题评价那些财务报告要素的风险：（1）什么会出错？（2）根本的财务报告或欺诈风险；（3）哪里会出现潜在的错误、遗漏和错报？对这一阶段的评价，考虑哪一个控制目标有可能被妨碍或有缺陷？

应该有一个账户和风险类型描述的列表。根据账户的重要性和错报的可能性对账户和风险进行排序。

根据它们的概率和影响等级把这些结果标示在风险矩阵中。建立适当水平的控制活动，以识别控制环境的有效性。

控制环境影响业务流程执行、风险评估和控制活动，并为其提供输入和指引。

在控制环境中，如果管理层设定了不现实的目标，如果报酬取决于绩效，如果奖金计划存在一个上限和下限，那么内部控制失效的早期预警信号就出现了。如果高度分权的地方职责分离较弱，如果较差的内部审计结果得到记录，如果存在对不当行为的惩罚，无论这些行为是否无关紧要或未公开，内部控制都需要特别警惕。

一旦你确定了范围，就要开始整理进度表，在财务与报告循环中选择最佳的时间审核和测试已选账户和/或流程中的控制。在安排控制审核和/或测试的时间时，要考虑的一些项目包括：

（1）审查和/或测试的时间是在“交易发生的当时”（例如：观察这个流程）还是在事实发生之后；

（2）需要审查和测试的详细程度；

(3)因为测试发生在事实之后,在报告循环中选择一个时间,它要有足够的交易量以选择一个有效的样本规模。

注意:进度表在这一点上是尝试性的,是假定活动和资源还没有分配。

1. 经营

业务领域经理和流程负责人负责建立和促进受控的流程,合理保证:

(1)无论是对内还是对外公布的数据和信息都是完整的,也就是说,它们是准确、可靠、完整和及时的;

(2)公司的资源(例如,公司的人员、系统、数据和信息、资产和客户信誉)得到了有效的保护;

(3)经济地获取资源并有效的使用;

(4)监控运营的交易以寻求持续的流程改进。

每一季度,作为季度次级确认(subcertification)流程的一部分,业务领域经理和流程负责人必须证明他们遵守了公司的政策、程序和外部的法律和法规。参考后面有关季度次级确认(subcertification)的章节来实施这部分方案。

Ⅱ. 风险评估

应当实施风险评估方案,它包括的活动要达到以下目的:

(1)把流程分为高、中、低风险三类;

(2)决定公司的风险阈值;

(3)监督、评价和报告流程对风险的敞口。

业务领域经理和流程负责人要负责识别和评价那些能够对公司目的和目标的实现产生不利影响的内部和外部因素,并将发现的情况反映在业务计划和向高层管理者的报告中。

运用自上而下的方法要识别必须纳入风险评估范围考虑的关键流程和账户余额。参考关于风险的章节可能有助于识别有较高风险的领域,或者使用上面的章节可以确定纳入内部控制测试范围的领域。选择那些呈现重要或高风险水平以及公司需要共享、减轻或控制风险的流程和区域作为首先测试的流程区域。划分在中等或低风险象限的流程可以用不那么严格的测试技术来测试。

根据当前和将来的战略,选出的业务领域代表、咨询专家和高级管理者可以提供额外的账户和/或流程作为被测试的输入。接下来,内部控制测试的范围要由CEO、CFO 和内部法律顾问进行审核和批准,并呈报给董事会以及审计委员会的成员。选出的这些人必须负责:

(1)审查和批准内部控制计划;

(2)确保恰当的账户和流程被监督和评价;

(3)监督计划的执行并确保有适当的资源和持续的执行支持(executive support)。

在风险评估中,如果没有风险评估方案,或风险似乎围绕在相同的流程或职能领域,无论多低;或风险似乎发生在流程或财务循环的同一点,那么,内部控制可能失效的早期预警信号就会出现。当遇到封闭运行而不能共享信息的职能时,内部控制表明要特别警惕;一个领域的低风险会像滚雪球般增长一直到它们变得重要。

Ⅲ.控制活动

在设计控制活动时,要考虑控制是需要检查性的(detective)还是预防性的(preventive),需要什么水平的控制活动,将来它如何被测试。

四、检查性控制和预防性控制

控制分为检查性的和预防性的,预防性控制为首选。预防性控制和/或检查性控制的差异会因为事项类型以及控制何地和如何发起而变化。

1. 检查——指的是核对和对比,它们发生在交易事项发生之后,被用来识别错误、漏报、错报或欺诈。在流程较弱或不完整或预防性控制没有设计进流程的地方,检查性控制是非常重要的。在性质上视为检查性控制的一般控制包括比较预算与实际结果、比较不同期间的结果、监控绩效指标和追踪意外结果或异常事项。

2. 预防——指的是设计在流程内并成为流程组成部分的控制程序。预防性控制被用来在处理活动之前防止错误、漏报、错报和欺诈的发生。在性质上视为预防性控制的一般控制包括书面政策和程序、权限、所附的支持性记录、质疑异常事项以及没有签署过的空白表格。

考虑一下,列出一个"提示"来识别应当在流程中处理的预防性控制和检查性控制的类型。记住,一项控制被视为预防性的还是检查性的取决于交易事项的类型、事项的发生频率以及它是作为流程的组成部分还是独立于流程来执行。

五、举例

1. 如果通过确保付款偿付发票之前的三方匹配(match)来对应付账款发票进行审核并授权付款,这被认为是一项预防性控制。如果付款之后对卖主发票的数量和价格范围进行核对,那它是一种检查性控制。

2. 如果在设立应收账款的信用限度或客户之前进行信用分析,那它是一项预防性控制。如果所有的新顾客都自动给予应收账款信用,信用评估只有在出现收款问题或信用要求超过了预设的金额界限时才执行,那么,这时的信用评估是检查性控制。

3. 如果只要各期间一致就对工资单运行(payroll runs)授权,这被视为是一种预防性控制。如果工资单运行的差异只是每月审查并解决,那么,它是一种检查性控制。

控制的类型	预防性/检查性
遵守法规、一般公认会计准则和公司的政策与程序	检查性
遵守公司的政策和程序	检查性
遵守合同的条款和条件	检查性
授权和审批交易	预防性
财务报告内部控制	
1. 付款及其记录	预防性
2. 付款收到、处理和记录	预防性
3. 交易的记录	预防性
4. 披露	检查性
5. 审查	预防性
6. 核对	检查性
7. 真实性	预防性
8. 准确性	预防性
9. 完整性	预防性
10. 及时性	预防性
11. 职责分离	预防性
12. 资产保护	预防性

六、控制活动

选择的控制活动要与风险评估中识别的风险水平相当。记录控制活动的程序、搜集到的证据以及你调查发现的结果。

控制活动指的是一些具体行为,用来产生支持控制目标的证据,它们包括下面的一些或全部技术:

1. 流程的负责人利用预先设定的自我评估或审计准备清单来实施自我评估;

2. 由同组的人员和/或内部控制代表进行的穿行测试和观察;

3. 管理层执行的监督和/或提交给内部控制进行审查;

4. 核对原数据和报告记录,包括期间前延分析(period-to-period roll-forward analysis)和期间分析(period-over-period analysis);

5. 管理层和内部控制代表运用统计或随机抽样技术实施的测试；

6. 高级领导层、流程的负责人和选出的业务领域的执行人员提交季度次级确认，证实遵守公司政策、程序和内部控制要求；

7. 对内部控制和内部审计审核发现的行动项目(action item)采取的补救措施。

测试和控制是一项管理层职能，而且是整个流程管理的组成部分。从这一点来说，所有层次的管理都者有责任：

1. 识别和评价与其特定经营的方面有关的损失敞口(exposure)；

2. 确定和建立政策、计划和操作标准、程序、制度和其他原则，用于最小化、减轻和/或限制与识别出的敞口相关的风险；

3. 建立实际的控制流程，要求和鼓励管理者、高级职员和雇员以实现控制目标的方式履行职责；

4. 保持已设定控制流程的有效性并促进这些流程的持续改进。

七、监控和测试

运营交易的控制和监控可以证实识别出的控制按照设计来执行。根据流程复杂性(例如步骤的数量)的不同，测试交易的活动可以通过计算机和/或人工过程来进行。测试必须应对真实性问题(例如完整性、准确性和及时性)。

一个自始至终的测试方向是选择一个特定来源记录的样本(例如销售发票、销售交易、明细分类账余额)，并通过运行过程追踪它们直至财务报表的余额。

一个自始至终的测试在从财务报表余额(例如总账或调整)回到源输入的其他交易中选择一个样本。这个方向的交易测试应对的问题是财务账户余额中包含的所有数据是否有原始记录的支持。

被测试交易的样本必须应用一般公认审计抽样技术进行记录和选择。抽样技术可以应用判断或统计的方法。判断抽样方法的例子是系统地选择会计年度的天数或在数字序列中每一百笔交易选择一个。统计抽样方法要在所有交易中选择一个随机样本。

根据审计准则，交易的测试必须用来测试管理层的认定。证据可以归入以下5类中的一类：

1. 存在或发生。这个认定讨论的是在资产负债表日资产负债表上的资产、负债和权益是否真实存在。此外，发生认定关注的是包括在财务报表内的已记录交易是否在本期实际发生。这一认定关注的是本应该包括的数据的存在情况(例如，存货在资产负债表日存在并可以出售)。

2. 完整性。这个认定表明，财务报表应包含所有应该列报的交易和账户。这个测试关注的是财务报表遗漏本应包括在内的项目的可能性。(例如，销售截止测试,以确定销售记录在适当的会计期间)。

3. 估价或分摊。这个认定涉及到资产、负债、权益、收入和费用账户是否以适当的价值包含在财务报表中(例如,固定资产按账面净值列示)。

4. 权利和义务。这个认定涉及到资产是否是公司在资产负债表日的权利,负债是否是公司在资产负债表日的义务。

5. 列报和披露。这个认定涉及到财务报表要素在财务报表中是否被适当地分类和分组,或分别报告并披露。(例如,负债适当地记录为当期负债和长期负债)。

尽管控制会被嵌入一个流程中,但是,它仍然需要测试。有些时候一个嵌入式控制会被绕过或被例外报告忽视,因为它是"假定"该控制正在运行。

例子:

如果进度表和核对清单嵌入作为流程的一部分,那么,它们就充当了控制;在所有的层面他们都是同时运行的。但是,进度表和核对清单也必须审核和测试,以确保识别出了管理活动,注出评语和例外,包括捷径或流程"权变措施"(例如,绕过设计的流程)。

从一个单独的中心来源提供数据和信息是一个较好的自动控制;但是源数据也必须证实,以确保它是完整和准确的并按照设定的目标来应用,确保数据的错误、漏报和错报从源头上得以改正。

开始设计监控和测试计划时,要从风险评估识别的账户和流程开始。在每一个账户和流程之后列出需要用监控和测试证实的控制目标。在每一个目标之后,识别相关的控制活动,它们被用来提供控制目标正在实现(或没有正在实现)的证据。在账户/流程、控制目标和控制活动之间拥有一致的联系是存在较强内部控制方案的迹象。

> 读者注意:
>
> 作为测试指引的一部分,我已经包括了在编制这种工作表时可以用作样本的工作底稿。本书的下载版以 Excel 格式提供了这种工作表。

这是大量应用内部控制测试指引时推荐使用的技术。当你测试和记录内部控制时,要考虑被审核的证据的类型以及根据这些证据可以做出的认定的类型。记得要记录证据,无论它是否产生了结果。

在控制活动中,如果控制活动没有与控制目标相联系,如果没有足够的时间和资源来执行控制活动计划,如果不利的结果分散在所有的控制目标和流程,那么,内部控制失效的早期预警信号就出现了。如果流程经理一直没有准备或可以加入到控制活动中去,那么,内部控制需要特别警惕。

Ⅳ. 信息与沟通

信息和沟通是要激活(enable)员工,主要通过提供公司各个层面的相关信息并将其以支持实现公司目的和目标的方式和时间范围内分送出去。

高层管理者负责的信息与沟通活动要支持内部控制目标的理解和执行。员工也要对信息与沟通活动负责,确保高层管理者全面了解实施或不实施某些控制目标流程的结果。信息共享和沟通指的是信息自上而下和自下而上的流动。为了激活员工,高级管理者必须清晰的把环境确定为开放的,并使员工便于提出改进的建议。员工将会最适当地知道“检查检查者”的控制何时准备好被控制职能式(control - smart)学习、计划和流程模型替代。

信息和沟通的目标是:

1. 确保适当和全面的内部财务、经营和合规的数据;

2. 确保获取与决策者相关的事项和情况有关的充分和全面的外部市场信息;

3. 建立有效的沟通渠道,以确保员工知道影响他们的职责和责任的政策和程序;

4. 确保其他的相关信息能够传达到适当的决策者;

5. 确保在用的信息系统是适当和安全的。

公司业务领域经理和流程负责人要有一个有效的内部控制系统,它要能对公司环境和情况的改变做出反应;他们必须采取适当的措施来纠正内部控制发现的问题并提高流程的效果和效率。此外,他们必须有与公司资产负债表内和表外活动相关风险的复杂性和水平相称的流程。

信息和沟通必须是自上而下、自下而上以及横贯组织流动的,它要提供有意义和相关的数据以容许迅捷的决策和行动。内部控制方案的管理者应至少每季度一次或认为必要时向所有内部各方以及外部审计师和外部法律顾问发布进展报告。

在信息和沟通中,如果信息和沟通只向一个方向流动,信息是估计的而没有数据点支持,或更多的时间花在“语言艺术化”上而不是采取纠正措施,那么,内部控制失效的早期预警信号就会出现。如果正在传递的信息与调查结果和收集的证据之间存在差异,那么,内部控制方案的管理者就需要特别警惕。

V. 监控、评价和报告

这是框架的最后一个阶段,方案的流程是整理和报告调查结果和纠正措施,评价内部控制方案自身的有效性。这种信息用于确定公司整体的控制状况,这是大G治理要求提交的内容。

八、发现问题的分类[①]

控制发现的问题是分析的结果和从控制活动收集到的证据。如果发现了问题，它们需要归入以下类别中的一类，最严重的缺陷类别列在第一位：

1. 流程设计和运行以及内部控制结构中的重大缺陷(significant deficiency)情况能够对公司记录、处理、汇总和报告与管理层在财务报表中的认定相一致的财务数据的能力产生不利影响。

2. 重要漏洞(material weakness)情况的严重性相对小一些，但足以导致一个或多个特定流程的要素对财务报表的准确性产生重大影响，而且，如果它发生了，可能无法在一个适当的时间内(timely period)发现。

3. 应报告的情况指的是流程的漏洞或持续改进的机会。如果发现，这些应当记下来，这样流程负责人可以在问题变成漏洞之前评价和/或改正流程。这些都可能是"早期的预警信号"而且应当处理，因为无论是流程的负责人还是内部控制的代表都不想看到一个测试期间识别出的应报告情况在另一个期间表现为重要漏洞。

4. 如果没有意外的结果，而且内部控制在设定的参数内运行，并且公司没有临近的风险，那么，有效内部控制的情况就存在了。

一旦完成整理，用以下类型的计分卡汇总发现的问题。计分卡中的信息确定已实施的控制活动的级别，发现的问题分为从1(重大缺陷)到4(有效的控制)多个级别，如前所述。

账户/流程	控制活动结果的评级			
	1	2	3	4
应付账款				
应收账款				
存货				
薪资				
收入				

① 本书内部控制缺陷的等级划分不同于PCAOB第5号审计准则的划分，一方面划分的等级数量不同，PCAOB第5号准则按照控制缺陷的严重性划分为两个等级：material weakness和significant deficiency，本书中划分了三个等级；另一方面，本书前两个等级划分所用的术语恰好与PCAOB的第5号准则相反，本书中significant deficiency的严重性比material weakness大。——译者注

如果识别出控制缺陷，纠正这些缺陷的计划必须记录下来并尽快实施。

如果识别出重大缺陷和重要漏洞，内部控制部门必须重新测试这个流程，以确保已经进行了完善。改正的内部控制程序必须在财务报告日之前应用和运行一段时间。管理层必须能够评价改正后的控制，并断定该控制正在有效运行。建议在认定缺陷被圆满解决之前，测试至少要持续三个季度并显现积极的结果。

这种总结使你可以在一个较高的层面比较账户和流程，以确定控制活动是否与这个范围内确定的风险水平相当。它也使你可以确定优先次序，并集中处理已选择的流程以首先纠正最重大的问题。这个计分卡上的信息可以有助于你更好的规划控制目标和针对范围内高风险的账户和流程的活动。

如果结果出现不成比例的评级为 3 和 4 的项目，审核控制目标和活动以确保你调整了适当水平的控制活动来"抓住"适当水平的风险。尽管这不是"我赢你了"的练习，记住：你选择的这一长串账户和流程是高风险和高影响的。如果发现的问题和结果是准确的，那么，这表明评估过程中某些方面出了问题。

小心不要玩数字游戏——多不一定更好。记住：控制活动需要计划、分配资源，而且可能干扰经营流程。

九、评估内部控制方案

必须采取措施以确定内部控制方案自身的有效性。为了使高级管理层对证实公司内部控制有信心，他们必须对内部控制方案自身正在按照本应该具有的状态运行有信心。

根据 COSO 的观点，在对整个内部控制方案的设计和有效性提出意见之前，必须评估内部控制五要素中的每一个要素。评估等级是令人满意的或不令人满意的，都必须记录根本的原因和支持性证据。

COSO 控制要素	不满意等级的标准
控制环境	1. 存在任何一个控制目标被遗漏、违反或控制目标不恰当的情形； 2. 有被证实了的控制活动失效的系统化案例。
风险评估	1. 风险评估的目标与控制环境的目标冲突或不一致； 2. 风险评估方案缺失、没有遵守或不恰当； 3. 管理层没有减轻关键的经营风险； 4. 内部控制测试发现了管理层没有事先关注到的风险。
控制活动	1. 关键控制活动没有发挥预定的职能； 2. 管理层对控制活动的监控缺失、没有遵守或不恰当。
信息与沟通	1. 员工对自己的控制职责普遍缺乏了解； 2. 客户或供应商的投诉或纠纷没有被解决或没有采取及时纠正措施。

续表

COSO 控制要素	不满意等级的标准
监控	1. 关键指标没有识别、收集或沟通； 2. 管理层没有建立一种方法来确定内部控制方案的长期质量。
整体	必须考虑所有要素的评级以确定内部控制是否为管理层目标的实现提供了合理保证。

如果重大缺陷和重要漏洞在财务报告日还没有被消除，那么，必须对它们进行披露。

公司完成治理过程的一种方式是借助于季度次级确认方案。后面的章节将会深入讨论这一方案，这里只是简单介绍。对于管理层证实向大 G 治理监管呈报的材料来说，这个方案和工具产生的收益不包括为其提供支持。

作为公司政策和程序的一部分，内部控制部门要监控季度次级确认信，即管理层声明书。这种确认信要求选定的人员证实：其负责的业务领域提供的信息是完整的、真实的并符合公司的行为准则、政策、程序和内部控制，财务结果按照美国一般公认会计准则记录。

这种形成确认信的过程和证实是一种工作辅助，被内部控制用来评价和支持公司的内部控制状态。选定的流程负责人和业务领域执行人员提交的评语必须作为内部控制方案的组成部分。

十、呈报材料和证实

根据《萨班斯—奥克斯利法案》和证券交易委员会的监管要求，公司 CEO 和 CFO 必须提交一份来自管理层的报告，并提交季度 10Q 表和年度 10K 报告证实公司的内部控制状况。

管理层的报告包括以下内容：

1. 说明管理层对建立和保持适当财务报告内部控制的责任。

2. 说明管理层对公司财务报告内部控制的有效性进行评价所使用的框架（如 COSO 框架）。

3. 管理层对最近财务年度末公司财务报告内部控制有效性的评估。如果公司的财务报告内部控制存在一个或多个重大缺陷或重要漏洞，管理层不得认为公司的财务报告内部控制是有效的。

4. 说明外部审计人员已对管理层关于财务报告内部控制的评估出具了鉴证报告。

在监督、评价和报告阶段，如果监控活动是零散的、跳过了报告期间，如果为了展现较少的损害性结果（damaging result）而没有一贯地应用评价技术，那么，内部控制失效的早期预警信号就会出现。如果涉及审查(censoring)的结果,那么内部控制就需要特别警惕。

当财务报告得到证实并提交给大G治理监管机构时,一个治理过程的循环就完成了。

为了支持这个方案,必须提交以下记录:

1. 内部控制方案的政策和程序;

2. 内部控制方案的章程;

3. 内部控制的计划。

政策与程序		
程序号:2-2-1	部分:公司	共3页
内部控制政策与程序		
所属部门	发布/生效日期:	替代以前发布的

编制人: 批准人: 授权人:

日期: 日期: 日期:

一、范围

该文件适用于IDEAL LLP所有的法律主体、子公司和业务单元。

二、政策

IDEAL LLP(公司)的政策是建立和维持一个内部控制方案(方案),以便按照指定的风险阈值监督和测试公司经营与财务的效果和效率。这个方案应由内部控制方案经理主导和管理,并负有向公司高级领导层报告的责任,包括首席执行官、首席财务官以及董事会的审计委员会。

公司应该设立一个内部控制部门来设计、执行以及监督内部控制方案,它既要提高企业内部经营的效果和效率,也要遵循外部的法律法规。公司选择遵循的内部控制模型是COSO框架。

内部控制部门应制定一个年度计划和进度表以确定当前会计年度要关注的领域。

公司流程应由流程负责人进行分配和负责,他们有责任按照需要建立完整的(即跨职能部门的)流程图、政策和程序。流程负责人负责确定和收集流程与财务标准(metrics),以确保以一种有效果和有效率的方式执行实施流程。流程负责人应提供关键绩效指标,参与自我评估,并准备内部控制测试。

无论任何时候,如果有人(如内部控制代表、流程经理或员工)认为经营或财务流程管理中已经或可能发生违背情况,他们就有责任及时联系执行管理层(executive leadership)和内部控制来进行调查。

三、程序

业务环境中使用的内部控制方案已逐渐被定义为监督各个流程的一个方案,它要求:

1. 像公司风险评估流程识别风险那样,评估风险并把流程评价为高风险、中等风险和低风险。

2. 制定控制目标并建立控制活动,其目的是为控制目标的有效性(即控制目标是否在运行)提供证据。

3. 分析和整理来自内部控制活动的结果。

4. 评估、报告和评价(rate)公司内部控制的状况。内部控制方案经理至少每季度应向公司领导团队和董事会沟通和报告这些结果和状况。

5. 对于那些确实需要改进的控制,监督补救和改进的成果。

除了监督内部控制方案本身的有效性,内部控制部门还应根据COSO框架界定和应用下列方面:

(1)控制环境;

(2)风险评估;

(3)控制活动;

(4)信息与沟通;

(5)监控、评价和报告。

在每一财务年度的开始,内部控制方案经理应提出一份计划,它包括测试和监督公司的流程和活动。尽管已经制定了进度计划,但是为了实施随机的没有计划的测试,内部控制会改变计划测试的时间安排。

内部控制协同流程负责人根据风险评估模型进行风险评估,并根据对公司经营或财务产生不利影响的可能性和概率对流程进行排序。

风险阈值通常定义为:

(1)低风险:只要衡量结果在可接受的控制限度内,而且不利敞口(adverse exposure)的风险最小,那么,该流程就应被认为是低风险的。对低风险的流程应至少每月监控一次,调查和纠正例外差异。当连续三个期间超过控制限度,这个风险应重新归类为中等风险。

(2)中等风险:只要衡量结果在可接受的控制限度内,而且由于不利活动导致的经营和财务暴露(exposure)是中等的,或者低风险流程已经超出控制限度的衡量,该流程应视为有中等的风险。中等风险的流程应每半年轮流进行一次审核和测试。如果控制的衡量结果变得不可预测和不能接受,那么,中等风险的流程可以视为高风险的流程。

(3)高风险:如果一个流程是最近执行的或重新设计的,或者经营或财务错报的影响能够对经营成果和(或)财务报告产生重大的影响,那么这个流程应当被认为是高风险的。高风险的流程需要指派一个优良的审核小组,而且至少每季度审核和测试一次。

控制活动和测试指引要包括经营报告和衡量、财务报告和衡量、系统产生的控制报告以及人工抽样测试。在实际测试之前，测试指引对流程负责人来说应该是可以获得的。测试指引可以根据测试活动的结果增加或补充。

内部控制经理应监督方案的执行和结果，并每月向首席合规官和首席财务官报告计划进度的完成情况（schedule attainment）、测试活动和结果。

每季度，应向公司首席执行官和董事会提交一份报告以便他们审核。

内部控制经理和首席合规官应每年至少向首席执行官、首席财务官和董事会提供一次风险评估和内部控制流程的彻底的审核。

四、控制/责任区域

内部控制方案应由首席合规官和首席财务官进行监督，由内部控制方案经理进行管理。

内部控制方案自身也要受到对其效果和效率的监控。

内部控制测试活动和结果应该受到监控，而且至少每个季度形成报告，并分发给首席执行官、首席财务官和包括董事会下属的审计委员会在内的其他领导层。

五、联系人

首席合规官

首席财务官

政策与程序		
程序号:2-2-2	部分:公司	共2页
内部控制方案章程		
所属部门	发布/生效日期:	替代以前发布的

审核人:文档审核　　批准人:　　授权人:文档授权

日期:　　日期:　　日期:

一、目的

内部控制是公司治理的一个职能,独立并有别于内部审计和合规,因而必须得到高级领导层的支持和授权,在每一个有遵循责任和义务的业务领域层面都要实施内部控制。

IDEAL 公司的内部控制部门对公司的经营和流程进行独立和客观的审核,酌情报告结果和提出建议。内部控制部门应以 Treadway 委员会的 COSO 内部控制整合框架作为内部控制方案的基础。

二、范围

内部控制部门应监督企业内部控制方案的完整性,也要监督涉及公司内部控制或风险状况的所有对外报表。

最后,内部控制部门应编制一份进度表,它要包括公司流程负责人、经理、管理人员和董事会的教育与培训、测试与纠正。

三、会议

每年,在会计年度开始之前,内部控制方案经理不但要提交一份纠正或提高经营效果和效率的计划,还要提交一份评估企业内部控制和风险状况的计划。虽然主要关注财务流程,但内部控制部门也必须考虑上行(upstream)的经营流程。这种年度计划应由高级领导层审核和批准,并提交董事会下属的审计委员会和外部审计师。

内部控制方案经理应至少每个季度向高级领导层和董事会下属的审计委员会提交进展报告。每个季度,内部控制方案经理应向外部审计师提供有关公司内部控制和风险状况的报告书。

四、责任和权力

内部控制方案的成功取决于高级管理层和董事会的认可和不断支持。高级管理层必须相信:实施内部控制方案不仅是法律义务;从长远来看,它更会增加公司价值。

内部控制方案经理应该有必要或适当限度的权利,以确保专门领域的专家和顾问的参与。

邀请选定的业务领域代表来帮助内部控制部门准备和审核内部流程。要求所有的流程负责人、经理和员工全力合作并参与测试和审核流程。

为了内部控制方案经理履行其职责,公司应向其提供适当的资金和资源。

内部控制方案经理应至少每年审核和重新评估内部控制章程的适当性,并向高级领导层提出改进建议,以获得批准。内部控制部门应至少每年审核自己的绩效,并把绩效审核纳入其季度报告。

程序 2-2-3　内部控制计划

本章列出了制定和执行内部控制计划(计划)与方案所需的具体任务和活动。这个计划结合了迄今为止提出的信息和遵循本章的方法。内部控制方案管理人员要监督计划的设计和部署,并对其结果负责。

内部控制方案管理人员应建立一个方案,它要包括应对 COSO 框架的活动和任务:

A. 控制环境;

B. 风险评估;

C. 控制活动;

D. 信息和沟通;

E. 监控、评价和报告。

为了支持计划的流程,如下所述,本章最后的文件和表格阐述了:

1. 内部控制政策和程序;

2. 内部控制章程;

3. 按照每一 COSO 框架要素划分的职能和责任;

4. 授权与批准流程、政策和程序;

5. 信息和技术——终端用户计算、流程、政策和程序;

6. 账户调节流程、政策和程序;

7. 季度次级确认流程、政策和程序,展示和 PPT 培训;

8. 控制活动测试结果的表格。

A. 控制环境。计划的流程包括确定内部控制方案期望的范围和结果目标。

这开始于高级管理人员任命一个内部控制方案管理人员,并通过授予项目经理途径、权力和资源的方式传达高级管理层的支持。

内部控制方案管理人员和高级主管人员(executive sponsor)要一起制定:

1. 内部控制方案的章程,它规定内部控制方案管理人员的权力和要求;

2. 内部控制政策和程序,它告知员工与内部控制方案相关的职责和责任;

3. 评价对支持性政策和程序的需要,而不仅是在公司政策和程序手册中阐明;

4. 选择一个内部控制框架(即 COSO);确定内部控制原则和目标。

把内部控制计划与 COSO 框架 D 部分——信息与沟通——联系起来,内部控制方案管理人员帮助执行团队传达适当的高层基调沟通,它要支持那些必须设计和嵌入所有公司政策、程序和流程中的控制目标和道德标准。

内部控制方案管理人员制定内部控制活动计划和进度安排,并获得批准,确保所有的主要流程至少每年覆盖一次，并且分配之间进行补救性重新测试和不定期的测试安排（unscheduled testing engagement）。进度安排必须为巩固、评估和评价留下时间，以及时赶上提交给监管机构的季度末财务报告。

内部控制方案管理人员要准备一份关于内部控制流程是如何组织和管理的综述，并获得高级主管人员（executive sponsor）、管理层、董事会下属的审计委员会和外部独立审计师的批准。

内部控制方案管理人员为员工、流程经理、高级管理层和董事会提供有关其在内部控制方案中的职责和责任的教育和培训。培训应包括帮助每个团队了解他们的职责和责任的文件。

B. 风险评估。评估和确定现有的控制程序。

内部控制方案要针对风险来评估，如果内部控制方案本身发现有遗漏、错误或错报，识别对财务报表和（或）披露要求的影响。内部控制方案管理人员还必须考虑建立衡量措施和控制活动以确保内部控制方案按照设计运行。

应用风险评估技术识别需要包含在当年内部控制方案中的流程和/或账户。实施风险评估，以提供对下列事项的理解、可见性和排序：

1. 当前的基础设施，以及现有的程序符合或不符合第一阶段定义的内部控制目标的程度。

确定用于评估范围内的流程和/或账户的控制原则、目标和活动。

2. 错误、遗漏或错报的可能原因。

（1）识别重要的（significant）财务报告要素，包括容易引起重大错报的账户、披露和相关认定。

（2）重要财务报告要素是那些交易数量或金额很大的账户，比如收入、存货和现金。确定每个相关认定"什么会出错"，考虑可能发生潜在错误的基础流程和随后的步骤。根据重大错报的大小和发生的可能性评定风险的等级。

3. 可能发生舞弊的领域。

回头查阅一下内部控制流程图，内部控制方案管理人员可以利用通过季度次级确认流程获取的输入来确定下一季度关注的领域。

作为可选的输入，内部控制方案管理人员可以要求流程经理实施一次内部控制准备（readiness）工作或自我评估，并把结果提交给内部控制代表。这是一项关于某些控制的存在性和适当性的评价，这些控制是当前用于确保经营与财务流程的效果和效率以及合规的控制目标的。

4. 当然，在能做这些之前，内部控制方案管理人员必须准备好一般的评估（generic assessment），以分发给流程经理。

应用 COSO 框架，建立和设计控制活动来测试控制目标，确保控制活动的结果确实提供了控制目标按照设计运行或没有按照设计运行的证据。估计实施建议的活动应当花费的时间。

从本次最初评估开始,内部控制方案管理人员要总结输入,以识别哪些流程必须在本年内部控制测试的范围内考虑以及哪些在风险中包含了重大暴露的机会。

一旦识别出,按照优先次序排列并在进度安排中分配一席之地。

5. 建议采用自上而下、以风险为基础的方法,以隔离那些必须纳入考虑范围的流程和(或)账户。其他更详细的情况,参考治理过程中的风险部分。

安排计划进度,以使对业务经营的破坏最小,并容留时间来衡量和测试一组典型的交易。考虑识别出的流程和(或)账户需要进行评价的频率。在进度安排中为重新测试那些需要实施和监督补救措施的特定领域留一些时间。把这个计划和进度安排告知高级管理层,让他们审核和提出看法。管理层的谨慎可能会选择增加一些流程或账户进行测试。把计划和进度安排告知流程负责人。

计划进度安排的最好方法是:

1. 列出要测试的流程和账户以及要用的控制活动的类型。估计履行测试职责要花费的时间,留出额外的时间处理“意外的”发现和重新查看薄弱的领域。

2. 在日历上列出账户和流程,使时间安排与经营循环一致,以使测试范围和样本规模最大。

3. 分配内部控制资源来实施测试,为内部控制代表留下时间使其可以追查意外的结果、薄弱的领域或者最近补救过的领域。内部控制代表还需要额外的时间来分析证据和记录发现的问题。

把内部控制方案和要求做的事情告知流程经理,或者,如果可能的话,将其包含在培训内。如果内部控制方案是第一年推出的话,这可能是行不通的;另外,应当有足够的历史记录和详细资料提供给内部控制方案管理人员,使其可以应用培训资料来准备控制活动和进度安排。

为了充当对内部控制方案的独立检查员,来自内部审计和/或合规部门的人员要测试和监督内部控制方案的效果和效率。在更加复杂的业务经营中,不再是一位内部控制方案管理人员,可能会有一个来自内部控制、法律、信息技术、人力资源、财务和内部审计部门的跨部门的代表组成的委员会来监督内部控制方案,包括计划、调查结果以及要改进、纠正和沟通的领域。

内部控制计划要与董事会下属的审计委员会和外部审计人员共享,并至少每个季度对内部控制方案活动和结果的状况提供更新。

C. 控制活动。在一个集中的文档库里,识别和记录经营和财务风险的特定控制。

内部控制文档数据库应保存内部控制计划、控制原则、目标、活动、流程和/或账户的描述、处理流(process flow)、控制活动的结果以及对结果的评价。在可行的程度上,考虑把这个文档数据库和公司的政策—程序文档数据库建立交叉索引。

如果没有自身的文档数据库,就要考虑研究和评价专门为此项应用设计的众多软件程序中的一个。为了定制这个计划,本书中给出的政策、程序和模板可以用来填充内部控制文档库。

在规模较小的公司,文档数据库可以简化成共享驱动器中的一个文件夹或装在一个中央档案柜或文件夹中的打印文档。

控制活动/测试安排

控制活动安排会反映出内部审计安排的影子,但不如内部审计安排正式。我们正在寻求与内部审计相同的专业水平;然而,其目标是测试和纠正,而不是测试和报告。作为最佳实践,内部控制的调查结果被认为是对流程有益的,并为流程经理提供了有用的反馈。

1. 在每一会计年度初,首席财务官或高级主管人员和内部控制方案管理人员告知业务和流程负责人来年的计划和进度安排,提到这个进度安排要发生变化。并非每一个流程都需要相同水平的审查,所以,对于有些流程经理不得不提交关键绩效指标,而对于有些流程经理将中断其经营而进行更具侵入性(invasive)的测试活动。

2. 为了流程,经理计划流程的中断或者向控制活动分配人员,要给即将被测试的领域提供一个提示通知。经理为流程提供一份准备核对表,从而他们能够为控制活动安排做好准备。在控制活动安排开始之前,流程经理应通知员工做好准备并全面配合。

在控制活动开始之前,进行一次讨论是适当的。这给内部控制代表和流程经理提供了一个机会,不但可以讨论用于验证控制目标状况的最佳方法,而且可以讨论目的和目标。内部控制代表应准备建立联系,设定基调,并且取得流程经理的配合。

3. 内部控制项目代表或团队按照计划执行控制活动并收集证据。内部控制方案团队应该是专业的,并应用各种技术来收集数据和信息。如果风险评估和计划应对得当,控制活动的范围和方法应当已经清楚界定。

流程经理应准备共享支持目标的数据和证据。作为一个最佳实践,流程经理知道将要用到哪些控制目标和控制活动,所以,他们可以向内部控制代表提供他们的证据和文件轨迹。

内部控制代表应该提问并聆听,因为这些是有效的测试技术,可以用来确定是否存在其他事先没有识别的风险或提供的证据是否支持被测试的目标。学会提问直接和开放式的问题并充分听取反馈,这为内部控制代表更全面的发现内部控制目标的实际运行情况提供了有价值的帮助。

提出的证据必须以可靠、准确的描述来支持控制目标。内部控制代表必须记录控制活动和用于收集适当水平证据的方法。

在实施测试时,选择一个要审核交易的样本是非常重要的。在确定要收集的样本的规模时,要考虑:样本的规模必须足够大以便能够对总体的遵循性得出结论,而且在给定的期间可以完成审核。通常的作法是在选择样本之前设立阈限(threshold limit)。

例子:

如果你正在测试实物存货的准确性,你会希望运行一个存货报告,确定存货的数量和存货的账面价值。控制目标是准确性,而且控制活动是通过重新盘点验证实地盘存。在测试中使你感兴趣的存货的两个方面包括(1)数量多但价值低;(2)价值高。让我们假设数量多但价值低的有1000个不同的产品编号,而价值高的有20个产品编号。你可以选择随机选取200个数量多但价值低的产品验证存货盘点,而清点所有20个价值高的产品编号验证存货盘点。

根据存货的类型,要验证数量多但价值低的存货的测试,可以称量每种产品编号的一单位产品,然后称量所有的产品编号并相除,看称过的实际盘存数是否与实际的实地盘存数一致。如果200个样本都准确或接近,就不需要进行进一步测试。如果不准确或不接近,那么,就需要在此类样本中实际盘点几次,或者扩大样本规模。

验证高价值存货的测试就是要重新实物盘点所有高价值的存货。因为你在重新执行这项控制,如果有任何异议,要评价是否需要更多的控制,比如把高价值的存货保存在仓库中单独的安全区域。控制目标现在又扩展到保护资产的安全。

4. 一旦收集到证据,必须对其进行评价,以确定证据是否与控制目标一致并支持控制目标。有时,收集的证据显示了不同控制目标中的缺陷。

不一致的例子:如果控制目标是测试货物装运之前装货提单与销售单匹配的准确性,控制活动是检查销售单和装运单获得批准的授权,那么,控制目标和控制活动之间就存在不一致。必须设计不同的控制活动。

计划外发现的例子:我们正在测试所有销售订单全部得到了处理的准确性,但测试证据表明:尽管准确,但并不是所有的销售订单都记录在了它们应该被记录的期间。这些证据使内部控制代表识别及时性,并把及时性(timeliness)作为一个新的控制目标、控制活动和证据列示在测试表格中。需要采取补救措施。

5. 一旦收集到证据,内部控制代表要分析证据,以证明或驳斥这些证据是否支持控制目标正在运行。

分析步骤可以运用一些工具来支持，如方差分析、流程控制图、业绩走势图、调节、树状图、鱼骨图等，基本上来说，就是内部控制代表用的舒适而且适合被审核的流程的任何类型的分析。

6. 利用内部控制——控制活动测试结果表，内部控制代表可以总结测试和结果。每一测试结果，无论是正面的，还是负面的，都必须记录，以表明内部控制代表在审核流程时实施了适当水平的应有关注。

另外，那些表明有缺陷的事项需要识别出来并分类，以便采取补救措施。

7. 内部控制代表与流程负责人审核内部控制活动测试结果表，并一起确定适当的补救计划。

8. 内部控制代表向内部控制方案管理人员提交测试结果表，然后，内部控制方案管理人员把它与其他提交上来的测试表合并在一起，目的是评价和分析公司内部控制的状况。

当内部控制方案管理人员审查发现的问题时，可能会有跨部门的类似问题，它预示着一个系统性的问题，需要进一步的测试和随后的补救。

内部控制方案团队应建议整合控制活动与技术，以尽可能的提供自动化控制。流程经理或内部控制方案团队应该识别重要的应用软件，包括终端用户计算应用软件，比如支持重要财务报告要素的电子表格。

对于需要纠正的事项，流程经理要采取纠正措施，而且内部控制方案管理人员必须为后续的重新测试行动制定计划。

D. 信息与沟通。准备和发布报告。

一旦内部控制测试完成或者如果关键措施至少每个季度审核一次，内部控制方案团队要评价发现的问题，编制并向流程经理提供进展报告，识别实施的控制活动及相应的结果。流程经理应答复补救和/或纠正计划以及估计完成的日期。

内部控制方案管理人员至少每季度一次汇总从控制活动收集来的结果。根据风险（如对财务报表的影响）和发生的概率，结果可以归类于所有的重大漏洞和在财务报告中凸显的重要缺陷。从这个分级看，内部控制方案管理人员决定了公司整体的内部控制评级和内部控制方案的有效性。

E. 监督，评价和报告，这要求内部控制方案管理人员汇总发现的问题，并与高级管理层和领导一起审查内部控制的状况。

要呈报的问题和审查包括内部控制计划、实施进度计划、测试活动的结果、建议改进和披露领域的总结。结果要呈报给董事会下属的审计委员会和独立的外部审计人员。

前面已经指出，内部控制与审计有不同的目标并服务于不同委托人的不同过程。然而，在内部控制方案有效果和效率的程度上，独立外部审计人员会把内部控制的贡献视为公司控制环境的一部分,并减少其审计范围,从而减少公司独立外部审计的费用。COSO 框架这个监督要素的目的就是评价内部控制方案的有效性。

为了支持大 G 治理 CEO 和 CFO 的证实(attestation),季度次级确认书要求精选熟悉或应该熟悉公司流程的人员与 CEO、CFO 一起进行确认和次级确认。在这一季度,内部控制方案管理人员要保留一份流程、流程负责人以及财务和法律部门相对应人员的名单。编制一个矩阵表,将其作为季度次级确认书和相关调查问卷的分发列表。在季度末之前,要为内部控制方案管理人员分发、接收、评价和解决问题预留足够的时间,季度次级确认书的方案就要启动。

内部控制方案管理人员整理来自风险评估的数据和信息、控制计划与活动、内部控制方案本身以及季度次级确认方案,并编制报告。报告由 CEO 和 CFO 审核,然后分发给董事会下属的审计委员会和独立的外部审计人员。

职能与责任

一、体现管理层监督的控制环境

董事会负责:

1. 批准内部控制战略和政策;
2. 了解公司遭受的风险;
3. 设定可接受的风险水平;
4. 确保高级管理层采取必要的措施去识别、监控和控制风险;
5. 批准组织结构;
6. 确保高级管理层监控内部控制系统的有效性。

董事会的审计委员会负责监控、监督和评价管理层、内部审计活动、独立的外部审计人员的职责和责任,因为那些职责和责任与公司控制其经营的流程有关。委员会还负责确定由内部审计活动、外部审计师和其他外部顾问报告的所有重要问题已得到圆满解决。

高级管理层负责:

1. 实施董事会批准的战略;
2. 制定适当的内部控制政策;
3. 监控内部控制系统的有效性。

结合起来,董事会和高级管理层负责:

1. 推进高道德和诚信水平的标准;
2. 在组织内营造一种向所有层面员工强调并展现内部控制重要性的文化。

经理负责建立流程网，其目标是以向董事会提供下列合理保证的方式控制经营：

1. 内部或外部公布的数据和信息是准确的、可靠的、完整的和及时的；

2. 公司高级职员、经理和员工的行为符合公司政策、标准、计划和程序以及所有相关的法律法规；

3. 公司的资源（包括人力、系统、数据/信息库以及客户商誉）得到了适当的保护；

4. 经济的取得资料并有效的利用，强调优良的业务流程和持续改进；

5. 公司的内部控制促进计划、项目、目的和目标的完成。

二、风险评估

高级管理层负责：

1. 识别和评价可能对公司目标的实现产生不利影响的内部和外部因素；

2. 持续评价影响公司战略、目标和目的完成的风险。

三、控制活动

高级管理层负责：

1. 建立适当的控制结构，以确保有效的内部控制；

2. 在各个业务层面建立控制活动；

3. 定期地确保所有的经营领域遵循已制定的政策和程序；

4. 确保控制活动是日常经营的一个组成部分；

5. 确保有适当的职责分配，工作人员没有被分配不相容的职责。

控制是管理的一项职能，是整个管理经营流程的组成部分。所以，各级管理者负责：

1. 识别和评价与他们特定经营领域相关的损失的暴露；

2. 说明和制定政策、计划、经营标准、经营程序、经营制度以及其他规则，它们用于最小化、减少和/或限制与识别出的暴露有关的风险；

3. 制定实际的控制流程，它需要和鼓励管理者、高级管理人员和员工以实现上面所列控制目标的方式履行他们的职责和责任；

4. 保持已建立控制流程的有效性，并促进对这些流程的持续改进；

5. 当内部控制通知他们审核的范围和时间安排时，准备好合作。他们必须及时对报告的情况做出答复，并完整和及时的进行补救。如果出现异常或非常规交易或结果，他们必须通知内部控制人员。

流程负责人需要：

1. 实施风险评估；
2. 了解产生错误、遗漏和错报的可能原因；
3. 确定要执行的流程和活动的范围；
4. 制定执行那些活动的时间安排；
5. 归集现有的政策、程序、流程和指令，包括风险和控制；
6. 为经营的效果和效率提供证据；
7. 识别、监控和追踪改进的机会；
8. 监控、追踪和报告补救缺陷的努力。

四、信息与沟通

高级管理层负责：
1. 确保适当和全面的内部财务、经营和合规数据；
2. 确保适当和全面的、与决策相关的事项和情况的外部市场信息；
3. 建立有效的沟通渠道，以确保所有员工知道影响其职能和责任的政策和程序；
4. 确保其他相关的信息到达适当的人员；
5. 确保有适当的信息系统，覆盖公司的所有活动；
6. 确保信息系统是安全的并定期进行测试。

五、监控、评价和报告

高级管理层负责：
1. 持续监控公司内部控制的总体有效性；
2. 每天监控主要的风险；
3. 分别评估每个主要风险。

结合起来，董事会和高级管理层负责：
1. 确保有效、全面的关于内部控制系统的内部审计；
2. 确保内部审计职能部门直接向董事会或其审计委员会和高级管理层报告。

高级管理者负责：
1. 确保内部控制缺陷及时地报告给恰当的管理层并及时处理；
2. 确保重要的内部控制缺陷报告给高级管理层和董事会。

评价属于每个人的内部控制。

公司主体的总经理和总会计师（controller）以及职能业务单元的领导层：

1. 要求所有的业务领域和公司的子公司具备有效的内部控制系统，它要与公司资产负债表表内外活动的性质、复杂性和风险一致，并对公司环境和情况的变化做出反应；

2. 对具有不适当内部控制系统的公司采取适当的措施，以确保内部控制系统立刻得到改进。

内部控制——计划、测试和纠正工作表

包含以下栏目的 Excel 工作表可以从 URL 下载得到。为了方便使用，下载的表格都预先填写了流程/账户、控制目标和控制活动，这些都在本书第三章的控制测试指引中有所描述。

一、流程/账户

1. 采用自上而下的评估方法，列出需要测试的重要流程和/或账户。

2. 在实施了风险评估、识别出的风险进行了排序并对风险进行分类之后，要委派一名高级主管人员监督风险的调查和管理。理想情况下，这一流程可以消除或/和减轻遗漏、错误、错报和风险的机会。

二、控制目标/风险

1. 识别必须记录或测试的控制目标或风险要素；

2. 设定自己的控制目标或者利用手册提供的测试指引中识别和确定的目标。

三、控制活动

1. 识别计划的必须记录或测试的控制活动。

2. 设计自己的控制活动，或者利用本书测试指引中识别和确定的控制活动。

3. 记住：控制活动必须表明内部控制代表已经确定了一项实质性活动，它将会为控制正在运行提供充分的证据。支持证据应被包含在内部控制——测试结果表里或可以在测试结果表中查到。

四、样本规模和测试结果

1. 描述用于确定样本规模的方法，确定样本规模并描述发现的结果；

2. 参考内部控制——测试结果核对表和收集的支持性证据；

3. 记住要记录控制目标按照设计运行和没有发现问题的地方；

4. 即使不是即刻的控制暴露，也要记住包含可能导致控制暴露或流程的效率和效果存在改进机会的领域。

五、适当的控制

1. 对于控制目标是否适当并得到了控制活动的证明,确定“是”或者“否”;

2. 如果是“否”,那么,描述该问题并对控制进行评级:评估要参考对控制是否按照设计运行的评价。等级 1 表示重大缺陷,等级 2 表示重要漏洞,等级 3 表示应报告的情况,等级 4 表示有效的控制。

六、流程负责人

那些 1、2、3 等级的事项需要流程负责人监督补救的工作。这一栏是要确定流程负责人或负责补救的人员的签名。

七、补救措施

1. 如果需要补救措施,确定紧随其后的措施和纠正行动计划;

2. 补救措施和下一步措施应与流程经理协作制定。

八、下一个跟进日或到期日

1. 那些不能迅速更正的问题需要下一个跟进日。为了确保从流程经理那得到及时的反馈,这个日期从测试日算起不应当超过两个星期。纠正措施可能需要一个重要流程再造计划和定期的会议,以确保再造的设计纠正了控制问题,或者它可能需要记录在案的“工作调配”让员工监控和追踪发生风险的机会。

2. 到期日是指问题被改正并准备好重新测试的日期。

3. 预留时间实施纠正措施以及业绩指标证明纠正措施已经展开,然后,进行控制目标的重新测试。

第三节 授权与批准方案

在公司中,小 g 治理界定了职责、关系以及报告要求。组织结构图用画向交叉联合的职能组的实线和虚线表示工作是如何组织的。如果交叉职能团队是为了项目而建,方向与责任就变得更加复杂。

如果对谁负责什么存在不一致或缺乏明细性,建议建立流程所属关系和授权矩阵。我们会在其他章节讨论流程所属关系图,但本章要审查它在分配不同层级的批准与授权时的有用性。治理和领导能力依赖于建立确定职能和责任以及鼓励和强化特定的行为。

一、界定术语

通常被用作同义词的批准和授权是不同的,它们都需要不同的技术和不同层面的行为。批准职能是因为满意而接受,是持有赞成的意见,是证明和证实。批准职责指的是一个流程,它包括审核和测试,要达到一定的程度:容许批准人感到舒适并确信提交的数据和/或信息是令人满意和可接受的。授权指的是处于领导位置的人有影响和有权力作出决策、给高级职员授权,或合法利用公司的资金和/或资源。次级授权需要赋予其他人权力,并由有权采取行动的人实施。

作为控制的目标,承担批准职责的批准人可能有或没有获得授权,因此,必须明确界定和接受这些职责。

例子:董事会授权首席执行官(CEO)和首席财务官(CFO)经营公司。首席财务官(CFO)又将低于五百万的投资项目再授权给首席运营官(COO)。也就是说,首席财务官(CFO)允许首席运营官(COO)作出是否继续实施投资项目的决策,首席运营官可以进入公司资本项目的正式委托。为了避免该项目日常运营方面陷于停顿,首席运营官(COO)把资本项目批准全分配给不动产项目经理。一旦首席运营官(COO)对该项目进行授权,不动产项目经理的职能就是审核和同意接受项目实施的细节。此例中,不动产项目经理并没有被授权签署合同,而是被授权执行合同。

例子:授权签署采购合同的人可以把批准这些合同的权力分授给企业财务、法律部门的专业人员。此例中的批准指的是审核和认可合同的具体内容(如条款,条件,产品,服务等)是准确与完整的。

二、授权

权力源于公司的所有者。对于公众公司,权力是董事会确定和授予的;对于非公众公司而言,权力属于所有者或合伙人。从这些正式的立场看,次级授权可以根据职能与责任设定。随后就是公司的授权政策和程序以及相关矩阵的一个例子。

该矩阵确定了公司可能要求委托的类型,并确定了被"授权"来作出这些决策和委托的各种职位。

三、RASCI 矩阵

根据这种方法,公司会发现下列工具作为对授权矩阵的补充[1]是有用的。职责分配是对上面一项的补充,提供了更多的层级来确定各种职能或经营领域。职责

---

[1] 原文为 compliment,含义不同,疑为 complement。——译者注。

分配从属于更为正式的授权。

在各个组织中，为了完成工作，知道谁负责、谁批准、谁提供支持、谁提供建议以及需要告知谁，是至关重要的。通用的方法是建立并使用 RASCI（包括责任、权力、支持、建议和告知）矩阵。

例如：参考上例的采购合同案例，只有采购部门被授权购买商品和/或服务，而其他的每一个职能领域都是对已购买的商品负责。

例如：营销部门可能会被授权向 CEO、CFO 和董事会提出兼并和收购的需求。然而，他们也必须咨询生产部门、技术支持部门、管理部门、人力资源部门、法律部门。此外，他们必须把研发和融资加入到授权流程，并告知销售。

下面是：

1. 次级授权政策与程序以及授权矩阵实例；

2. RASCI 矩阵及其用法说明。

制定适合你公司的经营和交易需要这两个矩阵。

次级授权矩阵

一、授权矩阵由以下几部分组成

A. 年度预算和计划；

B. 预算外资本项目和租赁义务；

C. 人力资源；

D. 法律；

E. 收购、分拆、合资企业/联盟；

F. 采购；

G. 许可协议、产品、专业服务、知识产权资产共享协议的商业销售；

H. 国库券（treasury）和公司内部事务。

矩阵中使用的定义如下：

1. 收购：通过购买资产、购买股票、合并、联营或其他企业合并方式，或者以另外的方式收购或购买任何企业、业务、产品、生产线、包括知识产权和其他无形资产在内的资产、证券或者任何第三方或相关主体的任何其他所有者权益。

2. 协议：包括所有的一次性合同或主协议（master agreement）。

3. 分拆：通过购买资产、购买股票、合并、联营或其他企业合并方式，或者以另外的方式出售或处置任何企业、业务、产品、生产线、包括知识产权和其他无形资产在内的资产、证券，或者任何第三方或相关主体的任何其他所有者权益。

4. 审核:(A)在审核人员的(或公司委员会的)职能或专业技术领域内,向有决策权的员工(或公司委员会)提供记录的反馈,接下来有决策权的员工应当在批准某项交易前考虑这些反馈;或者(B)如果由具有决策权的员工或委员会实施审核,则考虑在严格评估(due diligence)和审核流程中收集的所有事实和意见,并对是否继续进行前述提议的交易提出书面的决定。

5. 授权(DOA):把使公司承担法定(legally enforceable)义务的权力从一个人正式、书面转让到另一个人。

二、职能与责任

1. A——批准/决策权:某些员工拥有必要的权力,这些权力来自董事会批准的解决方案,是通过适当授权对公司行使或承担某项法定的义务或收益(交易)作出决策实现的。拥有批准/决策权的职员应确保交易的所有必要审核都已经完成,并在批准这些交易之前考虑它们。

2. I——告知权(inform authority):在流程中,某些员工必须尽可能早的被告知交易,而且,不论在什么情况下,都必须在批准和执行之前。拥有批准/决策权的员工有责任确保组织中适当的利害相关者被告知交易。

3. R——审核权:某些员工负责审核提议的交易,并在审核人员的职能或专业技术领域内向拥有批准/决策权的职员提供书面反馈(documented feedback),接下来,有批准/决策权的职员应在批准交易之前考虑这些反馈。

(1)授权/签字权:某些员工拥有签署文件的必要权力,这些文件使公司行使或承担法定的义务或收益。拥有签字权的职员不一定要有批准/决策权;但是,有批准权的职员要有签字权。任何有签字权的职员都必须确保:在签署任何使公司实施或承担交易的文件之前,所有提议的交易都收到必要的批准。

(2)付款执行权:某些员工拥有必要的权力,这些权力源于其在公司的职位,可以授权支付商品、服务和债务的付款。任何被授权执行付款的员工都必须确保所有要求付款的交易在付款之前已经收到了适当的书面审核和批准。对于大多数日常业务支出来说,付款执行权和批准/决策权将会分派给同一个人。

三、具有全球授权的区域

除了授权矩阵内确定的授权层级,以下的交易事项必须遵守与其相关的政策和程序:

1. 会计:会计经理而不是创办人必须批准所有的日记账分录。

2. 合同:全球的法律部门(法律)必须在它们实施前批准所有代表公司签订的合同和法律义务。法律部门会将标准合同的合同审核再授权给职能业务领域。对公司标准合同或协议的改动必须要得到法律部门的批准。如果在本政策的其他地方没有作出规定，所有代表公司签署的合同都必须由至少一位副总裁和一位高级官员签字。

3. 人力资源必须在向员工提供任何财务承诺(例如雇用、工资或薪金的上涨、奖励、佣金、红利等)之前提供书面的批准。

4. 信息服务(IS)必须批准所有与电脑相关的硬件、软件、网络和内部使用的外围设备的采购。

5. 计划：财务计划与分析职能部门批准公司的计划和预测。

6. 产品和服务定价必须根据预先批准的指导原则(guideline)来建立，并获得产品/服务业务单元和高级副总裁定价的批准。

7. 代表公司承诺购买、租赁不动产或者出租资产必须经过总部不动产/设备部门的批准。财务主管必须批准不动产的融资安排。

8. 销售和/或服务财务必须批准销售合同或销售条款和条件的变动，包括交货、装运、付款、样品许可、远期产品折扣等。

9. 纳税：所得税、销售与使用税或国家对等税、进口/出口税、财产税和其他与税相关的准备和义务必须经过公司税务部门的批准或授权。

10. 财务部门(treasury)：必须批准任何和所有的银行账户，并为签发支票和安排电子转账建立签字授权。

政策与程序		
程序号:2-3-1	部分:公司	共4页
授权		
所属部门	发布/生效日期:	替代以前发布的

审核人: 批准人: 授权人:
日期: 日期: 日期:

一、范围/背景

根据公司董事会的决议,董事会授权给首席执行官,包括为了实施企业持续经营所必需的活动而把这种权力向下授权和再授权的权力。

此文件的目的是:

1. 确定支出授权,在公司范围内提供清晰的决策指引和责任;

2. 增加决策的透明度以提高经营效率。

美国和国际法规要求公众公司记录授权:

1.《萨班斯—奥克斯利法案》第103条款要求外部审计师评价:公司的内部控制和程序是否为交易按照对管理层和董事的次级授权进行提供了合理保证。

2.《萨班斯—奥克斯利法案》第404条款,为了支持公司内部控制环境的有效性,要求有一个授权链和批准执行特定交易的书面记录。

3. 1977年的《美国反国外贿赂法案》在其记录保持和会计条款里规定:接触公司资产要有管理层的授权,例如书面授权和次级授权(subdelegation authority)。

二、政策

根据董事会关于这个问题的解决方案,IDEAL LLP(公司的)的政策是,设定职权并授权予公司特定的职能领域和特定的个人,其目的是为了代表公司做出承诺、收取和支出现金。

董事会授权给首席执行官,随后首席执行官又将特定活动(例如审核与批准)的职权授予公司特定的管理人员和员工。

公司的政策是将职权授予那些对成功执行公司目标负责的领域。公司根据员工的责任层级来分配职权层级。可以获得相应的职权以满足适当业务行为的需要,因此,它反映了公司的战略原则。

职权必须与授权矩阵(独立的文档)一致。在层级公司环境下,职权可以遵循命令的报告线分配,而且必须记录在案。

授权仅限于公司的全职员工。

公司的首席执行官、首席运营官、首席财务官、首席行政官和总顾问制定和分配职权权限。

公司的行政管理层通过公司正式的政策和程序,授予公司特定职位的人权力和责任。每个业务单元指定的职能管理人员和财务人员应当直接批准代表业务单元做出的每一个财务承诺,或者记录授权的线路。职能型授权必须与授权矩阵相一致。

三、授权

授权是指使公司承担法定义务的权力从一个人正式书面转移到另一个人。

每个区域或职能业务领域都应当根据管理责任记录调整次级授权的限度。注意公司的决策需要经过业务经理、财务经理或指定人员的审核和批准。

授权要考虑:

1. 短期:如果预期会因为生病、休假、离职或长期出差而不在岗,每一位经理都应当制订方案。授权应该记录在案,并分发给业务领域的适当部门。

2. 长期:任何长期性质的授权必须经过首席财务官的批准。

有全球授权的特殊领域

除了授权矩阵内确定的授权层级,下面的交易必须遵守与其相关的政策和程序:

1. 会计:会计经理而不是创办人必须批准所有的日记账分录。

2. 合同:全球的法律部门(法律)必须在它们实施前批准所有代表公司签订的合同和法律义务。法律部门会将标准合同的合同审核再授权给职能业务领域。对公司标准合同或协议的改动必须要得到法律部门的批准。

3. 信息服务(IS):必须批准所有与电脑相关的硬件、软件、网络和内部使用的外围设备的采购。

4. 人力资源:在向员工提供任何财务承诺(例如雇用、工资或薪金的上涨、奖励、佣金、红利等)之前必须提供书面的批准。

5. 计划:财务计划与分析职能部门协调公司计划和预测的批准。

6. 产品和服务定价:必须根据预先批准的指导原则(guideline)来建立,并获得产品/服务业务单元和高级副总裁定价的批准。

7. 不动产:代表公司购买、租赁或者出租资产必须经过总部不动产/设备部门的批准。设备相关的合同(例如景观美化、清洁、公用设施)也必须经不动产部门批准。财务主管必须批准不动产的融资安排。

8. 销售和/或财务服务:必须批准销售合同或销售条款和条件的变动,包括交货、装运、付款、样品许可、远期产品折扣等。

9. 纳税：所得税、销售与使用税或国家对等税、进口/出口税、财产税和其他与税相关的准备和义务必须经过公司税务部门的批准或授权。

10. 现金(treasury)：必须批准任何和所有的银行账户，并为签发支票和安排电子转账建立签字授权。

计划支出

公司每年要批准实现业务区域目的和目标的地区性计划。达到已授权计划限度的支出需要像每一个授权矩阵那样获得批准。

在任何情况下，管理层都不可以授权超出预算的支出。

四、职能与责任

后附的矩阵确定了具体的职能与责任：

A——审批者有最终的决策和签字权；

R——审核者有审核和分析的责任；

I——要求信息应提供给在这个职位上的人。

1. 批准/决策权：某些员工拥有必要的权力，这些权力来自董事会批准的解决方案，是通过适当授权对公司行使或承担某项法定的义务或收益(交易)作出决策实现的。拥有批准/决策权的职员应确保交易的所有必要审核都已经完成，并在批准这些交易之前考虑它们。

2. 授权/签字权：某些员工拥有签署文件的必要权力，这些文件使公司行使或承担法定的义务或收益。拥有签字权的职员不一定要有批准/决策权；但是，有批准权的职员要有签字权。任何有签字权的职员都必须确保：在签署任何使公司实施或承担交易的文件之前，所有提议的交易都收到了必要的批准。

3. 告知权(inform authority)：在流程中，某些员工必须尽可能早的被告知交易，而且，不论在什么情况下，都必须在批准和执行之前。拥有批准/决策权的员工有责任确保组织中适当的利害相关者被告知交易。

4. 付款执行权：某些员工拥有必要的权力，这些权力源于其在公司的职位，可以授权支付商品、服务和债务的付款。任何被授权执行付款的员工都必须确保所有要求付款的交易在付款之前已经收到了适当的书面审核和批准。对于大多数日常业务支出来说，付款执行权和批准/决策权将会分派给同一个人。

5. 审核权：某些员工负责审核提议的交易，并在审核人员的职能或专业技术领域内向拥有批准/决策权的职员提供书面反馈(documented feedback)，接下来，有批准/决策权的职员应在批准交易之前考虑这些反馈。

五、控制/责任区域

1. 每个业务领域都应当有财务授权和批准权限的文档列表，它们要与公司的授权矩阵一致。

2. 所有以公司名义承担的财务承诺都应当遵守公司的行为准则和其他公司政策。

3. 进行财务授权的人与请购、采购或接收商品或服务的人应当不是同一个人。

4. 所有的合同和文档记录需要按照信息记录管理政策进行管理。

5. 一个专门的经营计划和分析团队审核和追踪与实现公司计划有关的结果，并报告差异，作为月度绩效审核包的组成部分。

6. 记录和授权签字的适当层级应伴随支出的申请以及随后会计系统中的设定。

六、联系人

首席财务官

授权矩阵的次级授权(sub delegation)

支持次级授权的授权政策和程序

授权矩阵由以下部分组成	
A	年度预算和计划
B	预算外资本项目和租赁义务
C	人力资源
D	法律
E	收购、分拆、合资企业/联盟
F	采购
	许可协议、产品、专业服务、知识产权资产共享协议的商业销售
G	不动产共享协议
H	财务部门(treasury)和公司内部事项
定义	
	收购——通过购买资产、购买股票、合并、联营或其他企业合并方式,或者以另外的方式收购或购买任何企业、业务、产品、生产线、包括知识产权和其他无形资产在内的资产、证券或者任何第三方或相关主体的任何其他所有者权益。
	协议——包括所有的一次性合同或主协议(master agreement)。
	分拆——通过购买资产、购买股票、合并、联营或其他企业合并方式,或者以另外的方式出售或处置任何企业、业务、产品、生产线、包括知识产权和其他无形资产在内的资产、证券,或者任何第三方或相关主体的任何其他所有者权益。
	审核——(A)在审核人员的(或公司委员会的)职能或专业技术领域内,向有决策权的员工(或公司委员会)提供记录的反馈,接下来有决策权的员工应当在批准某项交易前考虑这些反馈;或者(B)如果由具有决策权的员工或委员会实施审核,则考虑在严格评估(due diligence)和审核流程中收集的所有事实和意见,并对是否继续进行前述提议的交易提出书面的决定。
	授权(DOA)是把使公司承担法定(legally enforceable)义务的权力从一个人正式、书面转让到另一个人。
职能与责任	

A	**批准/决策权**——某些员工拥有必要的权力，这些权力来自董事会批准的解决方案，是通过适当授权对公司行使或承担某项法定的义务或收益（交易）作出决策实现的。拥有批准/决策权的职员应确保交易的所有必要审核都已经完成，并在批准这些交易之前考虑它们。
I	**告知权**（inform authority）——在流程中，某些员工必须尽可能早的被告知交易，而且，不论在什么情况下，都必须在批准和执行之前。拥有批准/决策权的员工有责任确保组织中适当的利害相关者被告知交易。
R	**审核权**——某些员工负责审核提议的交易，并在审核人员的职能或专业技术领域内向拥有批准/决策权的职员提供书面反馈（documented feedback），接下来，有批准/决策权的职员应在批准交易之前考虑这些反馈。
	授权/签字权——某些员工拥有签署文件的必要权力，这些文件使公司行使或承担法定的义务或收益。拥有签字权的职员不一定要有批准/决策权；但是，有批准权的职员要有签字权。任何有签字权的职员都必须确保：在签署任何使公司实施或承担交易的文件之前，所有提议的交易都收到了必要的批准。
	付款执行权——某些员工拥有必要的权力，这些权力源于其在公司的职位，可以授权支付商品、服务和债务的付款。任何被授权执行付款的员工都必须确保所有要求付款的交易在付款之前已经收到了适当的书面审核和批准。对于大多数日常业务支出来说，付款执行权和批准/决策权将会分派给同一个人。
具有全球授权的区域	
	除了授权矩阵内确定的授权层级，以下的交易事项必须遵守与其相关的政策和程序：
	会计——会计经理而不是创办人必须批准所有的日记账分录。
	合同——全球的法律部门（法律）必须在它们实施前批准所有代表公司签订的合同和法律义务。法律部门会将标准合同的合同审核再授权给职能业务领域。对公司标准合同或协议的改动必须要得到法律部门的批准。如果在本政策的其他地方没有作出规定，所有代表公司签署的合同都必须由至少一位副总裁和一位高级官员签字。
	全球信息服务（GIS）必须批准所有与电脑相关的硬件、软件、网络和内部使用的外围设备的采购。
	人力资源必须在向员工提供任何财务承诺（例如雇用、工资或薪金的上涨、奖励、佣金、红利等）之前提供书面的批准。

	计划——财务计划与分析职能部门批准公司的计划和预测。
	产品和服务定价必须根据预先批准的指导原则(guideline)来建立,并获得产品/服务业务单元和高级副总裁定价的批准。
	代表公司承诺购买、租赁不动产或者出租资产必须经过总部不动产/设备部门的批准。财务主管必须批准不动产的融资安排。
	销售和/或服务财务必须批准销售合同或销售条款和条件的变动,包括交货、装运、付款、样品许可、远期产品折扣等。
	纳税——所得税、销售与使用税或国家对等税、进口/出口税、财产税和其他与税相关的准备和义务必须经过公司税务部门的批准或授权。
	财务部门必须批准任何和所有的银行账户,并为签发支票和安排电子转账建立签字授权。

程序 2-3-2 授权——授权、次级授权

授权——授权、次级授权										
	美元	授权水平——参考单笔交易	BOD	CEO	COO	人力资源	CFO	法律总顾问	业务单元经理	业务单元财务经理
A	年度预算和计划		R	A	A	A	A	A	R	R
B	预算外资本项目和租赁义务									
	未批准为年度预算部分的资本项目——每项目总值	超过 $ 10 000 000	A	R	R	R	R	R	R	R
		$ 5 000 000 ~ $ 10 000 000		A	R	R	R	R	R	R
		$ 2 500 000 ~ $ 5 000 000			A	I	R	I	R	R
		$ 1 000 000 ~ $ 2 500 000					A		R	R
		不超过 $ 1 000 000							A	A
	资本和经营租赁义务	超过 $ 10 000 000	A	R	R	R	R	R	R	R
		$ 5 000 000 ~ $ 10 000 000		A	R	R	R	R	R	R
		$ 2 500 000 ~ $ 5 000 000			A	I	R	I	R	R
		$ 1 000 000 ~ $ 2 500 000					A		R	R
		不超过 $ 1 000 000							A	A
C	人力资源									
	行政——个人员工计划：招聘、雇用、解雇	任意金额	I	A	R	A	R	R		

续表

授权——授权、次级授权										
	美元	授权水平——参考单笔交易	BOD	CEO	COO	人力资源	CFO	法律总顾问	业务单元经理	业务单元财务经理
	非行政——个人员工计划:招聘、雇用、解雇	任意金额			I	A	A		A	A
	重组举措	超过 $ 10 000 000	A	R	R	R	R	R	R	R
		$ 5 000 000 ~ $ 10 000 000		A	R	R	R	R	R	R
		$ 1 000 000 ~ $ 5 000 000		I	A	R	A	I	R	R
		不超过 $ 1 000 000		I	A	R	A	I	R	R
	员工收益、人力资源政策影响	超过 $ 5 000 000		A	R	R	R	R	R	R
		不超过 $ 5 000 000		I	I	A	R	I	R	R
	行政——股票期权或股票补偿计划	任意金额	A	R		R	R	R		
	非行政——股票期权或股票补偿计划	任意金额	I	A	I	R	R	R		
D	法律									
	产品责任、集体诉讼索赔，都要告知公司秘书和公共关系副总裁	超过 $ 10 000 000	A	R	R		R	R	R	R
		$ 5 000 000 ~ $ 10 000 000		A	R		R	R	R	R
		不超过 $ 5 000 000		I	I		A	A	R	R
	非货币、重大转让(settlement)			A	R		R	R	R	R

续表

授权——授权、次级授权										
	美元	授权水平——参考单笔交易	BOD	CEO	COO	人力资源	CFO	法律总顾问	业务单元经理	业务单元财务经理
	非货币、非重大转让			I	I		A	A	R	R
	专利和知识产权纠纷在内的商业诉讼和索赔，都要告知公司秘书和公共关系副总裁，金额 \$ 5 000 000 以下的除外	超过 \$ 10 000 000	A	R	R		R	R	R	R
		\$ 5 000 000 ~ \$ 10 000 000		A	R		R	R	R	R
		不超过 \$ 5 000 000		I	I		A	A	R	R
	非货币、重大转让			A	R		R	R	R	R
	非货币、非重大转让			I	I		A	A	R	R
	劳动和雇佣索赔，要通知公司秘书和公共关系副总裁	超过 \$ 10 000 000	A	R	R		R	R	R	R
		\$ 5 000 000 ~ \$ 10 000 000		A	R		R	R	R	R
		不超过 \$ 5 000 000		I	I		A	A	R	R
	非货币、重大转让			A	R		R	R	R	R
	非货币、非重大转让			I	I		A	A	R	R
E	收购、分拆、合资企业/联盟									
	投资委员会：审查所有事项，组成人员有 CEO、COO、人力资源、CFO、法律总顾问、业务单元管理人员、业务部门财务经理									

续表

授权——授权、次级授权										
	美元	授权水平——参考单笔交易	BOD	CEO	COO	人力资源	CFO	法律总顾问	业务单元经理	业务单元财务经理
	每笔收购或分拆	超过 $ 10 000 000	A	R	R	R	R	R	R	R
	收购、分拆、合资企业/联盟的单笔或总计金额	不超过 $ 10 000 000		A	A	A	A	A	R	R
F	采购									
	采购或租赁商品和服务——采购副总裁必须批准所有事项	超过 $ 5 000 000	I	A	R	I	R	R	R	R
		不超过 $ 5 000 000			A		A	R	R	R
		不超过 $ 500 000					R	R	A	A
	采购(不包括合并、收购、许可协议、特许权、知识产权、技术)									
	专业服务——外部审计人员	年度合同	A							
G	销售									
	标准产品定价——价目表、折扣、条款和条件	任意金额		I	A		A		R	R
	标准范围内的折扣	任意金额							A	A
	超出标准范围的折扣	任意金额		I	A		A	A	R	R
	标准合同措辞	任意金额							A	A
	非标准合同措辞	任意金额		I	A		A	A	R	R

续表

授权——授权、次级授权										
	美元	授权水平——参考单笔交易	BOD	CEO	COO	人力资源	CFO	法律总顾问	业务单元经理	业务单元财务经理
	委员会计划			I	A	A	A	A	R	R
	付款条件和优惠（concession）	任意金额		I	A		A		R	R
	许可/资产共享协议——对外技术共享	任意金额		I	A		A	A	R	R
	许可/资产共享协议——对内技术共享	任意金额		I	A		A	A	R	R
H	财务部门和公司内部事项——都必须经公司财务主管批准									
	现金和银行存款——开设、变更、撤销账户，现金转移——超额现金的投资	任意金额					I			
	投资交易	超过＄10 000 000		I			A	A		
		不超过＄10 000 000					I	R		
	融资交易包括债务、发行或偿还债券，发出或收回保证金	超过＄10 000 000		I			A	A		
		不超过＄10 000 000					I	R		
	并入权益组成部分的交易	任意金额	A	A		A	A	A		

程序2-3-3　职责、权力、支持、咨询和告知(RASCI)

下面的程序可以用于在组织或流程层面建立RASCI。作为一个控制目标，RASCI清楚地界定了职能领域之间的相互关系和依赖性。分配的各种不同职能要被审核和测试，以确保实施了适当水平的应有关注。

考虑以下哪些职能领域或单个人员提供了如下所述的各种RASCI职能：

职责，是针对实际执行工作和完成任务的个人或团队。负责的输出是行动和实施。负责或有权的人员或团队负责任命那些实际负责设计、部署和实施行动的人员。可能会有很多个人或团队要对给定的流程或活动负责。

权力，是针对执行的工作负责的个人或团队。这个人有合法的权力来批准权力交割的适当性。有时候，这些人被称为一个流程或项目的执行所有者或发起人，他有权力作出进行或不进行的决策或者作出是或否的反应。必须有一个权威人物，并且每个流程仅分配一个授权的职能。

支持，是针对为完成任务提供积极支持的个人或团队。这个人或团队具有特定主要项目的专业知识，提供管理或逻辑协调，而且可以用于一些或所有活动和任务。对于成功的结果，可能没人、可能一个人或许多人或团队提供支持性资源。如果没有分配的支持职能，这意味着全部的支持都归于那些确定有责任的人。

咨询，是针对在任意人员或团队之间提供咨询支持的个人或团队。这些提供咨询的人拥有作出决策或完成工作所必需的信息、资源或能力。这些人通常是流程或项目的设计、开发和实施中所需的规则、规章、条款和条件方面的技术专家。对于成功的结果，可能会有一个或多个人或团队提供咨询。

告知，是针对必须被告知进程和/或结果的那些人或团队。不管这种需要是与惯例信息有关，还是补充流程或项目的需要，这是一些“需要知道”的人或团队。被分派告知职能的人或团队必须了解这个流程以及它如何可以或不可以与其控制点下的流程整合。为了保持职责分工的完整性，告知的职能不能分配给那些已经分配了权力、支持或咨询职能的人。

作为一个控制目标，RASCI矩阵清晰地定义了职能，而且审核和测试从而可以直接确保跨职能团队已经履行了他们的职能。这些相关责任主体必须保持审计痕迹，它表明审核和批准贯穿流程的始终。

下面是一个RASCI矩阵的实例。当建立RASCI矩阵时，使用下列步骤：

1. 确定流程或活动。注意这一列表对许多内部控制活动是有用的，因此，花时间建立这一列表并获得批准将会有助于许多控制活动。

2. 确定职能。一般来讲，职能会遵循组织结构图的职能线。

(1)通过分配 R、A、S、C 或者 I 完成矩阵的组成部分。并不是每个部分都需要完成;但是,如果使用这个矩阵的目的是增强和丰富跨职能的沟通,那么完成每个矩阵的每个组成部分就会有很大好处。

(2)每个流程必须只有一个 A,并且应该只有一个 R。如果有多个 R 出现,则预示着存在重叠和潜在的混乱。这时流程需要进一步划分,使得每个部分了解它的职责范围。

(3)为了完成矩阵,把支持、咨询和告知职能分配给剩余职能。

3. 处理空白(也就是遗漏)的区域和不可以重复却存在重复的区域。一旦所有的部分完成之后,记得获得职能负责人的同意:他们实际上已经接受了对他们的分派。

职能/流程	研究和开发	制造和配送	市场营销	销售	技术支持	财务	管理	人力资源	法律
研究和开发									
产品管理	A/R	S	C	C	S	R	I	I	I
产品开发	A/R	R	C	C	R	R	I	I	I
知识产权	A/R	R	I	I	S	I	I	I	R
新兴市场	A/R	C	R	S	C	C	I	I	C
制造和配送									
生产	R	A/R	I	C	S	R	I	I	I
原材料管理	R	A/R	I	I	S	S	I	I	I
存货管理	I	A/R	I	R	S	S	I	I	I
配送和物流	I	A/R	I	C	C	S	R	I	I
安全和保卫	S	A/R	I	I	C	I	R	I	I
市场营销									
战略营销	C	C	A/R	R	I	S	I	I	I
地域营销	I	C	A/R	R	I	S	I	I	I
产品营销	R	C	A/R	R	C	S	I	I	S
品牌管理	C	I	A/R	R	I	I	I	I	S
需求拓展	C	S	A/R	R	C	I	I	I	I
合并与收购	R	C	A/R	I	C	R	C	C	C
销售									
销售策略	R	S	S	A/R	C	R	I	I	I
销售计划	S	R	R	A/R	I	R	I	I	I

续表

职能/流程	研究和开发	制造和配送	市场营销	销售	技术支持	财务	管理	人力资源	法律
销售运营	S	S	S	A/R	R	S	I	I	S
技术支持									
维修	S	I	I	S	A/R	S	I	I	I
技术支持	R	S	I	I	A/R	I	I	I	I
产品知识	R	R	S	I	A/R	I	I	I	I
财务									
公司财务	S	S	S	S	S	A/R	S	S	S
公司会计	I	I	I	I	I	A/R	I	I	I
地域财务	S	S	S	S	S	A/R	S	S	S
地域会计	I	I	I	I	I	A/R	I	I	I
职能财务	R	R	R	R	R	A/R	R	R	R
职能会计	I	I	I	I	I	A/R	I	I	I
投资者关系	I	I	I	I	I	A/R	I	I	I
计划与预算	R	R	R	R	R	A/R	R	R	R
管理									
产品定价	S	I	C	C	I	I	A/R	I	C
信息技术	C	C	C	C	C	R	A/R	C	C
采购	R	R	R	R	R	R	A/R	R	R
不动产和设备	S	S	I	I	I	R	A/R	S	I
保险	I	I	I	I	I	S	A/R	I	C
人力资源									
招聘	C	C	C	C	C	C	C	A/R	C
保留	C	C	C	C	C	C	C	A/R	C
培训与开发	R	R	R	R	R	R	R	A/R	R
报酬与福利	I	I	I	C	I	C	I	A/R	R
员工关系	I	I	I	I	I	I	I	A/R	S
绩效管理	R	R	R	R	R	R	R	A/R	R
法律									
法规	I	I	I	I	I	I	I	I	A/R
合同	I	I	C	C	I	S	C	C	A/R
合规性与风险	S	S	S	S	S	S	S	S	A/R

第四节　信息技术方案

技术为成长和发展提供了机会，它也因服务中断、数据或信息被盗或者被操纵等带来了风险和威胁。信息技术（IT）控制活动描述的程序为传递与保存数据和信息的流程是可靠、安全和有保障的提供保证。IT控制对保护公司持有数据和信息、展示道德行为、保护品牌声誉和公司信誉有至关重要的作用。在IT环境下，IT控制必须为其有效性提供持续的证据，而且这些证据必须持续的被监督、评估和评价。

不同的职能领域有不同的问题，而且需要相应的IT和IT控制。市场营销和公共关系可能想要展示IT改进，将其作为展示竞争力和创新的一种方式。人力资源和合规领域会有防止信息被盗的保护措施，并遵守法律法规。财务部门可能想要通过提高生产力和降低成本来表明IT投资能提高价值。不同技术要素之间相互合作的必要性导致了复杂性，对这种复杂性进行管理，同时监督IT资产的运动，这推动了IT的发展。

在信息技术中有一般控制和应用控制：

1. 一般控制，也称为基础设施控制，适用于所有系统、组件、流程和数据。一般控制包括以下主题：信息处理与安全，管理访问和身份验证，确保职责分离的关键IT职能的分开，IT资产采购和使用的管理，备份，恢复和业务持续性。

2. 应用控制是业务流程特定的控制，包括如下控制：数据编辑，交易发起者与交易处理者或授权者之间的职责分离。应用控制设计到软件程序或系统内，在性质上可以是防御性的或检查性的。这些控制一般是自动的和不可任意支配的；也就是说，无论应用程序何时打开或使用，它们通常都会生成。通常有一些补偿控制和冗余控制，它们提供一项清晰的相互牵制，以调整或验证数据；例如，总计和交叉相加或对保留在暂记账户的数额进行自动分类。

至于其他职能领域，对IT实施自上而下的风险评估。为了评估IT控制当前的风险状况，对下列项目就其出错的概率以及如果出错对公司的影响来划分等级（高、中、低）。一旦你完成了风险评估，让你的IT专业人员也提供这样一个快速的评估。分享和比较你们的评级，并制定一个改进计划。

1. 对不能正确处理数据、处理错误数据或者两者兼有的系统或程序的依赖性。是否有一些系统或应用程序使你比其他系统或应用程序更担心？

2. 你认为你正从IT投资中获得最高的生产率和回报吗？

3. 未经授权接触数据会导致数据损坏或不恰当的修改数据。某些数据如果丢失或被操纵将会给公司带来最大的风险，识别这些数据的类型（如财务、法律、人力资源）。

4. 未经授权修改主文件的数据。

5. 未经授权修改系统或程序。

6. 未能对系统或程序做出必要的修改。

7. 不适当的人工干预。

8. 潜在的数据丢失。

IT 应用程序必须设计到控制中并记录控制，以处理这些风险领域。应当制定 IT 政策和控制以应对：

1. 组织范围内预计到的安全和隐私级别。

2. 信息分类、接触的权力和使用的限制。

3. 数据和系统所有权的概念，要求初始化、修改或删除数据的权力。

4. 为敏感或关键领域招聘和雇用人员。

5. 灾难恢复和业务持续性。

6. 在开发、修改、配置、测试和记录软件实施时所使用的标准。

7. IT 职责分离，保证没有人接触或控制数据处理、审核和授权的所有方面。在 IT 环境中，系统开发和运行必须要分开。

8. 物理保护和防护 IT 资产，包括硬件、软件和网络，免受偶然的或蓄意的损坏或丢失。

然而，对于需要实施、监控和跟踪的技术控制活动来说，记录是不够的。标准的运行技术控制必须设计到系统和方案应用软件设置的参数中，用这些控制应对：

1. 分配给个人的接触权必须分配和控制，以确保适当水平的接触只赋予了有效的（active）员工。

2. 通过系统软件和配置控制强化的职责分离。这些职责分离应当与经营与财务流程中确定的那些职责分离相同。

3. 安全、入侵以及脆弱性评估。IT 安全应该设置预防性控制和检查性控制，并持续监控违背控制的现象，对所有不遵从的情形及时处理。

4. 明文规定要求保密的领域要应用加密服务。

5. 变更管理流程适用于软件、系统、网络组件和数据的所有变更和修补。

技术控制不仅是监督应用程序的实施，它们也必须处理终端用户如何使用应用程序。

确认为终端用户责任的技术控制活动包括：

1. 输入控制，确保数据是完整的、准确的、及时的和被授权的；

2. 处理控制，确保按照计划处理数据；

3. 输出控制，确保数据是准确的、完整的、及时的和被授权的；

4. 数据转移要被监控和追踪，提供审计痕迹。

数据、信息处理和安全控制活动要做到以下几个方面：

1. 对信息和数据进行分类，以确保数据和信息已恰当地标注仅供内部使用、保密或受限制的。根据分类标准，必须保护数据和信息，防止在适合的情形和时间未经授权接触、披露或阻断和泄露数据与信息。

2. 采用技术控制证实数据有关其来源、接触和使用的真实性时验证数据。

3. 保持保存控制，确保数据可以按照记录和信息管理政策和程序完整和准确的存储和获取。

4. 可用性控制，确保数据和信息可以在需要的时间、地点，以需要的格式获得。可用性控制的问题还包括对数据和IT系统的丢失、毁坏或残缺不全的恢复。

前面的列示表明，有一些技术控制的层级触及了业务的每一个方面。无论是通过企业范围的系统、应用程序和网络，还是通过当地的应用程序，都需要有内嵌的技术控制。

让你的IT专业人员回答以下控制问题，并与上述最初的评估进行比较。在对信息和技术相关控制编制准备核对表（readiness checklist）时，考虑下面的问题和风险，评估你的回答。

1. 对于访问控制：

(1) 是否根据工作责任制编制了限制清单？

(2) 如何审核接触清单的准确性和批准其适当性以及审核的频率？

2. 对于例外报告控制：

(1) 哪个系统和应用程序产生了例外报告？

(2) 报告中包含哪些信息？

(3) 谁审核报告以及审核的频率？

(4) 对于发现的例外/错误，会采取哪些后续活动？

(5) 文件传输如何审核完整性和准确性？

(6) 文件传输发生的频率？

(7) 哪个系统生成的报告？

3. 对于管理审核/监控控制：

(1) 报告/结果审核的频率？

(2) 审核的目的是什么？

(3) 谁实施审核？

(4) 是否为了采取纠正行动而记录了不一致和差异？

(5) 谁负责监控、追踪后续行动，直到问题被解决？

4. 对于职责分离控制：

(1)哪些职责是分离的？

(2)这个清单与财务使用的清单是否一致？

(3)存在组织或部门结构图吗？它在哪个位置？

5. 对于批准或授权控制：

(1)这些是被设计到系统或应用程序内的，还是人工的？

(2)这些批准和授权控制与正式的授权文件一致吗？

6. 对于调节(reconciliation)控制：

(1)谁准备和实施调节？

(2)调节的目的是什么？

(3)谁审核调节以及如何证明审核？

(4)重新独立(re-independent)的原始资料支持报告和系统吗？是如何记录的？

(5)如何调查和解决差异？

7. 对于文件处理控制：

(1)IT 系统、应用软件和程序记录了吗？

(2)文件预先编号了吗？是由系统生成的吗(例如销售订单、发票)？

(3)如何保护文件(例如，对支票、合同以及人工日记账的物理控制)？

8. 对于实物资产控制：

(1)是否按照对业务的重要程度对系统和应用软件进行评级？描述对这些系统和应用软件进行监控、维护以及灾难恢复的程序是否可用？

(2)是否对接触资产和相关记录保持了适当的限制，是否进行定期审核？

(3)什么程序能确保相关记录保持(活动日志)的准确性？

9. 对于系统基础的控制：

(1)是否把相互牵制设计到程序中，确保数据录入包含了有效的信息(如当前日期、设定的美元范围)，以形成可以接受的记录？

(2)是否在适用的地方根据主表验证信息(例如，顾客数，产品数，供应商数，采购订单数)？

(3)主数据和表格是否定期验证和更新以确保准确性和完整性？

(4)重复的过账/分录没有接受进入系统吗？

(5)系统强制执行会计期末截止日期吗？

(6)系统的控制凌驾得到了适当的授权吗？

终端用户计算和电子表格控制

终端用户计算(EUC)描述的是专业人员在计算机环境中利用计算机作为支持工具的一种工作情形。

一、什么是 EUC

EUC 指的是使用和整合用户计算机而非公司主机上的计算机辅助工具和方法。今天,EUC 变得更为大家所接受,并成为在组织中实施的比较普通和广泛的活动之一。业务活动越来越多的开始和结束于计算机活动和终端用户。

二、EUC 是关于什么的

EUC 工具是终端用户安排或提供程序化或定制查询的地方。这个程序化的结果用于确定或分析交易活动,其目的是产生日记账和/或披露报表所需的数据和信息。对会计和财务专业人员来说,EUC 被界定为流程中使用的电子表格,用来确定这些金额用于生成日记账和/或支持披露报表的地方的财务报表的交易金额。

三、为什么 EUC 很重要

对会计和财务专业人员来说,《萨班斯—奥克斯利法案》的条例要求对记录财务报告内部控制的控制。制定一项 EUC 政策和程序并重视 EUC 控制,为用于财务分析和报告的输出增加了准确性、完整性和真实性。

电子表格是手工的,而且很容易因插入或删除行或列以及剪切和粘贴数据等诸如此类的操作导致错误、遗漏或者错报。打开电子表格这样一个简单的动作可能会导致对数据不必要的重新计算。一个公司越依赖 EUC,就越需要重视 EUC 控制。

许多终端用户没有程序化规则,并且对电子表格的潜力没有深入的认识。大多数终端用户电子表格的使用者运用相同的标准计算公式和格式化命令。通常缺乏程序化和公式文件与控制设计。

在从原始数据输入到财务报表报告之间是无缝信息流动的公司里,额外 EUC 控制是没有必要的。然而,在大多数公司中,在输入原始数据的软件应用程序和财务报告系统之间存在缺口。通常,从应用程序下载一个数据报告到一个电子表格,进行分析,多半格式化后上传到总分类账应用程序。

下面的流程图展示了两者的区别:

每个切换点或箭头需要把控制嵌入流程中。

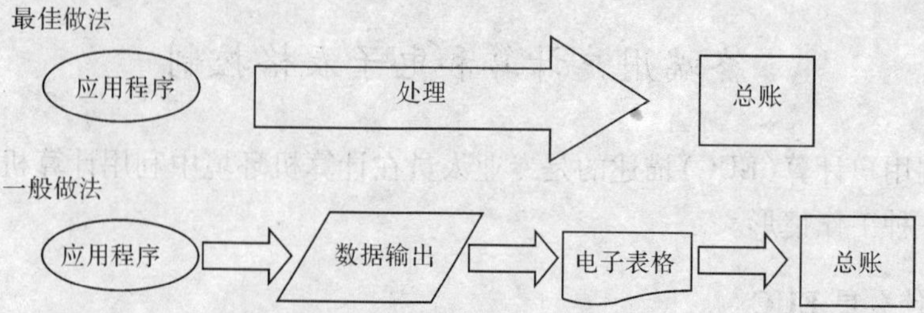

使用EUC的员工一般要履行编制者、审核者、文件共享负责人以及安全运营等职能。

终端用户计算的内部控制要求这些职能是分开的。这些团队中每个团队的典型控制责任列示如下：

1. 编制者的职能显然是通过程序化公式和安排原始数据的输入来编制和格式化电子表格。编制者不但要建立控制总量来证实数据输入和输出的正确性和完整性，还要记录带有任何用户都要遵循的可审计指引的流程。

2. 对于EUC，审核者的职能是检查编制者。审核者安排测试和审计文件、电子表格公式以及数据输入和输出的使用。审核者要确定编制者已经恰当地使用电子表格，从而，除了数据输入，没有对公式或输出的使用进行任何改变。必要的电子表格变更必须记录，并且要经数据输出的利害相关者批准。

3. 文件共享负责人负责维护一份电子表格和电子表格负责人的清单以及一份对其目的和职能的描述。为了保护电子表格资产，文件共享负责人要把已批准的电子表格存放在一个共享库里。安全运营团队监督文件共享库的接触权以及电子表格的使用，文件共享负责人只要不是编制者或者审核者就可以有安全运营的责任。

终端用户计算的一种控制备选措施是配置以下流程。然而，依赖于电子表格使用的说服力，这个流程对于监督者来说会很容易变得费力和官僚化。首先识别对公司财务报告非常关键的电子表格，并且在有意义的地方扩展这个原则。这个程序的好处是，为电子表格提供了一个一致和标准的格式，并引入和鼓励软件应用程序设计和控制原则的使用，包括把数据提交下一流程步骤前对数据的审核和批准。

当编制者需要电子表格时，他们可以进入共享库，那里保存的电子表格可以使用。在使用电子表格前，他们应实施审核，以确保电子表格格式或公式没有被篡改。一旦他们感到满意，他们就可以按照其设计的目的填写和使用电子表格。使用置入程序的控制总量，编制者调整输入和输出数据，以证实数据是完整和准确的。编制者在电子表格封面上签字，表明他们已实施了必要的控制。一旦编制者完成了对电子表格的使用，电子表格将会保存到正式的资料库里。

审核者测试电子表格,以保证数据和公式的准确性。审核者还要检查文件的可审性。审核者在电子表格封面上签字以表明其已经审核和测试了电子表格、数据输出和记录文件。

审核者通常被确定为电子表格的负责人(spreadsheet owner)。

封页范例:

终端用户计算电子表格封页	
遵循电子表格名称的标准命名惯例	
电子表格的名称	
使用日期	
电子表格的定义或目的	
列出具体的测试活动或实施的调节	
	被认为实际上可靠的报告
	直接从 xxx 应用程序开始运行。对其进行追踪并与控制总量一致。
	计算被重新进行和验证,并给进度表加注解(foot)。
	数据输入追溯到原始交易。
	数据输出追踪到流程的下一步骤,例如总账。
结论:基于以上测试,计算和呈报的数据和信息是准确的。	
填制人	姓名________ 时间________
审核和批准人	姓名________ 时间________

当需要改变电子表格时,填表人要安排更新后的表格由审核者和任何其他有兴趣的利益相关者来审核。文件共享负责人替换已批准数据库中修改后的电子表格需要获得批准。文件共享负责人监控和追踪电子表格的变更,并在必要时更新电子表格库。在最后一个季度,文件共享负责人和电子表格负责人审核和验证电子表格。

IT 安全运营部门保留一份授权使用者的名单,这些使用者有权接触特定的电子表格，IT 安全运营部门至少每个季度与电子表格负责人验证一次这个名单。

文件和说明必须包括电子表格的定义、可靠原始数据的出处、准备数据输出的说明、包括使用控制总量在内的公式、数据输出、如何分析和使用以及数据的发布渠道。

下面是防止或发现电子表格错误的几个提示，如果使用的话，应当把它们记录下来。

1. 尽量避免复杂的公式。如果目的不明晰，将它拆分成几个较小的部分，这样能够使错误更显而易见，并使得电子表格更易于审计。

2. 将有效性检查加入数据输入。例如，使用诸如 IF(OR A1 <5 000, A1 >10 000, "out", "in")的函数检查一个数值是否在某个范围内。这样就减少了数据输入的错误数量。

3. 用一个分批总数来检查数据输入的总额。输入一个控制总量，并让电子表格计算其下面的分批总额。这可以保证所有的数据在被处理之前是在电子表格中的。

4. 加计数据时使用公式结算或交叉结算(foot and cross-foot)。这提供了交叉检查，增加了发现错误的可能性以及发现插入的行或列的可能性，如果公式里存在错误的话。

5. 大容量的数据不应该包含小计和总计。这会大大增加发生错误的可能性。

6. 尽量不要隐藏行和列。如确有必要隐藏，在电子表格的定义中说明隐藏行和列的目的。

7. 制定和使用标准的命名惯例。

电子表格的封页和目录清单应该包括以下信息：

1. 电子表格的名称和负责人；

2. 文件名称以及接触电子表格的路径；

3. 电子表格的目的；

4. 结构和形式，包括与其他的电子表格的链接以及数据输入；

5. 输入数据的来源；

6. 公式的假设条件和限制；

7. 数据输出的结构和形式；

8. 数据输出的使用和分配；

9. 填表人的名字和填制日期；

10. 审核者的名字和审核日期。

政策与程序		
程序号:2-4-1	部分:内部控制	共2页
终端用户计算——电子表格的控制		
所属部门	发布/生效日期:	取代以前发布的

编制人:	批准人:	授权人:
日期:	日期:	日期:

一、范围

本文件适用于IDEAL LLP公司所有的法律主体、子公司和业务单元。

终端用户计算应用软件或电子表格的使用,对公司造成了一个重大的风险暴露(risk exposure),主要因为:

1. 填制人(preparer)的桌面检查(desk review)不能依赖用于识别缺陷或风险;

2. 填制人不需要特定的程序化分析或内部控制知识来设计或开发电子表格;

3. 电子表格通常没有版本或访问控制(access control);

4. 电子表格只要打开就可以在任何时间改动。

二、政策

IDEAL LLP公司的政策是,电子表格应作为软件应用程序来处理,根据来源和对所提供信息的使用把控制置入(design into)公式逻辑和评估的风险。

三、程序

流程负责人和管理者负责识别流程中使用的电子表格。流程负责人、信息技术服务和内部控制应合作:

1. 通过获得电子表格的详细目录和对其使用情况的描述,确定有多少电子表格正在应用,以及哪些电子表格对企业是至关重要的。获取这样一些信息,比如谁在使用这些表格?使用的目的(例如,财务或者经营目的)是什么?重要性(例如,对电子表格美元金额或交易量的影响)如何?

2. 根据复杂性和潜在风险的重要性对电子表格进行分级,评估保护这些表格的控制的现有水平。将潜在风险分为高、中、低。

(1)复杂性分为小、中等或大;

(2)电子表格的重要性可以分为不重要、重要以及重大(critical)。

3. 通过测试电子表格的完整性以及对电子表格的输入、公式和输出进行审计,确定电子表格正在按照管理层的意图运行。通过重新计算和追踪输入的数据、重新计算和测试公式和标识以及对输出的应用，将记录结果作为一个基准。

4. 改进/实施一个用来保护电子表格完整性的控制系统。高风险和中等风险的电子表格需要人工控制和系统控制的保护，例如：

(1)自动的版本控制；

(2)对存在中央服务器的电子表格的访问控制；

(3)对电子表格公式或格式变更的识别和验证；

(4)应该支持电子表格面向外部媒介；

(5)无输入领域应有密码保护；

(6)所有的电子表格都应当记录有关负责人和用途、版本和变更控制，并对输入数据的来源、公式、数据的处理过程以及监督数据输出的时间、地点和方式提供说明。

周期性地测试和证实电子表格使其以有效的方式运行。那些被认为是高风险的电子表格的人工控制应当至少一季度测试一次；那些被认为是中等风险的电子表格的人工控制应当至少半年测试一次；那些被认为是低风险的电子表格的人工控制应当至少一年测试一次。在可能的情况下，系统控制应当嵌入电子表格中，用系统和加总的控制总量进行审核和验证。电子表格的系统控制应该在每次运行电子表格时进行审核。

四、控制/区域的责任

流程负责人和管理者要对流程中在用的所有电子表格的控制和使用负责。

内部控制部门应该监督电子表格的使用、存储和测试。

与其他软件应用程序一样，信息技术服务应建立和保存公司批准的电子表格（例如，那些被确认为高风险和中等风险的电子表格）的清单以及对其的访问。

五、联系

内部控制

信息技术服务

第五节 账户调节方案

如果存在一种能够在所有会计和财务组织中实施的政策与程序,那将会是账户调节。如果每个账户都经过这样的分析、审核和监督,它会大大减少"意外"(surprise)和必需调整的数量,并提高财务和报告真实性的程度。

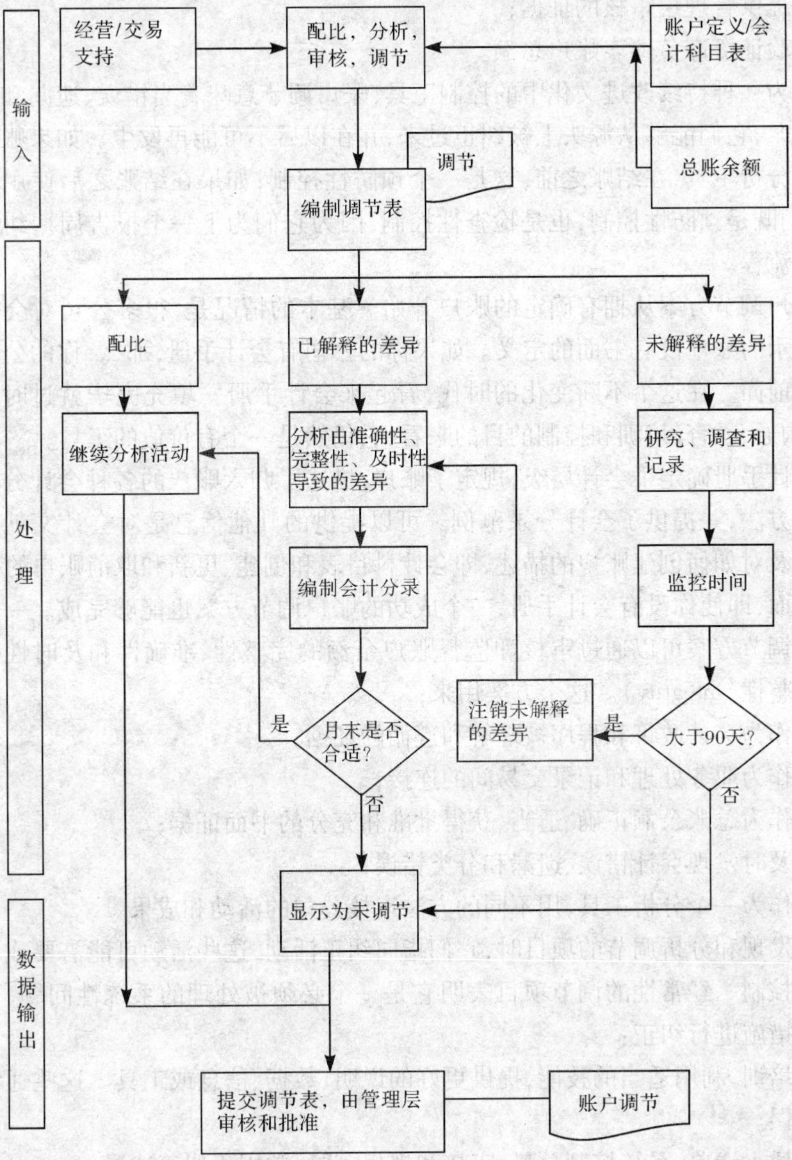

内部控制、内部审计以及外部审计使用账户调节作为公司控制环境的支持和证据。它们不但在方案基础上依赖账户调节，而且在单个账户基础上依赖账户调节，目的是：

1. 协助“自始至终”的风险评估；
2. 识别关键的控制目标和行动；
3. 评估对公司的政策和程序的遵守；
4. 提供管理层审核的证据；
5. 验证资产负债表账户总额。

作为一种持续改进文化中的控制工具，账户调节意味着当错误、遗漏和错误分类发生时，它们能够从源头上被纠正过来，并在以后不可能再发生。如果账户调节被用作分析工具，在结账之前，这是一个预防性控制；如果在结账之后使用账户调节，它们既是预防性控制，也是检查性控制，因为它们为下一个报告周期纠正了不适当的流程。

账户调节方案从拥有确定的账户开始。基本的情况是，很多公司对会计科目表中列示的账户没有书面的定义。如果你的公司有会计手册，那么，你的公司就走在了最前面。在这个不断变化的时代，看起来会计手册一填充完毕就过时了。然而，从沟通、教育、培训和控制的目的来看，它仍然是一个有价值的工具。

会计手册确定了会计层级，规定了账户，描述了归入账户的各种会计分录的会计处理方法，并提供了会计分录范例。可以提供的其他信息是对会计文献的一个索引以及对如何创建账户的描述，即会计科目表和创建、更新和取消账户的程序。

然而，即使你没有会计手册，一个成功的账户调节方案也能够完成。一个成功的账户调节方案可以通过审核和监督账户余额的完整性、准确性和及时性来提高财务完整性(integrity)。这个方案用来：

1. 作为会计政策和程序被理解和遵循的证据；
2. 作为业务处理和记录交易间的连接；
3. 作为总账余额正确、适当、获得批准和充分的书面证据；
4. 及时发现会计错误、遗漏和分类错误；
5. 作为一个分析工具，用不同的方法审核公司的活动和成果。

当发现和分析调节的项目时，它们指向纠正活动，这些活动可能需要或不需要另外的控制。经常性的调节项目表明它是一个必须被处理的系统性问题，可以通过以下措施进行纠正：

1. 培训，利用适当的技能，提供更好的说明、数据、信息或工具。这些通常用于纠正错误。

2. 插入清单、系统控制总量、审核和授权，这通常用于纠正遗漏。

3. 通过把预先定义或预先程序化的账户分类置入说明指引或系统中，标准化会计分录和会计流程，这可以用于纠正错误分类。

格式和分析技术

在分析和记录账户活动时，运用标准的格式和一致的分析技术很重要。但是，运用相似类型的分析来看是否会出现不同的结果通常是有用的。例如，在调节应收账款(A/R)与累计的客户未偿还货款余额时，分析和调节的应收账款总账期末余额与账龄报告或根据地理位置进行分析调节可能是有用的。

分部信息提供了不同的观点，可能是一个不同的分析结果。这种分析也许不能识别控制问题，但是可以揭示以前没有接触到的风险和机会。当用不同的方式提供信息时，格式和/或分析方法的改变增加了审核和决策过程的价值；在几个期间内沿用相似的分析，以弥补(bridge)这个变化并确定是否有持续的价值。

账户调节报告的格式可能会随所有的版本格式而改变，包含总账账户余额、期初和期末余额和这个期间发生的一系列活动。根据交易活动的规模和类型，信息可以有不同的组织方式。本书提供了一些备选格式。

这种报告书审视了经营方面的影响，以识别在这个期间发生的经营事项的类型。这种方法的好处是，它将交易进行了逻辑分类和分组。它可以根据地理位置或数据源进行增加或减少，例子如下。这种表格称为滚动分析。

这种类型的交易调节确保了所有预计在账户活动期末余额中出现的数据和信息已经包含在内。当有不止一种输入源的时候，这种技术非常有用；数据来源是否也必须有内置于控制人工和/或系统处理中的逆流控制，以确保只有正确和完整的数据才能输入账户。

总账的期初余额			
根据交易支持的增加			
加上对错误、遗漏和错误分类的调整			
根据交易支持的减少			
减去对错误、遗漏和错误分类的调整			
上面计算得出的期末余额			
总账的期末余额			
如果期末余额不同，作为未解释的活动处理，需要追加调查和审核。			

这种报告格式需要分析总账的期初和期末余额。差额应当用每月交易活动的净值进行解释，或用与上面的表格相似的分部详述的方式列示。这个方法的好处是，它忽略了常规的交易，并着重解释未调节一致的交易。

这种类型的交易调节适用于计入账户的数据与账户中实际反映的数据相匹配的情形。账户调节分析要确定预计直接计入账户的数据被恰当的编码，从而预期的交易量和金额记录在账户中。

总账的期初余额			
总账的期末余额			
这个期间发生的交易活动产生的差异			
对交易活动按类分组（例如，按区域划分的销售活动、按资产类别划分的活动、按证券投资划分的活动、按源文件类型或系统输入划分的活动）			
如果交易活动存在差异，作为未解释的活动处理，需要追加调查和审核。			

政策与程序		
程序号:2-5-1	部分:会计和财务	共4页
账户调节		
所属部门	发布/生效日期:	取代以前发布的

编制人:　　　　审批人:　　　　授权人:
日期:　　　　日期:　　　　日期:

一、范围

本文件适用于 IDEAL LLP 公司所有的法律主体、子公司和业务单元。

二、政策

IDEAL LLP 公司的政策是,根据会计和财务结账的时间安排,每月调节资产负债表中期末余额大于 5 000 美元的账户。对于期末余额小于 5 000 美元的资产负债表账户,必须至少每个季度调节一次。这些分析和调节要由适当部门的人员编制和审核,所有的分析要接受公司的审核和审计。

账户调节应依据《萨班斯—奥克斯利法案》的表述或业务领域各自的财务指派(financial designate)提交审核和签字保证。

基本的明细以辅助分类账或清单的形式,必须支持每一个资产负债表的账户余额,而且这种明细必须与总账每月调节一次。任何未调节的差异必须进行调查和解决,在季度末之前及时作出调整。调查一旦完成,任何没有得到证实的余额都应予以注销。

三、程序

公司会计根据对账户有最多了解和控制的范围确定账户所属关系(除非内部控制考虑规定了其他方式)。

资产负债表账户余额每个月末结账时确定。

1. 调节开始于年初至今的总账期末余额。

2. 审核分类账或补助明细表,以汇总与总账余额相对应的那些构成内容。有些情况下,可能需要考虑不止一种分类账。

3. 减去总账和分类账(或其他证明文件)的期末余额,确定需要调节的差异。

4. 列出会计期间必须进行的已知调整,并从要调整的差异中减去已知调整的总额。

5. 剩下的余额将要进行调查和解决。

6. 调节的状态分为 A、B、C 三种：

(1)圈 A,如果不需要特别的解释；

(2)圈 B,如果存在已知的调整,并列出那些要在当前会计期间进行的调整；

(3)圈 C,如果存在必须进一步调查的余额,并列出下一个会计期间将要采取的措施。

7. 未调节的项目和金额必须进行追踪、时间分析(aged)以及监控其清算。

8. 每个职能业务领域的控制者(controller)或财务指派人员应审核、同意和签署有关账户调节。

9. 对期末余额大于 1 000 000 美元的账户的调节应提交公司会计,在每季度末进行另外的审核。

10. 调节应使用后附的标准格式进行编制(参见后面的表)。

11. 账户调节应在 10 个工作日内完成。

汇总账户时,使用代表流入账户交易类型的主要组成部分。例如,应付工资可以有下列组成部分:固定薪水的全职员工、固定的小时员工、临时或兼职员工、补偿以及其他。组成账户的各部分会反映计划输入、交易来源,或有助于账户分析的领域。简单的汇总借贷总额是不可以的。对于第一次进行调节的账户来说,期初余额必须进行调整。

总账和分类账或辅助记录之间的差异必须及时、准确地进行调查和解决。反复出现的差异必须进行调查,并从根源上解决,因为它们可能预示一个系统性问题。

1. 由于下列原因,调节时可能会发生不平的情形：

(1)自然时间差异；

(2)分类错误(比如,会计分录计入错误的账户)；

(3)计算错误(比如,在确定要记录的会计分录的金额时出现数学错误)；

(4)分录被遗漏或记录多次的错误；

(5)其他未得到解释的或尚未识别的一系列原因。

2. 错误分类、错误计算和分录被遗漏或重复必须及时识别和更正。更正应在下个月进行。

任何单项未调节的、在季度末或年末发生的大于 5 000 美元的差异,必须向首席会计师(或指定的人员) 进行披露。必须尽一切努力在错误发生的月份了解和解决这种差异。如果不确定差异是否重要,那么联系公司的财务报告,讨论和解决这种问题。

确定重要性的水平应由首席会计师(CAO)界定,并且在季末或年末的说明中传达这个信息。每个月,首席会计师应收到一份调整账户的情况报告,识别那些具有大额未调节值(比如,超过重要性阈值)以及有长期(C级)未解释差异的那些账户。

四、控制/责任的范围

职能业务领域的控制者或财务指定人员负责确保资产负债表账户:

1. 准确、及时地进行调整;
2. 准确地反映所有业务交易的记录;
3. 资产被适当的说明和作为开支勾销(expense);
4. 负债被适当地反映和累计(accrue for)。

在季度末未调整的金额必须作为开支勾销。地域的控制者或财务指定人员可以批准核销不超过5 000美元的金额,而其他需要核销的金额必须由公司会计批准。

公司会计应监控和追踪未调节余额的重要性和重复性,并且每个季度要与首席会计师一起审核相关情况。

五、联系人

公司控制者
首席会计师

期末账户调节(日期)________

账户编号	账户名称	
账户负责人	调节编制者	
调节的状况 圈出一个 (A)平衡,没有特别的解释 (B)平衡,要采取已知的调整 (C)不平衡,要采取调查措施	措施 (1)________ ________ (2)________ ________ (3)________	
审核者签字		日期
二级签字		日期

每个分类账或辅助表的余额			$xxx,xx
调节的项目(增加或减少已知的调整)	月份	$xxx,xx	
要采取的已知调整的总额			$xx,xxx
非调整余额[陈旧(aged)的和调查的]			$xx,xxx
每一总账的余额			$xxx,xxx

按照相关政策,向公司会计提交辅助记录的汇总。

第六节　季度次级确认方案

季度次级确认方案通过联系《萨班斯—奥克斯利法案》和美国证券交易委员会要求的大G治理要求与小g治理方案,展示了一个完整的治理过程。即使不要求向SEC提交季度报告,这个方案也是一个有效的方法,它可以确定组织的所有部分协调一致、覆盖全面、为内部控制测试做好了准备。

一、概述

季度次级确认方案的目的是支持这样的政策:公司做出的所有披露应当是准确、完整的,公允地反映公司的财务状况和经营成果,遵循相关的法律和证券交易要求。因为首席执行官(CEO)和首席财务官(CFO)不会熟悉所有的业务流程、财务报表中呈报的信息以及向SEC提交的相关文件,季度次级确认流程的目的是确保对外财务报告披露所需要的信息被酌情收集和传递给公司的管理层,以及时的对必需的披露做出决策。

下面的内容摘自2002年《萨班斯—奥克斯利法案》的302条款,它要求公众公司的首席执行官(CEO)和首席财务官(CFO)亲自确认每一份10-Q和10-K文件:

(1)签字的官员已审核过该报告。

(2)根据该官员的了解,该报告没有包含任何重大事实的虚假陈述,没有遗漏在当时特定的情形下为了使报表不令人误解所必需的重要事实。

(3)根据该官员的了解,报告中的财务报表和其他财务信息在所有重大方面公允地反映了公司在该年度期末的财务状况及该报告期间的经营成果。

(4)签字官员:

(A)负责建立和保持内部控制;

(B)已经设计了这种内部控制,以确保这些官员能够通过公司内的其他人获知与该公司及其合并子公司有关的重要信息,尤其是编制定期报告的期间;

(C)已经评价了公司内部控制截至报告前90天内的有效性;

(D)已经根据他们对那一天的评价在该报告中提出了他们有关内部控制有效性的结论。

(5)签字官员已向公司的审计师及董事会的审计委员会(或履行相同职能的人员)披露了如下内容:

(A)内部控制的设计或运行中的所有重要缺陷,它们能够对公司记录、处理、汇总及报告财务数据的能力产生不利影响,并已经为公司的审计师识别出内部控制的所有重大漏洞(material weakness);

(B)涉及在公司内部控制中担任重要职位的管理层或其他雇员的所有舞弊，不论是否重大(material)。

(6)签字官员已在报告中指明在他们评价内部控制的日期之后，内部控制或其他能够对内部控制产生重大影响的因素是否发生了重大变化，包括对内部控制重要缺陷或重大漏洞(material weakness)的更正措施。

制定这个方案是为了帮助CEO和CFO进行他们的确认。因为CEO和CFO不会熟悉所有的业务流程、数据、财务报表中呈报的信息以及向SEC提交的相关文件，CEO和CFO邀请精选的员工确认他们职责范围内提供的数据和信息是否符合SOX和SEC监管要求。建立季度次级确认方案以监督这一流程。

二、矩阵和声明书(letter)

季度次级确认方案有两个主要的输入：

1. 流程负责人矩阵(矩阵)，确定需要向季度次级确认声明书作出确认的职位和人员。目标是确定那些负责了解确认所需细节的人。

2. 管理层声明书及其各个组成部分表示确认声明。

> 读者注意：
>
> 这些例子或组织结构以及职能部门责任的描述会因公司的不同而不同。

(一)矩阵

矩阵是公司流程的一个列表，确定了执行负责人、流程负责人以及与流程负责人相对应的财务和法律人员。如果这个流程不是以全球的负责人为核心，那么区域的流程负责人和他们的辅助人员也应当予以列示。

矩阵的第一部分是流程列表。由精通组织发展和流程管理的人员审核这个列表，以确保公司是以一种有效的方式组织起来，这一点很重要。流程一般按照流程层级进行分组，矩阵中包含了所有相关的流程。

对于一个还没有考虑流程图的公司来说，这是一个重要的练习，它会增强不同职能部门之间的相互作用。当我第一次参观一家公司的时候，我让他们告诉我有关他们自己的事情。他们的反馈告诉了我许多哪些是重要的以及他们是如何组织的。流程驱动的公司首先告诉我他们如何生产、如何向顾客运送货物和提供服务。

在第一次编制矩阵时，通常会发现：

1. 列出的流程不是独立和清晰的，而应当是在一个不同的职能组内组织起来。例如，销售产品的运输可以在经营中组织进行，而且可能更适用于供应链管理。

职能部门或流程	执行 发起人	业务/流程 负责人	财务控制者/ 指定人员	法律支持
生产管理				
销售				
市场营销				
管理/经营				
人力资源				
信息技术/信息系统				
会计和财务				
合规				
法律				

2. 列表可能会遗漏一些流程。比如,货物接收可以由设备部门处理,而最好将它描述为一个独立的流程或包含在存货管理中。

编制矩阵时,在由公司的组织方式带来经营风险和机会的地方它应当是显而易见的。这些观察结果成为改进的机会。

下一步是确定矩阵中每个区域(cell)的负责人。流程负责人的职能对于有目的性的界定和经营公司是至关重要的。流程负责人是在执行和管理经营任务方面有很广泛知识的人。记住你要任命熟悉流程、数据和信息的人,他们最终要出现在辅助文档记录中。

根据我的经验,第一次制作矩阵通常对以下内容感到惊讶:

1. 他们不能填出职位的名称,意味着在流程范围方面存在空白(gap);

2. 人员能力与流程不匹配,意味着流程负责人必须具有适当水平的相关专业技能和权力;

3. 一个人负责多个流程,意味着一个正在运行的流程的负责人需要被分配或重新组织。

在填写流程负责人姓名时,也必须为其会计和法律支持确定所属关系。我们强调会计和法律领域,是因为,这些职能应当详细了解流程、规则以及结果,以向CEO 和 CFO 提供有关确认的建议。一些组织可能打算扩展这个矩阵,包括人力资源和信息技术支持。

要确保流程内流程(process-within-the-process)的科层等级有与之相当的流程负责人和支持者。换句话说,你不希望有个低级经理主管一个对公司的成功至关重要的流程。

流程负责人必须有权力和责任来执行和实施一个有效率和效果的流程,以满足公司的目的和目标。流程负责人的具体责任有：

1. 为一系列有效率和效果的相关任务提供战略、战术和经营指导；

2. 利用数据、信息和竞争性比较改进流程绩效；

3. 在管理职能和跨职能团队时提供领导力，确保个人有实施工作所必需的适当知识水平、技能和权力；

4. 向上与高级管理者和向下与团队沟通和报告结果。

鉴于 SOX 法案确认的性质，也要求流程负责人的会计和法律支持对流程的状况提出一个意见。注意，在会计、财务和法律职能内，有一些流程也需要业务流程负责人、会计财务代表、法律指定的人员。

每个季度，矩阵都要进行更新，以反映职位、组织结构和责任的变化。由于 CEO 和 CFO 必须进行确认，如果其他员工有或可能有次级确认流程范围内的数据和信息，高级管理者可以要求包括这些员工。

三、定制矩阵的步骤

流程表会随着你所在行业的类型、依据组织结构进行的流程分组等因素而变化。定制矩阵的步骤如下：

1. 确定界定你经营的流程和子流程。

2. 确定执行发起人和业务或职能的经营流程负责人的姓名。详细列示单个流程负责人有权力和责任执行和实施流程管理的区域。

(1) 每一个流程都要确定它们的会计和财务支持；

(2) 每一个流程都要确定它们的法律支持。

如果流程负责人的责任由于地理区域不同而不同，应增加栏目。

下面是子流程的例子，它们支持列示的职能领域。

生产管理	信息技术/信息系统
· 研究与开发	· 主数据
· 工程	· 信息处理
· 制造业	· 数据存取(access)
· 生产	· 保密(privacy)
· 存货管理/供应链	· 网络管理
· 分销/物流	会计和财务
· 知识产权	· 应付账款
· 特许权	· 应收账款

续表

生产管理	信息技术/信息系统
·质量保证	·合并(consolidation)
·战略整合和企业发展	·权益补偿
销售	·财务或对外报告
·销售管理	·财务计划和分析
·销售营运	·固定资产、房产、厂房和设备、长期资产
·佣金	·总账
·售前支持	·薪金
·售后技术支持	·税金
市场	·库存现金(treasury)
·品牌、商标	合规
·竞争情报	·经营持续性
·产品营销	·保险和风险管理
·区域营销	·内部审计
·促销、展销、活动、赞助者	·内部控制
·捐助、捐赠	·投资者关系
·沟通	·记录信息管理
管理/经营	法律
·采购	·合同
·公司沟通	·政府和公共关系
·进口/出口	·诉讼
·职业和环境健康与安全	
·不动产和设备	
人力资源	
·招聘	
·补偿	
·福利、学费补偿、休假	
·分配	
·离休	
·学习、教育和培训	
·员工/内部交流	

这个矩阵被用于确认谁应收到这个声明书。

(二)声明书

声明书是不同组成部分的组合,用来收集来自所选员工的信息和意见(comment)。这种信息是用于满足和支持提交给大G治理的报告书。提交的文档和相关的报告书适用于财务报告内部控制(ICOFR)的监管。声明书的目的是让那些最接近流程的人负责管理那些流程,包括数据、信息、交易处理的披露、控制环境以及当前和潜在的风险。

CEO/CFO邀请其他人参与季度性次级确认流程,作为这个邀请的附件,声明书包括以下几个部分:

1. 支持财务数据和经营流程的管理声明书。所有的被邀请者都要完成声明书的这个部分。

2. 专门针对302条款(财务)的次级确认。那些负责批准最终反映在财务报表中的交易事项的人员和那些有助于管理层讨论和分析(MD&A)的人员或者为披露的报表提供数据输入的人员,需要完成B部分。

3. 专门针对404条款(内部控制)的次级确认。C部分由那些负责设计、实施或监督流程的人员完成,一旦完成,它必须作为反馈的一部分递交。

取决于他们的职能和对公司经营和财务流程的参与,一些人可能需要完成一些或所有的部分。为了便于跟进受访者,应该有三个单独的分配列表(那些要求完成A、B、C部分的人员、只完成A、B部分的人员、只完成A、C部分的人员)。

每个季度都要更新声明书,以反映应对大G治理的领域、组织结构和责任的变化。随后是一份带有所有附件的范例声明书。突出显示的领域必须由对季度次级确认做出确认的人员来完成。

四、时间进度表

完成所需任务的时间表开始于截止日(比如,向美国证券交易委员会提交的日期)。继续后面的工作,其他的任务包括与董事会、审计委员会、执行团队、财务报告团队审核10Q/10K表和相关的确认。完成了每一项审核后,可能有其他需要解决的意见。

为了准备这些审核,内部控制职能部门必须处理收到的所有意见,或者他们已经反映在财务报表和/或管理层讨论或分析中,或者包括在其他披露中。

建议完成所需任务的时间进度表可以包括以下内容。工作日0代表向SEC提交10Q/10K表的计划日期。

任务	工作日
提交给 SEC	0
董事会审核	-2
审计委员会审核	-3
财务报告内部控制委员会或团队审核	-4
完成声明书 A、B、C 部分以及 A、B 部分的人的反馈	-7
把 10Q/10K 表的草稿分发给次级确认者	-10
完成 A 和 C 部分的人的反馈	-14
对首次次级确认者的培训	-18
带有发送给次级确认者的声明书和矩阵的 CFO 邀请	-20
批准的矩阵和最终确定的声明书	-20

一旦制定了矩阵和声明书,来自内部控制、财务报告、法律、合规以及高级管理层的代表就要审核和批准这个要分发的文件包以及反馈的时间表。这些代表也称之为财务报告内部控制(ICOFR)委员或团队。

需要着重注意的是,声明书是一种个人确认,有助于编制者了解确认的内涵,他们要求参加培训。培训介绍包括在内,是这个方案的一部分。定制声明书并把它传达给所有首次次级确认者和那些想学习更多次级确认流程相关内容的人。

下面是完成矩阵和声明书的一个流程图,把这个文件包传递给矩阵中确定的每个执行发起人、方案负责人、会计以及法律人员。

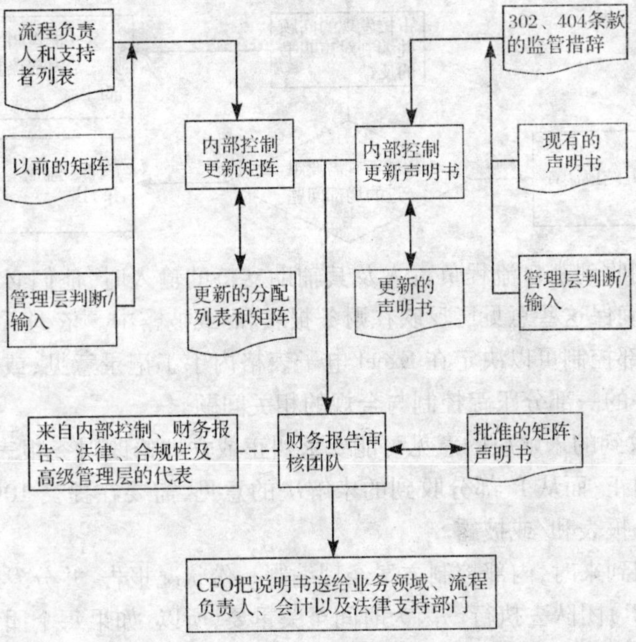

一旦流程负责人、会计和法律支持部门收到说明书和文件包(package),他们就进行一定程度的严格评估(due diligence),这为他们处理确认报告提供了足够的支持。在运行良好的公司,一定程度的严格评估贯穿整个季度,而不仅仅是在季度末使用。由于流程负责人负责管理他们的流程,大概没什么好惊奇的。

流程负责人可以决定保留一份不断更新的列表,内容包括财务报告和在整个季度内修正的内部控制缺陷和机会。这个列表中的事项并不是每一个都足够重要,可以作为意见列示到声明书中;但是,这个列表上的每一个事项都应当使人信服。如果流程负责人或其他人未能明确声明书中报告什么或不报告什么,应该鼓励他们去联系内部控制和/或财务报告代表。

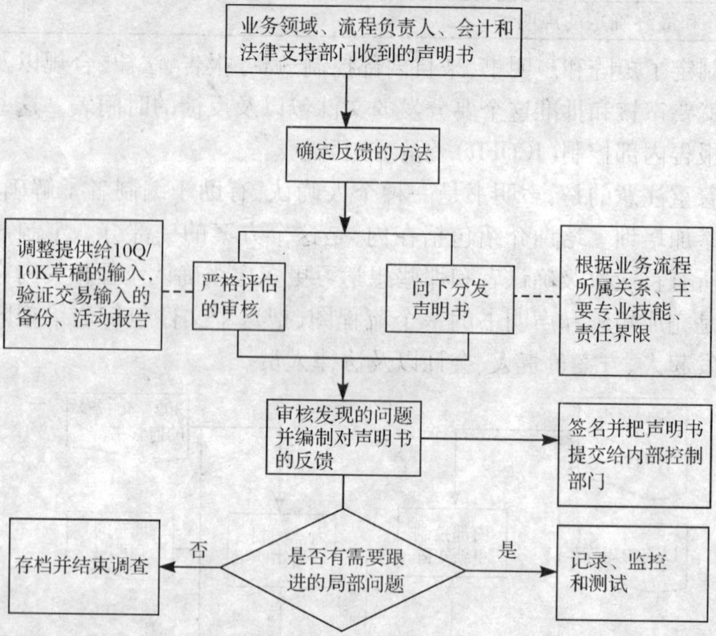

当内部控制收到来自流程负责人及其辅助支持的输入时,他们必须对每个评价做出反应,以确保这些意见已反映在财务报表和/或披露中。依据所收到意见的数量和类型,内部控制可以决定在 Excel 电子表格内手工记录意见,或作为内部控制软件应用程序的一部分跟踪控制与合规的相关问题。

从 A 部分收到的未解决的意见可能要求纠正或立即修改财务报表;来自 C 部分的意见要求纠正;而从 B 部分收到的未解决的意见,需要在提交 10Q/10K 表之前立即修改财务报表和/或披露。

当截止日期到来时,内部控制方案经理编制一份状况报告,并分发给财务报告内部控制(ICOFR)团队去执行。因为时间至关重要,所以,如果每个团队提前确定他们将要贯彻的意见,那将是非常有益的。

状况报告可以包括按照流程、区域或问题的类型划分的详细内容。问题的类型可分为:a)适当披露和封闭(close);b)对财务报告内部控制没有影响和封闭;c)保持公开并要求进一步调查或审核以决定对财务报告内部控制的影响;d)其他分类。对那些保持公开的项目来说,每个季度必须对财务报告潜在影响的类型和数额进行估计。

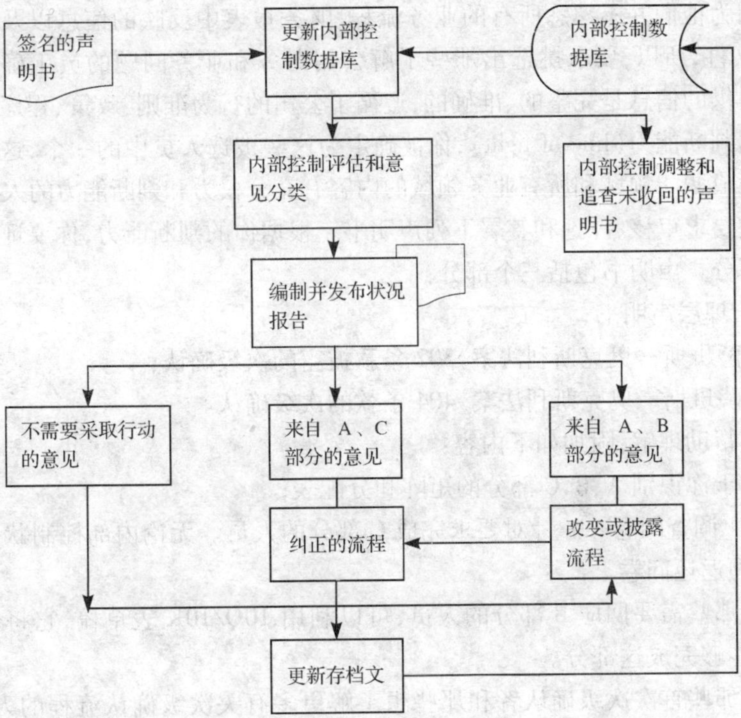

纠正流程在手册的其他部分讨论过;识别出的流程项目必须视为风险评估的一部分和内部控制状况的一部分。每季度末之前尚未解决的重大漏洞和重要缺陷必须在提交给 SEC 的文件中披露。一旦处理了所有意见,那么,内部控制要提交内部控制状况报告,以包含在 10Q/10K 表中,并向 CFO、CEO 和外部审计师提交报告。

为了提高内部控制的效果和效率,提交了 10Q/10K 表之后,内部控制方案经理要评估和评价这个方案,寻求流程改进,记得从那些为准备矩阵、声明书和意见提供数据的人员以及那些在向 SEC 提交文件之前不得不纠正公开意见的人员那里寻求反馈。

季度性的次级确认方案和流程是一种管理工具和技术,它旨在把治理要素、风险、监督、文档和内部控制集合到一起。

下面是声明书和 C 部分的问卷。

日期：

至： 分配表

来自：首席财务官

主题： 季度次级确认声明书

根据美国证券交易委员会的规定，CEO 和 CFO 要对季度性确认声明书进行签字。因为他们并不熟悉所有的业务流程、财务报表中反映的信息以及与之相关的 SEC 文件，所以，要求挑选出那些了解公司财务和业务问题的员工确认其职责领域所提供的信息是完整的、准确的，遵循了公司的行为准则、政策、程序和内部控制。根据判断能力(line of light)，你被确定为这些被选人员中的一个，这指的是那些对经营或职能领域和所有业务领域的内容有充分权力和判断能力的人员。

你被要求审核、评论和签署下列声明书。根据你的判断能力，你要证实一些或全部的部分。声明书包括三个部分：

A)管理层声明书；

B)《萨班斯—奥克斯利法案》302 条款披露的次级确认；

C)《萨班斯—奥克斯利法案》404 条款的次级确认。

为了帮助理解，附加如下内容：

1. 适于你识别 A、B、C 部分的矩阵和分配表；

2. 404 调查问卷——针对要求完成 C 部分的人员。无论内部控制状况是否改变，都必须返还问卷。

对于那些需要回应 B 部分的人员，可以利用 10Q/10K 表草稿，它将会传递给你，使你能够完成这部分。

对于那些首次次级确认者和那些想了解更多有关次级确认流程的人来说，可以参加培训。

为了完成你的回复，你必须实施一定程度的严格评估。建议的方法包括：内部控制审核与测试、监控和分析流程绩效、内部控制数据和/或在组织里更深入的向下传递声明书。

填写重点领域；在适当的位置添加意见；签字并手写日期。传真或扫描声明书的一份复印件，然后用电子邮件向内部控制 <插入地址> 发送扫描的声明书复印件以及完成的 404 问卷调查。如果这个时间你不在，你必须在归还日之前有书面的授权给适当层面的员工提交给内部控制。

请在不迟于 <插入时间和日期> 前提交已签名的信函。你可以联系内部控制团队寻求更多的信息或问题。

我们预期 100% 的合规。感谢您对此问题的迫切关注。

谢谢您的合作和帮助。

<插入 CFO 的名字>

首席财务官

<日期>

回复:截至 <插入季度末日期>季度次级确认声明书

我谨以本人所知和履行职责的能力,确认在<提交此声明书的日期>提供给公司的下列有关财务信息的陈述,这些财务信息是截至以上确定日期的季度期间的。

我的陈述是基于执行标准的披露控制和程序,审核财务报告内部控制以及支持重要或异常项目和会计调整的适当文档,询问主要的经营和财务人员,以及其他我认为为了及时收集和披露需要在我们的财务信息中记录或披露的信息而有必要实施的评价程序。

谨以本人所知和所信,我<姓名和头衔>代表<职责领域>确认以下内容:

A)财务数据和经营行为的声明

1. 根据公司的行为守则和我的职责,提供给会计和财务部门以及外部审计人员的财务数据包含了相关的信息,是真实和准确的,其编制遵循了美国一般公认会计准则(U. S. GAAP)和公司的政策与程序。这些数据公允地反映了财务状况,经营结果以及我职责领域的现金流量。

2. 我没有发现任何账户、交易或协议未经授权,或没有在所提供的财务信息的基础财务记录中适当记录,或没有在所有重大方面遵守公司政策。

3. 我没有发现与公司经营活动有关的任何违法和违规行为,尤其是《1977 年美国反海外贿赂法案》(FCPA)或公司的反贿赂政策中明确规定的内容。我没有发现:(a)注释 1(下面)中规定的任何涉及管理层或员工的舞弊行为;(b)任何违法或违规,其影响还没有考虑在所提供的财务信息中披露或作为记录或有损失的依据;(c)从监管机构获得的任何有关所提供信息不合规或缺陷的消息;(d)会对所提供财务信息产生重大影响的任何不遵循合同协议的行为。

4. 我们没有不在正常经营过程中订立任何协议,截至当前也没有注意到任何其他问题或事件会对这个期间所提供的中期财务信息产生重大影响。

5. 我知道,虽然并不期望我了解我不负责的领域,但是,这种确认与我实际上对公司的了解有关。

6. 我没有发现其他负债、或有损失或担保(无论是书面的还是口头的)没有应计。所有应计余额都有适当的支持。

7. 我没有发现还没有适当记录在会计记录中的重大交易。而且,在这封声明书所涵盖期间之后,没有发生那些需要在公布公司 10Q/10K 表之前适当披露的重大事项。至于在声明书的日期和提交 10Q/10K 表日期之间的这段期间,自声明书日期以来的任何重大变化的信息必须立刻提供给 CFO 办公室。

8. 谨以本人所知,公司对拥有的所有资产都有充分的所有权(satisfactory title),这些资产不存在留置或抵押,也没有任何资产被间接抵押,并且所有重要资产的账面价值是可收回的。

9. 应收账款代表在本月最后一天或之前由销售或其他责任对债务人的有效索取权,而且,已经对无法收回的应收账款遭受的损失制定了适当的规定。

10. 记录的所有销售协议都是最终的,不存在会改变合同最初条款的单方协议或妥协。在销售安排的条款中如果存在销售退回的权利、价格保护或其他未来义务时,确认的收入已经进行了适当的调整。

11. 如果我管理存货,在必要的地方已经为下列内容制定了规定:由于履行或不能履行任何销售协议而承受的损失、由存货的购买协议导致的损失或存货价值的减少而产生的损失。

12. 如果我管理投资,在必要的地方已经为由于投资的公允价值非暂时性下跌而承受的损失制定了规定。

13. 我无条件签署该项确认,除了以下所示内容:

____

____

____

注:1. 术语"舞弊"包括由虚假财务报告导致的错报和由滥用资产导致的错报。由虚假财务报告导致的错报是故意的错报,或在财务报表中遗漏重大金额或披露,以欺骗报表使用者。由滥用资产导致的错报包括盗窃主体的资产,这种盗窃的影响导致主体的财务报表没有公允地表达。

B)对财务报表次级确认者(302 条款披露次级确认)

14. 基于我的职责领域以及提供该确认过程中我认为相关的任何其他材料,我已经审核了本季度(季度报告)10Q/10K 表季度报告草稿的相关部分,它是要提交给 SEC 的。关于编制和(或)审核季度报告,我已经在季度报告中提供或准备考虑包括我认为对季度报告的披露比较重要的所有信息。谨以本人所知,季度报告不包括任何重大错报,或遗漏任何为了使季度报告中的报表不具有误导性所必需的重大事实。

15. 我明白，如果在声明书的日期和季度报告提交给SEC的日期之间发生任何可能会改变上述所做陈述的重要事项，我的责任是及时地书面通知CFO和内部控制部门这些事项的性质。

16. 我知道，CEO、CFO和公司其他官员依赖这个确认来支持他们对公司披露控制和程序有效性的评价。

17. 我无条件签署该项确认，除了以下所示内容：

____

____

____

C)404次级确认

18. 我负责在我的职责领域（如上面所界定的那样）建立并保持适当的内部控制，以便为财务报告的真实性和按照一般公认会计准则编制对外财务报表提供合理保证。在本次级确认中所做的认定是要报告本季度中已经发生的内部控制变化。

19. 关于财务报告内部控制的整体维护以及在此对内部控制变化的监控，我认为：我已经完成或审核了对我职责领域内的404内部控制问卷调查（问卷调查）。

20. 我与公司的高级管理人员一起，持续向员工传达管理层对内部控制的所属关系，强化公司各个层面对持续保持适当受控环境的承诺。

21. 对于我提出的（或知道已经提出的）可能对财务报表有潜在影响或者可能需要在财务报表中进行披露的任何问题，我已经收到了满意的答案，除了以下注释的内容：

____

____

____

22. 我无条件签署该项确认，除了以下所示内容：

____

____

____

季度次级确认

我 <姓名和头衔> 已经以应有的谨慎审核了下面的部分（用检查标志确定你提及的部分），因为这些部分与 <职责范围> 相关，除非在特定项目编号中另有注释，我确信，尽我所知来遵守。

□ A）财务数据和业务活动的表述

□ B）财务报表次级确认(302 披露)

□ C）内部控制次级确认(404 认证)

我知道，CEO 和 CFO 会依赖此确认去支持公司的披露要求，报告本季度公司财务报告内部控制的重大变化。

签名：____________ ____________

盖章：____________ 签名：____________

头衔： 陈述时间(手写日期)：

季度次级确认

404 条款问卷

对于所有那些需要完成季度次级确认 C 部分的人，完成下列问卷并传递给内部控制部门作为提交确认声明的一部分。

我 <插入姓名>，负责在我负责的流程领域 <插入流程> 建立并保持适当的财务报告内部控制。

尽我所知，我确认以下内容：

问题	是/否	评论
1. 这个领域的信息技术系统是否有任何新的或重要的变化?		
2. 是否有对流程的重大修改(如流程再造)?		
3. 这个领域的职能和责任是否有重大的变化(如关键管理人员的变化、人员安置和人员调整)?		
4. 公司是否已经合并了一个主体或整合了一个会影响内部控制环境或活动的流程?		
5. 公司是否全部或部分分拆了一个主体或者整体或部分外包了一个流程?		
6. 会影响内部控制环境或活动的新经营风险和/或现有经营风险的变化是否已经识别出来?		

续表

问题	是/否	评论
7. 在此领域内实施的新政策和程序,是否导致了任何流程的变化?		
8. 是否存在任何监管的变化已经或将要影响内部控制的状态?		
9. 是否存在客户、员工或供应商合同的任何变化将会或将要影响内部控制的状态?		
10. 是否已经存在或者你预计的任何变化或潜在变化会影响内部控制的状态,但在此问卷中没有提到?		

对上述任何问题,如果你回答“是”,提供对变化的详细描述,并表明此变化是否已经被内部控制审核、测试和批准。

政策与程序		
程序号:2-6-1	部分:公司	共2页
季度次级确认		
所属部门	发布/生效日期:	替代以前发布的

编制人: 批准人: 授权人:
日期: 日期: 日期:

一、范围

本文件适用于IDEAL LLP公司所有的法律主体、子公司和业务单元。

二、政策

IDEAL LLP公司的政策是,选定的业务领域经理、流程负责人以及与他们相对应的财务和法律人员,负责每季度向CEO和CFO提供次级确认。该次级确认要求单个人员确认他们从其职责领域提供的信息是完整的、准确的,并符合公司的行为守则、政策、程序以及内部控制。

来自公司内部控制、财务报告、法律及合规部门的代表监督这项政策,并批准这个方案的细节,包括但不限于分配表(就是所谓的矩阵)和编制的声明书(就是所谓的季度认证声明书)。内部控制部门负责执行、监控和追踪这个方案的组成要素。

三、程序

每个季度,内部控制方案经理要更新流程负责人矩阵(矩阵),由这个矩阵产生那些需要确认季度次级确认声明书(声明书)各个部分的人员的分配表。

审核声明书并根据监管或管理重点的变化进行更新。

声明书由以下三个部分组成:

1. 支持财务数据和经营流程的管理声明书。所有的被邀请者都要完成声明书的这个部分。

2. 专门针对302条款(财务)的次级确认。那些负责批准最终反映在财务报表中的交易事项的人和那些有助于管理层讨论和分析(MD&A)的人或者为披露的报表提供数据输入的人员,需要完成B部分。

3. 专门针对404条款(内部控制)的次级确认。C部分由那些负责设计、实施或监督流程的人员完成,一旦完成,它必须作为反馈的一部分递交。

季度次级确认包括首席财务官对参与的邀请、矩阵、声明书以及404条款调查问卷。

声明书的接收人要实施应有的谨慎审核，或通过其组织的职责领域进一步向下散发声明书。他们必须记录他们用于确认的方法，并必须保留相关的文档记录来支持他们的评价和确认。

接收人应实施一定程度的审核，它要满足声明书中所做的声明（例如准确性和完整性）。陈述中的例外或偏差（也称为问题或结果）必须在声明书中提供的空间里进行确认。

一旦完成审核，评价和评估这些问题或结果，以确定：(1)它们是否无关紧要，是否被视为要修正的局部问题；(2)它们是否与以前识别的或正在修改的问题或结果相互对照；(3)如果它们对问题和结果列表来说新的。一旦分类后，这些问题或结果就被计入内部控制数据库以备监控和追踪。

评价和评估所有的问题和结果，看它们是否需要改变和/或向当前季度的10Q或10K表披露。

在与高级管理层、审计委员会和董事会审核之前，与内部控制、财务报告、法律和合规部门审核这些问题和结果。

四、控制/责任范围

1. 遵守这项政策是每个职能领域执行经理和控制者的责任。对于那些已经有意见和/或已经识别出有薄弱内部控制区域的经营领域或流程，必须进行调查、监控和解决。

2. 内部控制监控声明书提交的及时性，并将追踪所有未解决的事项。

3. 内部控制、财务报告、法律和合规部门审核相关意见和未解决的事项，以确定财务报表陈述和SEC申报文档的完整性和准确性。在提交给SEC之前，对于那些已经有意见和/或已经识别出有薄弱内部控制区域的经营领域或流程，必须进行调查、监控和解决。

五、联系人

内部控制方案经理
首席财务官

程序 2-6-2 季度次级确认——矩阵

说明

矩阵的第一部分是流程列表。由精通组织发展和流程管理的人员审核这个列表，以确保公司是以一种有效的方式组织起来的，这一点很重要。流程一般按照流程层级进行分组，矩阵中包含了所有相关的流程。

对于一个还没有考虑流程图的公司来说，这是一个重要的练习，它会增强不同职能部门之间的相互作用。当我第一次参观一家公司的时候，我让他们告诉我有关他们自己的事情。他们的反馈告诉了我许多哪些是重要的以及他们是如何组织的。流程驱动的公司首先告诉我他们如何生产、如何向顾客运送货物和提供服务。

在第一次编制矩阵时，通常会发现：

1. 列出的流程不是独立和清晰的，而应当是在一个不同的职能组内组织起来。例如，销售产品的运输可以在经营中组织进行，而且可能更适用于供应链管理。

2. 列表可能会遗漏一些流程，比如，货物接收可以由设备部门处理，而最好将它描述为一个独立的流程或包含在存货管理中。

编制矩阵时，在由公司的组织方式带来经营风险和机会的地方它应当是显而易见的。这些观察结果成为改进的机会。

下一步是确定矩阵中每个区域（cell）的负责人。流程负责人的职能对于有目的性的界定和经营公司是至关重要的。流程负责人是在执行和管理经营任务方面有广泛知识的人。记住你要任命熟悉流程、数据和信息的人，他们最终要出现在辅助文档记录中。根据我的经验，第一次制作矩阵通常对以下内容感到惊讶：

1. 他们不能填出职位的名称，意味着在流程范围方面存在空白（gap）。

2. 人员能力与流程不匹配，意味着流程负责人必须具有适当水平的相关专业技能和权力。

3. 一个人负责多个流程，意味着一个正在运行的流程的负责人需要被分配或重新组织。

在填写流程负责人姓名时，也必须为其会计和法律支持确定所属关系。我们强调会计和法律领域，是因为，这些职能应当详细了解流程、规则以及结果，以向 CEO 和 CFO 提供有关确认的建议。对一些组织来说，你可能打算扩展这个矩阵，包括了人力资源和信息技术支持。

要确保流程内流程（process-within-the-process）的科层等级有与之相当的流程负责人和支持者。换句话说，你不希望有个低级经理主管一个对公司的成功至关重要的流程。

流程负责人必须有权力和责任来执行和实施一个有效率和效果的流程，以满足公司的目的和目标。流程负责人的具体责任有：

1. 为一系列有效率和效果的相关任务提供战略、战术和经营指导；

2. 利用数据、信息和竞争性比较改进流程绩效；

3. 在管理职能和跨职能团队时提供领导力，确保个人有实施工作所必需的适当知识水平、技能和权力；

4. 向上与高级管理者和向下与团队沟通和报告结果。

鉴于 SOX 法案确认的性质，也要求流程负责人的会计和法律支持对流程的状况提出一个意见。注意，在会计、财务和法律职能内，有一些流程也需要业务流程负责人、会计财务代表以及法律指定的人员。

每个季度，矩阵都要进行更新，以反映职位、组织结构和责任的变化。由于 CEO 和 CFO 必须进行确认，如果其他员工有或可能有次级确认流程范围内的数据和信息，高级管理者可以要求包括这些员工。

程序 2-6-3　对首次次级确认者的季度次级确认培训

一、对读者和提供培训者的提示：

PPT 幻灯片可以通过 URL 下载。

下面是培训提供者对首次季度次级确认者进行意识培训的幻灯片和提示。对培训提供者的提示，是对如何提供幻灯片或更多信息以支持幻灯片中确定的核心内容提出的建议。培训提供者必须完全熟悉季度次级确认的流程和要求。培训提供者包含来自内部控制、法律和财务以及其他来自财务报告内部控制团队的成员通常是明智的做法。

（一）幻灯片：日程

1. 概述

（1）确认

（2）流程

2. 声明书的组成部分

3. 财务数据和业务活动的陈述

4. 302 披露次级确认

5. 404 内部控制次级确认

6. 截止日期和应用的规则

（1）重要性

(2)应有谨慎

(二)幻灯片:方案目标

1. 相关工作主要是为这些流程设计和实施一种公司范围的、整体的、自下而上的方法。

2. 目标:

(1)涵盖贯穿所有业务单元和地理区域的所有类型的披露(例如,经营的、财务的、监管的);

(2)开发必要的工具,以识别、追踪和评价披露问题;

(3)为主要的披露载体创建日程表;

(4)使披露流程制度化,以提供贯穿披露循环的一致性。

二、对培训提供者的提示:

为了响应议会和美国SEC颁布的新要求,公司正在加强披露和确认流程。相关工作主要是为这些流程设计和实施一种公司范围的、整体的、自下而上的方法。

(一)目标

为披露流程设计、记录和实施一种公司范围的、整体的、自下而上的方法,支持当前已在进行的内部工作,整合已经在用的现有披露流程。

阐明在披露和次级确认流程中的职能和责任,以及涵盖贯穿所有业务单元和地理区域的各种类型披露(例如,经营的、财务的、监管的)的职责。

开发必要的工具,以识别、追踪和评价披露问题,例如次级确认者主要考虑事项核对表和披露指引。

为主要的披露载体(10Q表,10K表,新闻公告等)创建日程表,以确定不连续流程的时间和归属关系。

使披露流程制度化,以提供贯穿披露循环的一致性。

(二)幻灯片:确认总结

作为公众公司,IDEAL LLP公司在许多监管团体的监督下运营。监管是为了加强公司治理和恢复投资者信心。

对以下事项进行确认:

1. 财务数据和业务活动的陈述,确保财务数据的完整和准确;

2.《萨班斯—奥克斯利法案》302条款,CEO和CFO个人对提交的文件中的披露负责;

3.《萨班斯—奥克斯利法案》404条款,把确定持续监督的责任分配给CEO和CFO。

(三)幻灯片:次级确认总结

1. 由于CEO/CFO并不熟悉所有的业务流程，而且为了分配职责和责任(responsibility and accountability)以及对财务报表和向SEC提交的文件中呈报的信息是完整和准确的感到放心，他们要求选择的员工也要签署/证明。

2. 邀请来进行次级确认的员工，根据以下标准选择：

(1)视线；

(2)提供监督；

(3)范围(coverage)。

三、对培训提供者的提示：

1. 视线：次级确认者应该是对经营或职能领域有充分授权和视线的人。

2. 提供监督：次级确认者应该是在他们负责的经营和/或职能领域对控制活动提供监督的人，而且他们有承担直接财务报告内部控制责任的报告员工。

3. 范围：完全覆盖所有的业务领域。

幻灯片：为次级确认分配所属关系

方法：

根据命令路径和流程所属关系的级联法(cascading approach)：

1. 审核组织图，以确定执行和流程负责人以及他们指定的支持团队；

2. 包括全球和地理区域的流程负责人；

3. 把这些负责人与财务和法律部门的相应人员匹配。

四、对培训提供者的提示：

内部控制职能部门负责设计、实施和执行次级确认流程。这个方案有两个要素组成：确定流程负责人及其会计和财务支持的矩阵，用于包括要求CEO/CFO确认的领域的声明书及其各组成部分。

用于分配流程所属关系及其支持团队的方法是根据一种级联方法进行的，这种级联方法是基于命令路径和流程所属关系的，并阐明了四个步骤。

幻灯片：次级确认矩阵

1. 基于流程分派次级确认职责；

2. 根据内部控制和其他因素界定流程，以确保获取所有的流程。

职能或流程	执行发起人	业务/流程负责人	财务控制者/指派者	法律支持
产品管理				
销售				

续表

职能或流程	执行发起人	业务/流程负责人	财务控制者/指派者	法律支持
市场营销				
管理/运营				
人力资源				
信息技术/信息系统				
会计和财务				
合规				
法律				

五、对培训提供者的提示：

参考分配到文件包中的矩阵；让他们审核它的准确性并同意。

幻灯片：**次级确认流程图**

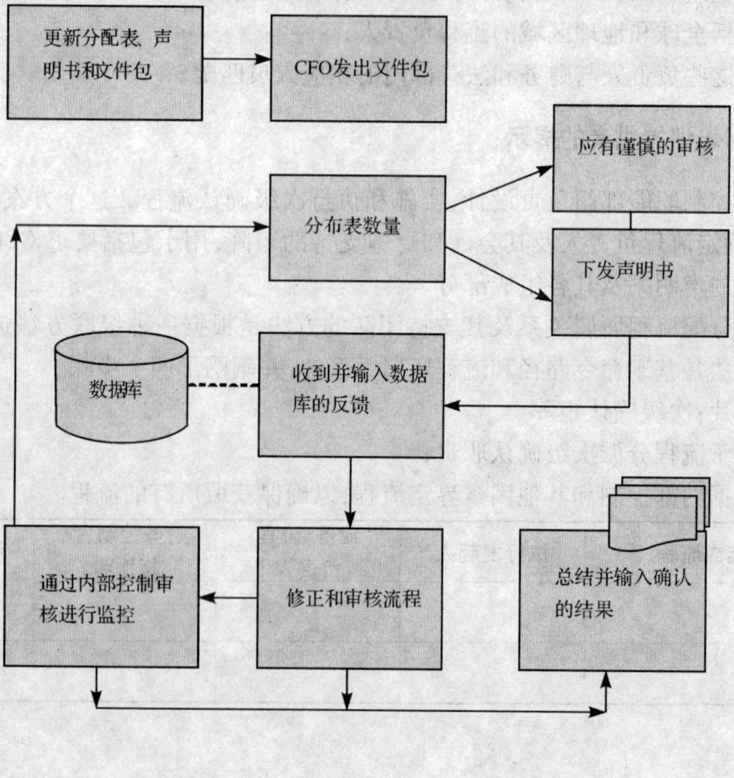

六、对培训提供者的提示:

描述流程图的各步骤。

幻灯片:**框架和流程**

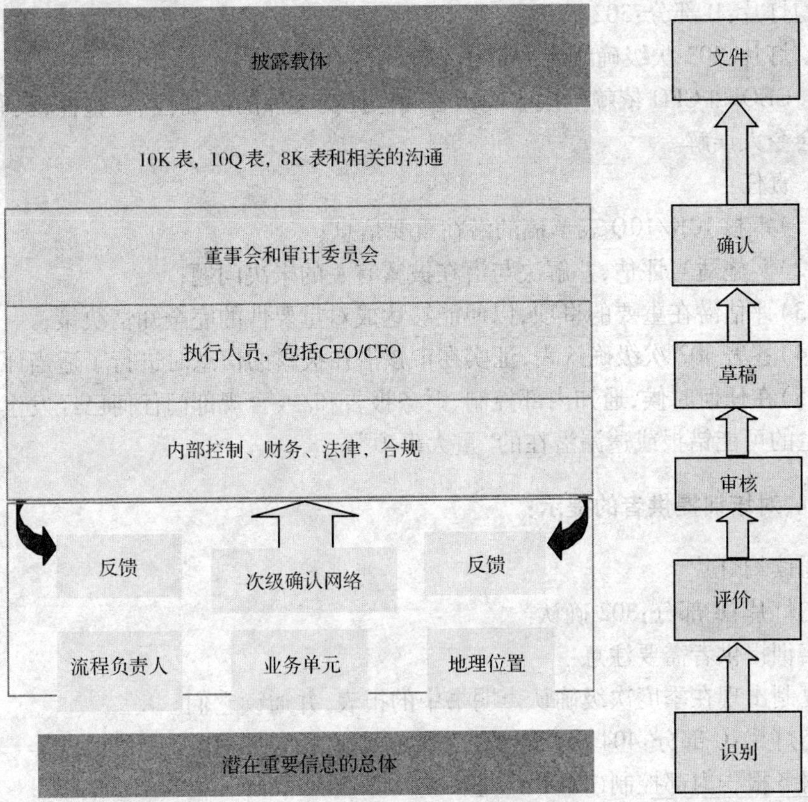

七、对培训提供者的提示:

从下到上阅读此图,识别那些非常熟悉或应该非常熟悉流程、经营和业务交易的人,这些流程、经营和交易最终反映在公司的财务报表和要披露的领域里。

使用来自声明书的意见作为输入,在向执行管理层提交结果之前,内部控制要监督每一条意见的评价、调查和处理。一旦意见被处理并反映在财务报表和/或要披露的领域,一份各种 SEC 报告的草稿和相关外部沟通要在提交发布文件之前,由执行管理层、董事会和审计委员会审核和批准。

幻灯片:A 部分:管理层声明书的陈述

幻灯片:财务数据和业务活动的陈述

八、对培训提供者的提示：

在接下来的几个图上，复制出现在季度次级确认声明书中的那些报表，并通读它们。

幻灯片：B部分：302确认

幻灯片：302次级确认者的责任

1. CEO和CFO依赖于次级确认者确保提交文件的准确性、完整性，没有遗漏，也不会令人误解。

2. 责任：

(1)审核10K/10Q表草稿的潜在重要信息；

(2)实施适当评估，并解决与潜在披露有关的未决问题；

(3)评估潜在重要的事项，以便能够达成对重要性的完全知情决策；

(4)签署302次级确认表，证实在审核潜在披露的信息时进行了适当评估；

(5)在任何时候，通知内部控制、财务报告和/或合规部门任何已经发生或很可能发生的可能错报或遗漏潜在的“重大事项”。

九、对培训提供者的提示：

通读幻灯片

幻灯片：B部分：302确认

培训提供者需要注意：

复制出现在季度次级确认声明书中的报表，并通读它们。

幻灯片：C部分：404确认

财务报告内部控制(ICOFR)是：

一个流程，被设计用来对财务报告的可靠性以及按照一般公认会计准则编制对外财务报表提供合理保证。

ICOFR包括那些提供合理保证的政策与程序：

——记录被保持；

——交易被记录；

——收入和支出被授权。

十、对培训提供者的提示：

SEC和上市公司会计监督委员会(PCAOB)已经定义的财务报告内部控制(ICOFR)是：

一个流程，被设计用来对财务报告的可靠性以及按照一般公认会计准则编制对外财务报表提供合理保证。

ICOFR 包括这些提供合理保证的政策与程序：

1. 记录被保持；

2. 交易被记录；

3. 收入和支出被授权；

4. 可能会有重大影响的未授权的资产采购、使用或处置被防止或发现。

幻灯片：管理层的职能和责任

以年度为基础，管理层必须：

1. 评估 ICOFR 的有效性；

2. 支持此评价；

3. 接受责任；

4. 识别和披露重大或潜在重大的变化；

5. 提出书面的评估和确认。

以季度为基础，管理层必须：

1. 报告重要缺陷和/或重大漏洞的情况；

2. 识别和披露重大的或潜在重大的变化。

十一、对培训提供者的提示：

为了支持管理层关于财务报告内部控制有效性的认定：

以年度为基础，管理层必须：

使用适当的标准，评估公司财务报告内部控制的有效性。这种评估的目标是对是否存在任何重大漏洞获得合理保证。

用充分的证据（包括文件记录）支持其评价。

接受对公司财务报告内部控制有效性的责任，识别并披露公司财务报告内部控制的重大或潜在重大变化，对公司财务报告内部控制的有效性提出一个书面评估和确认。

以季度为基础，管理层必须：

向审计委员会报告重要缺陷和/或重大漏洞的状况。

识别并披露公司财务报告内部控制的重大或潜在重大变化。

幻灯片：C 部分：404 认证

十二、对培训提供者的提示：

复制出现在季度次级确认声明书中的报表，并通读它们。

幻灯片：确认

幻灯片：季度次级确认

我 < 姓名和头衔 > 已经以应有的谨慎审核了下面的部分(用检查标志识别你指的部分)，因为这些部分与 < 职责领域 > 相关，而且除非在特定项目编号中有其他注释，尽我所知我保证其合规性。

□A)财务数据以及业务活动的陈述

□B)财务报表次级确认者(302 披露)

□C)内部控制次级确认(404 确认)

我知道，CEO 和 CFO 将要依赖于这个次级确认，以支持公司报告季度财务报告内部控制的重大变化的披露要求。

十三、对培训提供者的提示：

阅读确认声明，并提醒确认者签字和注明日期，并把表格提交给内部控制部门。

幻灯片：认证：下面的步骤

1. 纠正需要采取行动的未解决事项，包括那些你认为不重要，但要报告的事项。

2. 把内部控制原则(例如，准确性、完整性、授权)嵌入你的常规审核中。

3. 计划并将内部控制测试合并到流程中，并监控持续流程改进的结果。

十四、对培训提供者的提示：

声明书中识别的意见和流程事项必须作为风险评估的组成部分和内部控制状况的组成部分。季度末之前尚未解决的重大漏洞和重要缺陷必须在提交给 SEC 的文件中披露。一旦所有的意见被处理了，那么内部控制要提交包含在 10Q/10K 表中的内部控制状况声明，并向 CFO、CEO 和外部审计师提交它的报告。

幻灯片：参考文献

- 要想获取《萨班斯—奥克斯利法案》的更多信息，请登陆下面的网站：
- www. sec. gov/spotlight/sarbanes - oxley. htm
- http://thecaq. aicpa. org/Resources/Sarbanes + Oxley/
- 需要内部支持，联系你的内部控制部门。
- 需要方案信息，联系 IDEAL 公司通过 Policyguru 登陆 www. idealpolicy. com

十五、对培训提供者的提示：

鼓励首次确认者登陆这些网站，以便学习更多相关其责任、规章制度和流程的知识。

第三章　控制活动方案测试指南

第一节　控制活动方案

本手册的第一单元阐述了从大 G 治理到小 g 治理的治理过程，使用风险评估和监督策略来确定内部控制方案中需要涵盖的范围。提出的是概念、模型和有关广义治理方面的一般讨论。从第一单元，通过进行练习，你应当已经编制了一系列存在控制风险的流程和账户，并对其评级。这些流程和账户是你首先关注控制活动的地方。

本手册的第二单元阐述了内部控制方案，并深入研究了具体的控制环境政策、程序以及流程，以完成治理过程。除了内部控制方案本身，政策和方案是特别选取的，无论行业类型如何，通常可以推荐给所有的公司。为了在你的公司有效，提出的方案和流程必须被定制；但是，作为一个有效的控制，提出的战略意图和概念必须保持一致。

在内部控制方案中提出的练习，应当可以协助你确定控制目标和活动，它们适于处理第一单元识别的风险。第三单元应该有助于把方案的其余部分结合在一起，包括测试、监控和报告。

手册的第三单元使用第二单元提出的内部控制方案的基本结构，以建立具体的内部控制活动计划。在这个单元内是产成品测试指南，后附 Excel 表（可以从 URL 下载）可用于执行控制活动、监控和追踪纠正工作。对大多数公司来说，这些测试指南太通用，不能实现提供完整控制活动范围的目的。

因此，不是仅仅提出一系列的流程图、问题以及要实施的活动，最好是首先对如何建立你自己的一套测试指南提供一个说明。这个说明中提及的一些模板和表格在本章后面，而且，你定制的所需要的实际测试指南在那些表格的后面。

一、建立测试指南的说明

对于想回顾测试指南并将其用作期中准备（readiness）或编制清单的人，测试指南都应是可用的。这些指南必须根据风险评估的变化而变化，必须随着实施的实际控制活动和发现的结果而变化，或者在内部控制专业人员认为必要时改变。

这一单元提出的测试指南的例子已经假定风险评估流程和子流程识别出了重

点关注的领域。内部控制代表已经确定了与风险水平相应的测试水平。使用这些作为指南或者参考点，开发你自己的内部控制活动测试计划和指南。

测试指南由内部控制部门制定，可以包含来自内部审计、合规以及流程经理的输入。自此以后，内部控制部门已经制定、审核并批准了指南的使用。

用作控制活动计划的测试指南模板可以用作收集的证据的封面。那么，指南和证据概要附在控制活动测试结果表的后面，在其他的情况下称之为结果报告。

这种表格的标题包含了分类和管理这种文档所需要的信息。程序编号应遵循用于对企业政策和程序进行分类和分组的同一"智能编号"标准。这个部分的名称指的是负责这个流程的职能领域或业务单元。流程指的是监督这个流程的部门或职能领域。发布日期指的是该测试指南的版本，可用于跟踪；你可能会参考这个指南替换的文件日期。

其余的标题指的是这个测试循环，并表明流程负责人的姓名以及测试控制活动的物理位置。内部控制代表实施或监督测试以及测试开始和结束的日期。

参考那些适用于这个流程的政策和程序或影响这个流程控制环境的政策或程序。

流程图指的是包括高层面的流程图或一系列要遵循的程序步骤。目的是总结流程，以便任何拿起这个文件的人在审核时理解流程的范围。

如果是第一次开发流程图，除非你是一个工程公司，每个人都了解如何看和使用流程图，否则，我强烈建议保持流程图的简洁。询问流程开始时需要哪些输入，然后，继续询问"然后怎么样"，一直到确定输出。在决策点，询问作出决策的标准，在决策之前谁审核信息，以及授权谁做出决策。当进行流程图决策时，确保"是"和"否"的答复有输出框。

提示：确保线条进入和输出每个框，不要陷入循环。

使用标准的流程图符号，并用线条和箭头连接，表明流程的方向。

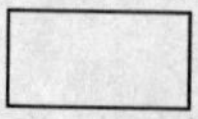
• 流程符号——描述应当做什么。提示：尽可能的以动词开始。

• 数据库符号——确定存储的数据。这个流程可能要求访问、改变或替代数据。

• 判定符号——确定需要作出决策的点。确保决策的可能结果；例如，流程标明的"是"、"否"的回答。

• 文件符号——确定流程内产生或参考硬拷贝或软拷贝文件的点。文件符号常常附在流程框符号后面。

对简洁流程图常用的备选和替代是泳道流程图（swim lane process），它强调职能和责任。

选择控制目标和活动以应对识别出的特定风险。内部控制代表将测试控制目标的存在性,这些目标如果存在就会消除或减轻风险。选择或设计特定的控制活动确保这些目标得以实现。收集证据以支持适当水平的评估已经发生的事实。结果和改进领域要在控制活动测试结果表上确定。

二、控制目标

正如以前的章节界定的那样,一般公认的控制目标有:

1. 遵守法律和法规。
2. 遵守公司政策和程序。
3. 遵守合同条款。
4. 授权和批准。
5. 财务报告内部控制包括的控制目标要应对:
(1)付款被支付、记录,并反映授权的交易;
(2)付款被收到、记录,并反映授权的交易;
(3)交易被及时的记录;
(4)披露向交易提供了透明性;
(5)经营和财务审核尽职尽责的实施。
6. 调整。
7. 完整性由准确性、完整性和及时性组成。
8. 职责分离。
9. 保护资产。

三、控制活动

在考虑收集和评价证据的方法时,要考成本与效益。一些常规类型的控制活动阐述如下:

1. 直接测试或抽样测试,通常由与被测试控制具有高度客观性的人员定期实施。由于这种类型的控制测试不仅需要内部控制专业人员的时间和资源,还需要流程流的时间和资源,所以,这是一种具有破坏性和成本高昂的控制活动,应被用于高风险领域。在内部控制方案的第一年或早些年,为了建立可控活动的基准,可能需要更多的直接测试。

2. 如果有很多步骤和/或决定需要交替的处理流时,通常使用核对表(checklist)。你可能想在流程描述或管理层审核中为选择的超过预先设定阈限值(threshold limit)的交易做一些设计。例如,超过 100 000 美元销售订单需要同行审核

(peer – to – peer review),超过 500 000 美元的销售订单需要管理审核核对表。

3. 如果(1)培训新员工或(2)验证流程是否被遵循,同行审核是一个有用的工具。同行可以审核流程的输出或观察整个流程,以确保每个流程步骤特别是控制步骤没有被绕开(bypass)。当同行审核或核对表被用作控制活动时,有最新的和管理层批准的桌面程序(desk procedures)是很有用的。

4. 控制自我评估工具一般反映审计工作计划,并要流程负责人承担准备审计或内部控制测试的责任。流程负责人对控制自我评估的使用可能不是精确的,因为他们懂得"预期的"方法,他们可能不客观或不谨慎地遵守实际的方法。建议自我评估应当由一个了解流程和控制环境的客观、独立的第三方来推动。推动者(facilitator)不但要询问流程负责人是否遵循确定的、描述的步骤,而且还要注意包括控制漏洞和缺陷的可疑领域。真正有见识的推动者还能建议流程改进。

5. 观察控制与流程的同行审核相似;但是,像自我评估一样,这些也要由客观、独立的推动者承担。当存在很少或不存在文件来支持流程时,这种方法常常会用到。观察者从流程的开始走到流程的结束,并对实施的步骤编制记录,突出需要追加控制或流程改进的区域。观察者的意见和记录有助于流程经理规范地生成记录的程序。

6. 持续监控和追踪关键绩效指标,是对重复活动进行的一种常规的管理活动。他们一般是自动控制,是以事先确定的、可以接受的控制偏差沿着时间规划的。每个周期,测试控制偏差的阈值,以确保范围设定的恰当。这种类型的测试适于大量、低风险的区域。

简单的实施这些控制活动是不够的;记录方法和结果也至关重要。无论使用了什么方法,记录所实施活动的类型以及支持这些活动收集的证据,以证明控制有效性的状况,这是很重要的。

准备核对表(readiness checklist)用作流程负责人的编制指南。在测试之前,这些问题的回答和支持这些回答的证据应当使内部控制代表可以获得。但是,如果之前没有完成,那么,内部控制代表可以将其用作实际控制活动的序言。

准备核对表用来:

1. 识别审计准备或自我评估问题。这些问题应当回答"是"或"否",回答"否"表示一个控制漏洞。

2. 不同程序的问题存在相似性,因为这些准备问题一般的目的是确保基本要求的存在。

3. 不论是否为流程规划了详细的控制活动,流程负责人至少每年都应该审核他们对准备清单的回复。

4. 每个业务领域和/或流程负责人必须有充分的记录和证据来支持其准备核

对表或自我评估的回答。

关键措施测试图表明流程得到了衡量、监控和追踪。列出可以监控的关键或可能的经营指标和/或措施，以确保控制目标和活动得以实现。这些应当是重复的措施，流程负责人用于监督有效性(指的是缺陷和效率；指的是流程的时间周期)。列出会用于决策和报告的关键财务指标。

四、完成控制活动测试结果表的说明

内部控制——控制活动测试结果表呈现在这一章的末尾，而且在记录、分级和合并控制活动时可以有所帮助。

为了完成表格，确定以下信息作为标题的一部分：

1. 公司，指的是公司、职能业务领域或被测试的流程；

2. 场所，指的是执行测试的地理位置；

3. 财务期间，指的是被审核的财务期间或交易期间；

4. 日期，指的是执行测试的日期或者如果测试期间是一段相当长的时间，用起止时间来表示；

5. 编制者，指的是执行内部控制测试的人或团队领导；

6. 审核者，指的是监督与审核测试和结果的人或团队领导。

(一)**目的**：确定测试的目的是：

1. 自我评估——由流程经理执行或监督。自我评估的结果应该与内部控制代表分享或者可以直接提交给内部控制方案经理。

2. 中期控制活动评估——是由内部控制代表执行的测试，是“非周期性”评估，可以是突然的现场评估或补救性评估。

3. 控制活动评估——由内部控制代表执行，是规划的内部控制测试计划的一部分。

(二)**范围或流程描述**：意图不是复制现有的文件记录，而是核对测试时存在的流程。测试范围内流程文件的参考资料包括政策与程序、说明和表格。

(三)**测试的控制活动的结果**

1. 编号并识别被测试的每个控制目标和活动。像在测试指南列出的那样，遵循或对控制目标和活动创建一个交叉索引。

2. 控制活动的结果应当确定样本规模、用于抽样的标准和发现的问题。参考的结果有(E)发现控制存在，(CT)发现完整和及时地执行了控制，(VA)发现控制有效和准确。包括适合于你测试计划的其他认定等级。

3. 评估指的是你对控制是否像本应该的样子运行的评价。评定等级从 1 到 4[①],每一个等级这样界定:1 为重大缺陷;2 为重要漏洞;3 为值得报告的情况;4 为有效的控制。

(四)**评价**:在这里你可以对内部控制的目标是否达到提供一个总体评价。包括一个 1,2,3,4 的总体评级。

那些准备或领导控制团队实施审核的人员或者审核和批准发现与结果的人员必须签字。

流程负责人可以使用这个表格识别他们日常或持续实施的控制活动。在这种情况下,我建议每季度完成一次表格,粘贴每次审核的结果,注明时间、范围和控制活动的结果。

下面是一系列最常见的控制活动测试结果意见,以及识别出的改进区域。

1. 不充分了解公司的政策、程序或监管规则。员工一般会非常轻松地履行他们的职责,以"把工作完成"。大部分情况下,这些规则不应造成内部控制问题。众所周知,员工经常遇到障碍,并不得不寻找其他途径或渠道,这就是控制问题被隐藏的地方。员工可能没有意识到企业有应对特殊情况的各种政策和程序。确保定期培训和审核所有政策和程序。

2. 不适当的接触资产。员工通常有一定程度的信任,这可能会通过一些活动危及资产的保护,比如,共享密码、密钥公开、办公室未锁以及接触现金和/或没有充分保护的支票。

3. 形式大于实质。有这种类型的控制暴露(control exposure)指的是员工实际上不明白其责任的全部内容。例如,"审核和批准"与"批准"有不同的内涵。员工必须确保不但控制指令被遵循,而且其目的也要达到。

有最好的内部控制在用还是会由于软的控制环境而受到阻碍,在软的控制环境里,管理者或其他人会为了"完成工作"而"凌驾控制"或以"人为失误"作为过失和错误的借口。

表明薄弱控制环境的其他类型的内部控制错误包括:

1. 缺乏适当的管理监督和责任制,没有形成尊重内部控制的一种内部环境的强烈意识。

2. 对某些活动的风险评估不当。不幸的是,这通常关系到要通过在流程中嵌入控制并确保员工遵循流程来减少风险的技术和/或经验。

3. 关键的控制活动的缺失或失败,例如职责分工、批准、核查、调节和审核运行绩效。

---

① 此处控制缺陷的分类与 PCAOB 的分类不同,参见本书前面的分类。——译者注。

4. 管理层之间信息沟通不充分，特别是问题向上的沟通。

5. 不当或无效的内部控制方案和其他监控活动。

一旦完成表格，附上测试指南和支持性证据，并提交给内部控制方案经理。合并这些表格并用于对评价为 1 或 2 的事项继续实施补救计划，确定公司内部控制环境的整体状况。

五、监督和追踪

监督指的是评估内部控制的长期效果。这可以通过收集关键绩效指标、各种类型测试方法以及直接测试的结果来完成。监督的目的是确定内部控制是否足以发现和防止暴露和不必要的风险。

监督可以与控制目标和/或控制活动一样。例如，对记录授权是一个控制目标，授权作为支持授权活动的证据。偶发性的执行，它是一个控制目标和活动；对每一个有资格的事项执行，它是一个监督活动。在切实可行的范围内，建立标准化的一致的控制活动，它既可以作为控制也可以作为监督活动。

由于内部控制方案是一个过程，它的有效性是对该过程在多个时点的状况进行评估。正如控制活动有助于确保管理风险的行动得以执行，监督是一些流程的组成部分，这些流程要确保控制活动和其他计划活动得以适当和及时的执行，确保被测试流程识别出的可以采取行动的项目得以追踪，以确保及时、完整和准确地修改结果和需要改进的领域。

监督的有效性取决于所获得信息的说服力以及是否因此发生了经营改进。说服力不是通过措施的数量来衡量的，而是根据措施的质量以及它们与控制目标相一致的程度来衡量的。例如，为了衡量应记分录是否及时记入会计系统，测试月初会计分录活动以确定数据和信息在前一月末是否已知以及是否是应记。监督和追踪错误会计分录的编号和金额。那么，纠正这个问题是补救措施的一部分。

监督有效的一个清晰迹象是，适当的控制措施用于更好地了解流程并驱动流程的有效性（比如更少的缺陷和效率，更少的时间和资源），从而提高最低限度的盈利能力。有效的监督应当在那些漏洞显现出来并对公司目标的实现产生不利影响之前用来识别和纠正这些漏洞。

记住，内部控制方案和流程也需要测试、监督和追踪。必须建立控制目标和活动以确保内部控制方案按照设计运行。

六、补救

补救指的是调查和纠正控制缺陷或改进流程的机会。补救紧随监督和追踪之后，因为在收集后续活动的数据和信息之间必须采取必要的行动。补救和纠正行动的目的是减轻和减少内部控制问题的数量,创建一个更可控的环境。

补救工作从识别和分类改善公司控制状况的机会开始。这些机会是从控制活动测试结果表格中收集的。

1. 这些机会要按照流程分析以发现流程的总体控制状况,而且,这种分析还要贯穿于那些类似缺陷会指向一个集中解决方案的流程(例如改进访问控制);

2. 对要监督的事项进行分类和优先排序,建立一个用于流程负责人报告的定性或定量指标;

3. 与流程的负责人一起工作,提出纠正措施;

4. 收集指标并分析两次测试之间的趋势;

5. 规划测试更频繁地适用于大数量或高风险或被拖延(例如没有取得真正的进展)的领域;

6. 在流程负责人和高级执行人员之间保持公开的交流;

7. 推动和调整以封闭流程缺口。

由于补救决策取决于诊断,准确评估根本原因是至关紧要的。调查和纠正技术是多样化的,可以包括一些分析和决策辅助工具,如鱼骨图、因果图和流程价值链。目标是识别控制问题的根本原因,并在流程中设计控制,以在将来纠正控制缺陷或至少减轻控制缺陷。

在追求确定和实施最"完美"的补救方案时,注意不要过度设计纠正措施,要记得在执行之前实施一个成本效益分析并评估风险。重新设计一个流程在时间和资源上都是昂贵的,而且会向上和向下产生影响。

完成和实施纠正行动可能由于纠正过程本身的潜在无效而乏味。尽管已经确定了结果和详细的计划,但纠正过程中有一个点,在这个点范围蔓延开始发挥作用(例如,"我们正处于这样的情况,让我们也努力纠正它"),而且开始出现厌倦(例如,"这个项目仍然围绕")。利用补救阶段把注意力放在任务上,或把补救工作划分成里程碑式的阶段,这样可以更容易实现成功而不会失去动力。

衡量补救工作的结果,而且一旦实施,就要对要补救的控制目标执行详细测试。如果控制缺陷是数量大和高风险的,在结束控制问题之前考虑并行运行和测试新的和旧的控制活动。

七、报告

如我们先前已经确定的那样,信息与沟通对控制环境的影响至关重要。可靠和相关的数据和信息自上而下、自下而上以及贯穿各个职能部门的流动,需要一个有效的方案;报告就属于这个范畴。报告相关的所有利益相关者之间必须建立公开的沟通渠道,以处理他们关注的领域。过程负责人和参与者关注的焦点在细节层面,而对高级管理层来说,他不得不识别会影响实现公司目的和目标的机会和缺陷,对于董事会下属的审计委员会和外部审计师来说,他们关注的是透明度和合规性。

建立一个内部控制记分卡以识别关键的结果,需要补救的事项以及补救的状况对沟通来说非常重要。应用标准的沟通报告和工具需要先期计划,并确保繁忙的执行人员可能会花一些时间来审核它。以下是一个基于内部控制——控制活动测试结果的计分卡。

八、完成内部控制——报告记分卡的说明

在本章末尾,提出了内部控制——报告记分卡,它是一种便于报告和沟通公司内部控制状况的方式。

标题有下列信息构成,它与控制活动测试结果表要求的信息一样。报告记分卡合并了测试表的结果,并呈现了更高层面的信息。

该报告应该发给那些需要知道此信息的人员,包括但不限于:首席执行官,首席财务官,执行团队,流程负责人。

该报告的目的是合并控制活动测试结果的发现,并报告对未解决问题所做纠正的进展。

当然,其目标是实现零重大漏洞和零重要缺陷,因为这些已被确定为不可接受的风险水平。之所以需要报告记分卡,是因为意识到这些问题的解决需要花费时间和资源。同时,必须执行"权变措施"(workaround)控制,以降低风险和暴露的水平。

因为暴露(exposure)和风险是通过内部控制测试流程识别出来的,所以,我们也必须确定测试流程进行的怎么样,以及内部控制测试计划是否按照设计执行。因此,把一份声明包括进来作为目标的一部分,以表明截止特定日期,内部控制测试计划是最新的。

"结果表"是通过列示合并的高层面的流程来完成的,如销售,生产,库存管理,分销,不动产,职业健康和安全,法律,人力资源,财务和合规。高层面流程必须与风险评估相当。可能要识别更多的流程;但是,先前识别的高风险或中等风险水平的流程必须包括在这个清单上。

为了形成合并的视角,在控制活动测试结果表中识别的自下而上的流程和子流程架构(build)必须进行分组和合并,报告要沿着这条命令路线传递。支持报告可能需要或可能不需要根据有不可接受评价的问题的数量来分发。

流程的列表必须在高层面进行合并,在必要时可以向下获得详细内容。如果这是一份发给执行领导人的报告,按照有一个高级管理者的职能领域对流程进行分组。一旦需要,应该可以向下查找备份图,并且必须嵌入(tie into)控制活动收集的数据和信息。

控制的总量指的是执行的控制活动的数量。这是为了表明相对于流程风险的内部控制应有谨慎。

按照它们的评级汇总活动的数量。评级必须与控制活动测试结果表一致。级别从1到4定义如下,1代表重要缺陷,2代表重大漏洞,3代表值得报告的状况,那些评级为4,即表示有效控制的活动不需要在这张表中报告。但是,它们应算在第一列中控制活动的数量内。

对各列进行小计,注意在活动被认为有效之前,各列不要横向相加。注意不要玩数字游戏,因为更多并不一定更好。从策略上来说,最好把控制目标和控制活动作为对象,以获取证明控制目标存在所需的数据和信息。

行动表要对那些评级为1(SD)和2(MW)的项目加以注意,它们表示那些必须成为每个人雷达网(radar screen)组成部分的流程和子流程,并且需要更多信息。如果你想细致一点,你可以突出那些超过预计完成日期的补救计划。

这个流程可能是上面提到的流程的一个子流程。如果合并流程通常发现可以接受,但是,有一个领域或子流程需要修改,突出强调这个领域。例如,应付账款——核对款项支付。

评级为1或2的每个子流程必须列示。

流程负责人或负责补救敞口的人被任命,因为这是长期和短期的补救行动以及预期的完成日期。

例如:

行为:

流程	流程负责人	调节行动	预计的完成日期
应付账款——核对款项支付	Jane Doe	获得一个有锁的箱子来保存签字印章	2×××年4月1日

这个报告的最后部分为内部控制提供了空间,评论流程包含的那些领域:

1. 在哪发现了更多或潜在的风险?
2. 哪些需要引起重视,尽管其评级没有达到不可接受的水平?(如1或者2)
3. 哪些已经准备进行再次测试以及从报告积分卡中删除?
4. 哪些地方可以复制一个解决方案用于其他流程?

九、内部控制计划、测试和补救工作底稿

正如第二单元内部控制计划中描述的那样,测试和补救工作底稿充当数据库来记录发现的问题,监督和追踪改进情况以及报告进展。

作为一种计划工具,该工作底稿列示了风险评估中识别的流程和子流程。潜

在风险和/或必须在流程出现的控制目标要识别出来，而且，证明控制目标存在的具体活动也要被确定和计划。

下面是一个已完成的工作底稿的例子：

流程/账户	控制目标或风险	控制活动或测试
应付账款	准确性	为了准确记录交易以及对费用分类，有一个账户科目表和确定账户分配的说明。日常情况下，建立同行审核。测试一个交易样本，检查账户编码的准确性。
应收账款——收款	一致性	审核客户应收账款余额在总账和明细账之间的调节。审核和调整总账的账龄分析报告。
收入	遵守合同条款	所有客户都要有一个有效的和经过批准的合同。客户要求的非标准合同条款和条件需要额外的财务和法律批准。对没有有效合同的客户，审核例外报告并补救解决措施。

作为一种测试工具，内部控制代表记录了测试活动的细节，并确定了收集的支持证据。

下面是一个已完成的工作底稿的例子：

控制目标或风险	样本规模和测试结果	控制是否到位(Y/N)，如果否，暴露的类型
准确性	证明存在说明和有效的账户科目表可以用于交易编码，但是也会有错误。从所有水平的交易金额限值中选取50笔交易作为样本。同行审核可以获得核对表。对于大多数没有完全审核的重大交易来说，在同行审核中会存在失误。错误很小，不会影响财务报告数据或信息。	是，3，控制基本到位，但是仍有改进的机会。
一致性	审核和分析该季度每月编制的调节表。对未确认数额的深入分析包括反复的情况，日常情况下会把降价给予对产品质量不满意的客户。这些降价并不作为收入的调整反映，而是在坏账准备中确认。	否，2，虽然编制了调节表，但是没有进行适当的分析、记录和批准。收入没有适当确认。
遵守合同条款	样本规模：金额高于100 000美元的客户合同选取100%；金额在50 000美元到100 000美元的随机选取50%；低于50 000美元的随机选取10%。客户签署标准条款和条件，但是，存在的附件表明如果客户“不高兴”，客户可以退回产品或接受对欠公司货款的调整。	否，1，存在一项重要缺陷。存在未批准的带有接受条款的附件，而且由于价格既没有固定也不可确定，收入没有适当确认。

作为一个补救工具,那些事项可以评级为:1,重要缺陷(SD);2,重大漏洞(MW);3,需要采取措施的值得报告的情况(RC)。鉴于不合规暴露的风险,需要对重要缺陷和重大漏洞立即采取措施。值得报告的情况也需要采取措施或至少是评论,因为他们会向不可接受的风险水平渐近。

下面是一个已完成的工作底稿的例子:

流程/账户	流程负责人	补救措施	后续措施/到期日
应付账款	Jane Doe	(1)应付账款系统自动支付编码。(2)设定同行审核的阈值:高于特定金额(如20 000美元)的全部选取;5 000到20 000美元的随机选取50%;5 000美元以下的选取20%。不是每天审核,而是考虑每周实施一次同行审核,并涵盖这一周的活动。管理者从每类中选取一个样本进行审核。	(1)5天内对应付账款系统进行投资分析和变更请求分析。(2)利用5天来审核和同行审核核对表,期后立即恢复同行审核,由管理者签字确认。
应收账款——收款	Terry Doe	审核公司的政策与程序,确保其包括以下内容:对所有的合同后变化都要经过适当的财务和法律批准。当客户没有能力偿还欠公司的债务时,确保坏账准备只用于坏账费用。	每周都要审核,直到这个问题得到解决,政策与程序应是清晰的。接下来要对应收账款员工进行培训。
收入	Mike Doe	审核收入确认政策与程序,确保这个问题得到了恰当的处理。那些不符合公司政策的可以终止。评价近期合同,以确定这个问题的程度。向SEC的前期重述和披露是必需的。建立一个流程来监督合同和附件、培训销售人员、销售管理以及有关收入确认问题和后果的法律和财务问题。	在2天内评价具有这项条款的合同。5天内提出一项补救计划和措施。

	内部控制	
程序号:3-1-1	部分:会计与财务	共2页
	<模板——输入流程名称>	
流程名称	发行日期:	取代以前发布的

一、参考政策和程序

列示适用于这个流程的政策和程序。

二、准备核对表

1. 识别审计准备或自我评估问题。这些问题应当回答“是”或“否”,回答“否”表示一个控制漏洞。

2. 不同程序的问题存在相似性,因为这些准备问题一般的目的是确保基本要求的存在。

3. 不论是否为流程规划了详细的控制活动,流程负责人至少每年都应该审核他们对准备清单的回复。

4. 每个业务领域和/或流程负责人必须有充分的记录和证据来支持其准备核对表或自我评估的回答。

三、流程图

插入一张高层面的流程图。

四、控制目标和活动

1. 根据识别出的风险的类型,确定(如果存在)会消除或减轻风险的控制目标。

2. 必须设计特定的控制活动来确保这些目标得以实现。收集证据以支持适当水平的评估已经发生的事实。结果和改进领域要在控制活动测试结果表上确定。

五、主要措施

1. 列出可以监控的关键或可能的经营指标和/或措施,以确保控制目标和活动得以实现。这些应当是重复的措施,流程负责人用于监督有效性(如缺陷和效率,流程的时间周期)。

2. 列出会用于决策和报告的关键财务指标。

六、本测试指南用作下列内容的内部控制活动

流程负责人：	
地点：	
控制活动执行人：	
日期：	

<table>
<tr><td colspan="3" align="center">内部控制</td></tr>
<tr><td>程序号:3-1-2</td><td>部分:会计与财务</td><td>共 2 页</td></tr>
<tr><td colspan="3" align="center">控制活动测试结果</td></tr>
<tr><td>公司:　　　　地点:</td><td>财务时间:
日期:</td><td>编制者:
审核者:</td></tr>
</table>

一、目的

这个表格是用来记录控制测试活动结果的一个模板。确定测试的目的和时间,例如季度 SOX 审核。

二、范围或流程描述

政策和程序参考资料。

三、测试的控制活动的结果

1. 编号并识别被测试的每个控制目标和活动。像在测试指南列出的那样,遵循或对控制目标和活动创建一个交叉索引。

2. 控制活动的结果应当确定样本规模、用于抽样的标准和发现的问题。参考的结果有(E)发现控制存在;(CT)发现完整和及时的执行了控制;(VA)发现控制有效和准确。包括适合你测试计划的其他认定等级。

3. 评估指的是对控制是否像本应该的样子运行的评价。评定等级从 1 到 4①,每一个等级这样界定:1 为重大缺陷,2 为重要漏洞,3 为应报告的情况,4 为有效的控制。

	控制目标描述/测试的控制活动	控制活动的结果	评估结果:1、2、3、4
1			
2			
3			
4			
5			
6			

① 此处控制缺陷的分类与 PCAOB 第 5 号准则的分类不同,具体内容见本书前面相关内容。——译者注。

四、评价

我认为,对上述流程的总体评估等级是 < 插入等级 1、2、3、4 >, < 描述得出此结论的原因 >。

编制者:________________	日期:____________
审核者和批准者:________________	日期:____________

一旦完成,将测试指南作为封面粘在支持证据上,并提交内部控制部门。

程序 3-1-3　内部控制——计划、测试和补救工作表

可以从 URL 下载包含以下栏目的 Excel 工作表。为了使用方便，下载的表格预先填写了程序/账户、控制目标、控制活动，这些都在本手册的控制测试指南中有所描述。

一、流程/账户

1. 采用自上而下的评估方法，列出需要测试的重要流程和/或账户；

2. 在实施了风险评估之后，应当对风险进行分类并按照负责人确定的下一步措施进行排序。

二、控制目标/风险

1. 识别必须记录或测试的控制目标或风险要素；

2. 设定自己的控制目标或者利用本手册测试指南中识别和界定的目标。

三、控制活动

1. 识别必须记录或测试的计划控制活动；

2. 设计自己的控制活动，或者利用本手册测试指南中识别和界定的控制活动；

3. 记住，内部控制活动必须表明内部控制代表已经界定了实质性的活动，这些活动将会为正在运行的控制产生充分的证据。支持证据应被包括在内部控制——测试结果表中或由内部控制——测试结果表参考。

四、样本规模和测试结果

1. 描述用于确定样本规模的方法，确定样本规模，并且描述产生的结果。

2. 参考内部控制——测试结果核对表以及收集的支持证据。

3. 记得记录控制目标按照设计运行的区域和没有发现结果的区域。

4. 即使没有即刻的控制暴露，也要记得包含那些可能导致控制暴露或流程效率和效果存在改进机会的关注区域。

五、适当的控制(control in place)

1. 对于控制目标是否适当以及是否由控制活动证明，确定“是”或“否”。

2. 如果是“否”，那么描述这个问题，并对控制进行评级，评估参考你对控制是否按照本应该的样子正在运行的评价。等级 1 代表重要缺陷，等级 2 代表重大漏

洞，等级3代表值得报告的情况，等级4代表有效的控制。

六、补救措施

1. 如果需要补救措施，确定紧接下来的步骤和修正措施计划；
2. 修正措施和接下来的步骤应与流程经理协作制定。

七、下一个跟进日期(follow-up date)或到期日

1. 对那些不容易更正的问题需要一个跟进日期。这个日期从测试日起不应超过两周，以确保得到流程经理及时的反馈。如果纠正行动需要重大的流程再造，在定期会议上作出计划以确保流程再造的设计修正了控制问题。

2. 到期日最好作为问题被改正并做好重新测试准备的日期。

3. 为要实施的纠正措施预留时间，而且绩效指标要证明已经展开纠正措施；然后，接下来进行控制目标的重新测试。

可以从URL下载获得工作表，它填写了流程、控制目标和活动，这些在后面的测试指南中有所描述。

	内部控制		
程序号:3-1-4	部分:会计与财务		共 2 页
	报告计分卡		
公司:	地点:	财务时间:	编制者:
		日期:	审核者:

一、分发给

首席执行官、首席财务官、执行团队和流程负责人。

二、目的

合并控制活动测试结果发现的问题和报告纠正未决问题的进展。

三、目标

零重大漏洞和零重要缺陷。

测试是当前的,截至 <插入与内部控制测试时间表匹配的时间>。

四、结果

流程	总# 控制	等级 1 SD	等级 2 MW	等级 3 RC
合计				

等级 1 ~4 定义为:1 级:重要缺陷(SD);2 级:重大漏洞(MW);3 级:值得报告的情况(RC)。

五、行动

流程	流程负责人	补救行动	预计完成的日期

内部控制评价或观察报告：

第二节　活动控制方案测试指南

内部控制		
程序号:3-2-1	部分:会计与财务	共4页
应付账款——向第三方供应商付款的支付申请		
所属部门	发布/生效日期:	替代以前发布的

一、参考政策和程序

1. 应付账款——向第三方供应商付款的申请;2. 日记账分录;3. 权责发生制;4. 采购;5. 归还。

二、流程图

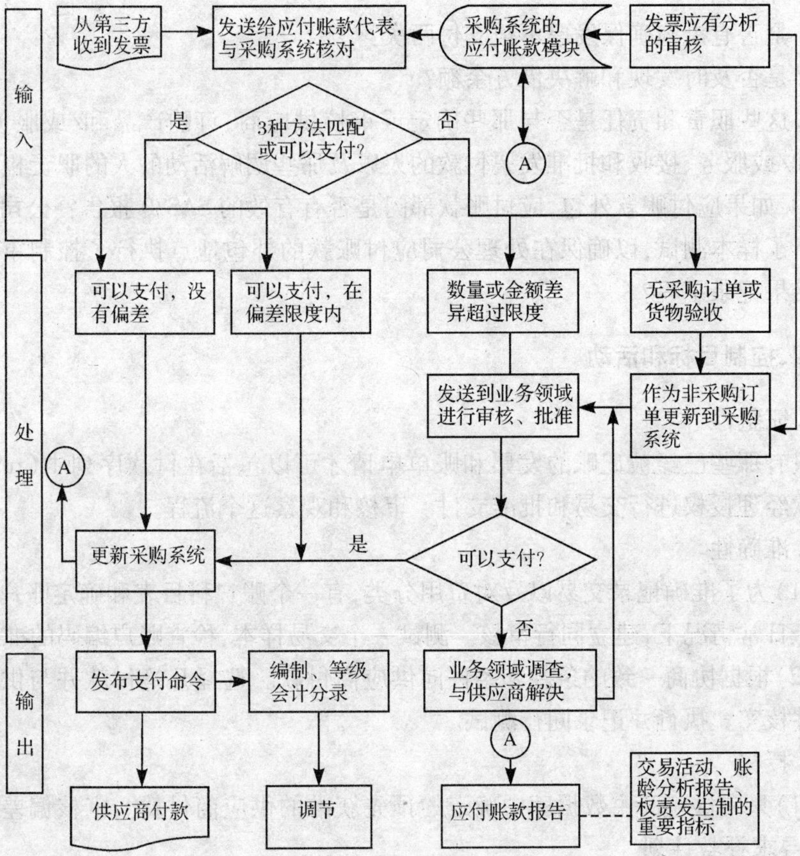

三、准备核对表

1. 是否有书面的政策与程序？是否对员工就采购系统中与应付账款模块有关的规则、规章和 IT 系统进行培训？

2. 支持文件是否可以以请购单、发票、验收报告的形式被应付账款代表获得？

3. 三方匹配的输入数据样本是否追溯到原始文档，并验证其完整性和准确性？是否有相应的战略去收集、审核样本以及记录补救计划和措施？

4. 不符合三方匹配的活动样本是否追溯到原始文档，并验证其完整性和准确性以及被授权支付？是否有相应的战略去搜集、审核样本以及记录补救计划和措施？

5. 是否在采购和付款分配系统的反馈中嵌入与系统相关的 IT 控制？审核的结果记录了吗？

6. 在处理付款之前，是否审核了供应商发票的正确性(包括数量、价格、税额、条件和计算)？

7. 是否有措施确保发票不被支付两次？

8. 是否及时发现和解决借方余额？

9. 这些职责和责任是否与那些确定或审核供应商、订购产品和/或服务、接收产品和/或服务、接收和批准发票付款的人以及那些调解活动的人的职责相分离？

10. 如果应付账款外包，应付账款部门是否有有效的 SAS70 报告？公司是否已经执行了样本测试，以确保在处理公司应付账款的外包地点执行了控制审核和审计？结果记录了吗？

四、控制目标和活动

1. 完整性

只有那些已经被记账的发票和账单申请才可以包括在付款序列中(run)。应付账款经理授权进行交易和批准支付。审核和观察这个流程。

2. 准确性

(1)为了准确记录交易以及对费用分类，有一个账户科目表和确定账户分配的说明。日常情况下，建立同行审核。测试一个交易样本，检查账户编码的准确性。

(2)根据协商一致的条款和条件向供应商付款。选择几笔付款并与供应商付款条件核实。执行并记录同行测试。

3. 授权

(1)只向供应商主数据库中确定的预先获准的供应商付款。审核偏差和例外报告，寻求补救计划。

(2)所有付款的审核和授权以签名和日期作为证据。审核人和授权人要确定在授权范围内。检查签名人列表,确保他们有适当层级的授权。

4. 资金支付

对于手工支票和电汇,只有应付账款系统确认的、经批准的供应商发票可以通过手工付款处理。对于每一次电汇,都要完成自我评估核对表。选择样本,并追溯付款到原始文档。

5. 一致性

(1)应付账款代表准备一份月度应付未付款项报告的调整表/应付账款总分类账的明细分类账,并及时解决任何偏差。应付账款经理通过签署结束的日期为审核和批准调节提供证据。选择一个样本并审核支持文件和批准层级。

(2)不匹配的事项或标记为部分收到/支付的事项要识别出来并进行调查。审核和观察这些是如何解决的;记录控制问题。

6. 资产保护

用于处理付款的资产(如盘点货物、签名模板、电汇终端、支票签字机)要保存在安全的地方,只有被授权的人才可接触。审核、观察和记录资产的安全性保护措施。

7. 职责分离测试通过观察职能和责任、审核记录的流程图和/或程序来实施。职责分离存在于有以下职责的员工之间:

(1)接触并维护供应商主数据(由采购部门拥有)的员工与有权处理供应商发票的员工(应付账款部门);

(2)编制和保存请购单(由采购部门拥有)的员工与有权处理供应商发票的员工;

(3)审批请购单(由需要货物和/或服务的业务区域执行)的员工和处理供应商发票的员工;

(4)处理供应商发票的员工与根据请购单接收商品(由收到商品的部门或需要货物和/或服务的商业区域执行)的员工;

(5)处理供应商发票的员工与应付账款付款的员工;

(6)编制银行存款余额调节表(由财务部门执行)的员工与处理供应商发票的员工;

(7)把发票录入应付账款 IT 系统的员工与被授权签署支票和电子资金转账的员工。

8. 信息技术控制

(1)应付账款系统设定为自动处理发票付款,其价格可容忍限度为正负 10%或超过请购单总额 100 美元,无论哪个更小,数量必须不能超过请购单的总数量。

数量或价格容忍度的偏差对系统中的付款进行阻止。

(2)根据公司的政策和程序,设置IT系统来执行三方配比。

(3)每季度,文件共享负责人对应付账款IT系统和文件共享权限实施记录的审核,确保权限限于被授权的人员:

①根据请购单处理发票,包括输入、编辑或取消发票的能力;

②处理发票和没有请购单和/或货物验收的付款申请,包括输入、编辑和取消发票的能力;

③开出付款发票;

④有权进行手工付款;

⑤解除已自动阻止付款的发票。

(4)其他应付账款IT系统设计的控制要求:

①对同一个供应商不允许处理重复的发票编号;

②不处理不活跃供应商的应付交易;

③追踪反复付款的一揽子请购单的剩余余额,并在余额为0时终止请购单;

④设置适当的控制以确保循环进行的供应商付款根据合同条款处理。

9. 关键措施

(1)交易分析和例外事项报告,以监督和追踪例外事项的数量;

(2)应付账款账龄分析报告,以衡量和监督应付账款天数(DPO)的度量;

(3)交易调节报告,以监督和追踪收到发票的数量和处理的付款;

(4)银行存款调节表,以监督和追踪现金付款和未付的支票。

五、这个测试指南用作下列事项的内部控制活动

流程负责人:	
地点:	
控制活动实施人:	
日期:	

内部控制		
程序号:3-2-2	部分:会计与财务	共3页
应收账款——坏账准备		
所属部门	发布/生效日期:	替代以前发布的

一、参考政策与程序

1. 应收账款——坏账准备;
2. 日记账分录;
3. 账户调节。

二、流程图

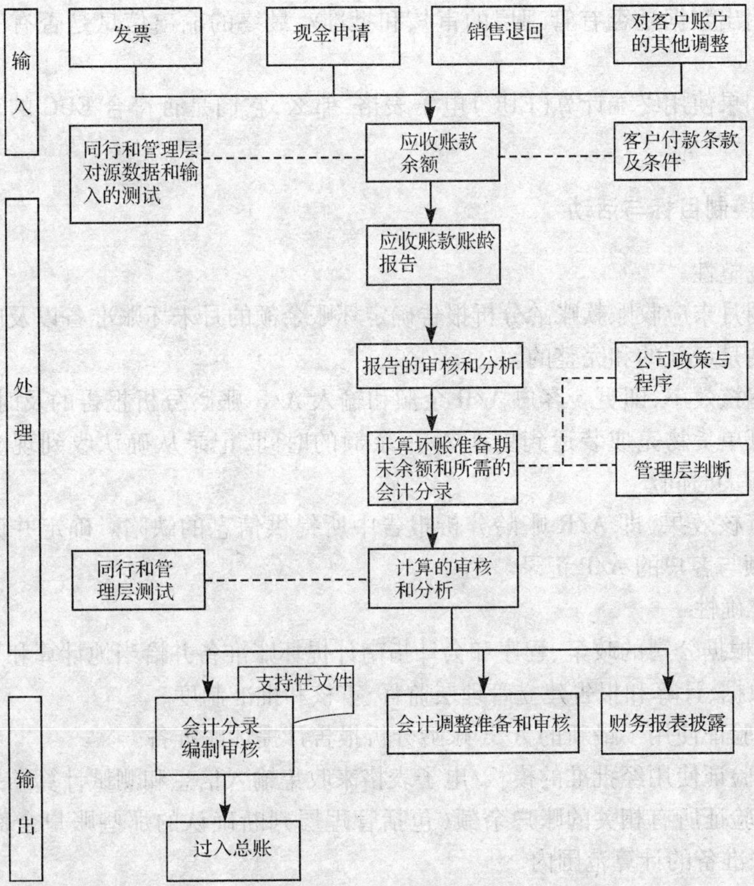

三、准备核对表

1. 是否有成文的政策与程序？与之相关的外部法律法规是否发生了变化？

2. 输入数据的样本否被追踪至原始文档并验证其完整性和准确性？是否针对不符事项分析和更新流程？

3. 是否变更了坏账准备的计提方法？如果发生变化，那么此项变更是否经首席会计官（CAO）批准并向外部报告？

4. 是否有审查和分析应收账款余额的文档来确定坏账准备的计价以及那些应被冲销的账户余额？

5. 在报告和/或者电子表格中的公式是否已证实为完整、准确的？

6. 是否建立同行审查，选取样本并验证计算的完整性和准确性？是否记录了审核结果？

7. 输出数据是否有管理层的审核和批准？最终的输出信息是否有管理层签字？

8. 如果使用终端计算（EUC）电子表格，那么，它们是否符合 EUC 的审核和批准程序？

四、控制目标与活动

1. 完整性

使用月末应收账款账龄分析报告确定坏账余额的月末坏账准备以及顾客应收账款活动是最新的和完整的。

①审核效率，即更新客户 A/R 余额和输入 A/R 账龄分析报告的及时性；记录从销售订单货物完成装运到更新 A/R 余额的时间，记录从确认收到现金到更新 A/R 余额的时间。

②审核效果，即 A/R 账龄分析报告中所提供信息的缺陷。确定并调节公司 A/R 余额与客户的 A/P 记录。

2. 准确性

（1）根据公司的政策、程序和会计指南计提坏账准备并恰当地计算和列报。对使用的数据、计算和报告建立管理层监督、审核和批准制度。

（2）验证使用了最新的 A/R 账龄分析报告计提坏账准备。

（3）验证使用经批准的模板/电子表格来收集输入信息和测试计算结果。

（4）验证所有相关的账户余额（包括管理层判断确认的那些账户余额），已经纳入坏账准备的计算范围内。

3. 一致性

审核月度 A/R 调节表的完整性、准确性，确保不一致的项目及时得到调查和处理。确保调节已经得到了管理层的审核和批准。

4. 授权

(1) 坏账准备得到了正确和准确的授权，并记录于总账。

①审核，账户调节、日记账分录的分析和批准以及支持性文件都经过适当的授权。

②财务经理通过比较总账余额和批准的计算，证实坏账准备已得到正确记录。

(2) 审核坏账准备遵守和一贯应用了公司的计提方法。财务副总或公司总会计师审核、签字并确定详细日程和财务披露的时间。审核财务披露的输入和支持性文件。

5. 信息技术控制

证实系统控制嵌入了程序，并按照设计实施。系统控制可能包含如下的配比：顾客的 A/R 输入与发票等其他公司信息；公司收到的还款必须等于记入客户 A/R 账户的还款数额；核销应收款的总额必须等于用于未付的客户 A/R 余额的现金。

五、关键措施

1. 关键财务指标：

(1) 坏账准备余额占 A/R 净额的百分比；

(2) 坏账费用占赊销净额的百分比。

2. 流程效率指标，即完成下列工作所花费的时间：

(1) 收集输入信息；

(2) 计算坏账准备；

(3) 获得适当的审核和批准。

3. 流程效果指标：

(1) 在它可以接受之前，缺陷的数量或重新计算坏账准备所花费的时间；

(2) 坏账费用和坏账准备预测的准确性。

六、这个测试指南用作以下内容的内部控制活动

流程负责人：	
地点：	
控制活动执行者：	
日期：	

内部控制		
程序号:3-2-3	部分:会计与财务	共4页
应收账款——应收账款核销		
所属部门	发布/生效日期:	替代以前发布的

一、参考的政策与程序

1. 应收账款;
2. 日记账分录;
3. 账户调节;
4. 充公(escheat)。

二、流程图

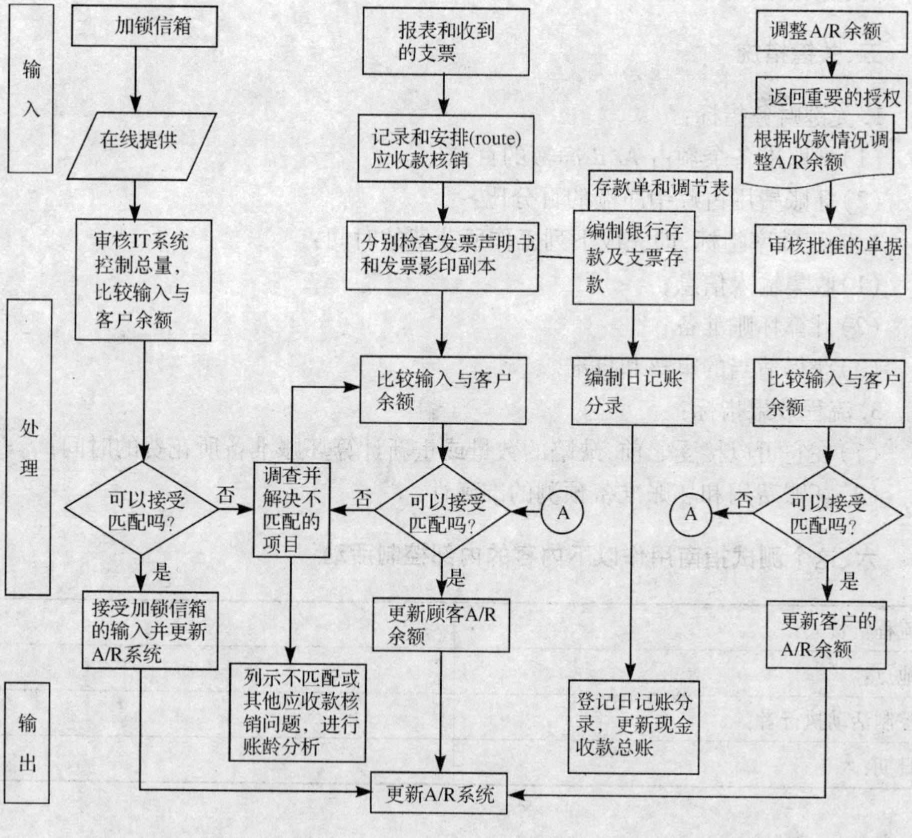

三、准备核对表

1. 是否具有成文的政策和程序？是否对员工就这个问题的规则、制度和信息技术(IT)系统进行了培训？

2. 输入数据的样本是否被追踪至原始文档，并被验证是完整和准确的？是否有收集和审核样本的策略？是否记录了改进和补救的措施与计划？

3. 应收账款核销的方法是否发生改变？如果发生改变，那么这种改变是否得到了公司总会计师和/或首席会计官(CAO)的批准？

4. 是否建立了同行审核来实施样本测试，并验证对客户应收账款(A/R)余额的输入是否是完整、准确和及时的？审核的结果是否记录？

5. 应收款核销的职能和责任与制定或者批准赊销限额的人、致电顾客提请付款的人、收款的人、调节客户 A/R 账户余额的人的职能和责任分离了吗？

6. 待摊的应收款核销和作为调整项目的待摊调整是否及时地调查、监督和处理？

7. 是否对应收款核销的员工进行了组织和轮岗，从而使他们不时地监督一组不同的客户账户？

四、控制目标与活动

1. 遵守法律和法规

对不匹配的项目进行账龄分析，将超过 90 天的未达账项和支持凭证提交核销经理，以包括在核销分析中。选取核销清单中的交易进行复核。

2. 完整性

(1) 对于加锁信箱交易，日常现金收款完整、准确地记录于适当的期间。银行提供了一种服务，他们可以接触公司的 A/R 账户以及与未偿付的客户票据清算收到的支票。他们只被允许清算那些准确匹配的项目。没有精确匹配的项目直接计入清算账户，由公司应收款核销小组提供解决方案。沿核销的现金到原始文件(如发票和顾客付款)的过程选取样本并测试。

(2) 如果顾客邮寄付款，每天的支票要及时存入银行，而且现金用于完整、准确地记录于适当期间的客户 A/R 未付票据。沿核销的现金到原始文件(如发票和顾客付款)的过程选取样本并测试。

(3) 财务分析师(treasury analyst)编制并获得对会计分录的批准，这些会计分录记录了存入现金总账的现金。审核会计分录是否有适当的支持凭证、会计编码和批准。

(4) 对于按照发票号码和金额来核销应收款有成文的规则(如方法)，而且，这些规则要告知核销应收账款的员工。为了确保规则部属的准确性,实施样本测试。

(5)对于收款机收据(cash register receipt),现金要每天记录和存入。要验证收款机的程序可以准确地处理折扣、销售和使用税及其他收款机计算功能。检查和测试收银机的读数以确保准确。

3. 准确性

(1)对于退回商品的调整,穿行测试和观察商品退回流程的申请,并记录控制问题。选取一个退回调整的样本,并追查至商品退回的申请和商品实物。

(2)对于所有其他对 A/R 余额的调整,穿行测试和观察这个流程。选取一个调整的样本,检查它们是否符合公司的政策、是否经过适当的批准和处理。

(3)审核同行审核核对表。审核、观察和记录完整和准确的核销应收账款的问题,并记录调查结果。

4. 授权

只有被授权的人员可以接触现金收据。每月,A/R 系统访问人员与应收账款核销经理一起确定那些有权核销应收账款的人员名单。

5. 一致性

(1)每天,出纳(treasury analyst)要通过比较之前和之后的银行账户余额来验证和核对输入的电子银行报表(EBS)的完整性和准确性。审核财务分析师所作调节的样本。

(2)每天,应收账款核销经理编制一份收到的原始文档和通过加锁信箱交易、邮寄交易核销的应收款和相关调整的调节表。审核样本的调节。

6. 职责分离测试可以通过观察职能和职责以及审核成文的流程图和/或程序来实施。下列员工之间的职责要分离:

(1)编制银行余额调节表的员工和登记现金或总账或明细账的员工;

(2)批准客户退回的产品和/或原材料,检查是否已收到相应产品和/或原材料的员工与那些核销或调整客户未付 A/R 余额的员工;

(3)对调整客户的未付 A/R 余额提供授权的员工与对客户未付的 A/R 余额进行调整的员工;

(4)存入收到的现金(禁止有撤回的特权)。

7. 信息技术控制

(1)验证 IT 和系统控制,确保系统能完整、准确地处理数据和信息。审核各种类型的问题及其解决方案的例外报告。

(2)IT 已经实施了接触控制,确保只有获得授权的人员可以更新客户的 A/R 余额。

五、关键措施

1. 流程效率指标：

（1）每一个员工处理的交易的数量或金额；

（2）通过加锁信箱处理的交易的数量或金额相对于加锁信箱服务的数量；

（3）解决不匹配或未决问题（open issue）向客户所用的天数或电话数量。

2. 流程效果指标：

（1）不匹配交易的数量和金额；

（2）保留在待处理账户中的交易的数量和金额；

（3）客户要求提供解决方案的不匹配和待处理的项目。

六、这个测试指南用作以下内容的内部控制活动

流程负责人：	
地点：	
控制活动执行者：	
日期：	

内部控制

程序号:3-2-4　　部分:会计与财务　　共3页

应收账款——收款

所属部门　　发布/生效日期:　　替代以前发布的

一、参考的政策与程序

1. 应收账款——赊销、收款和核销;
2. 坏账准备。

二、流程图

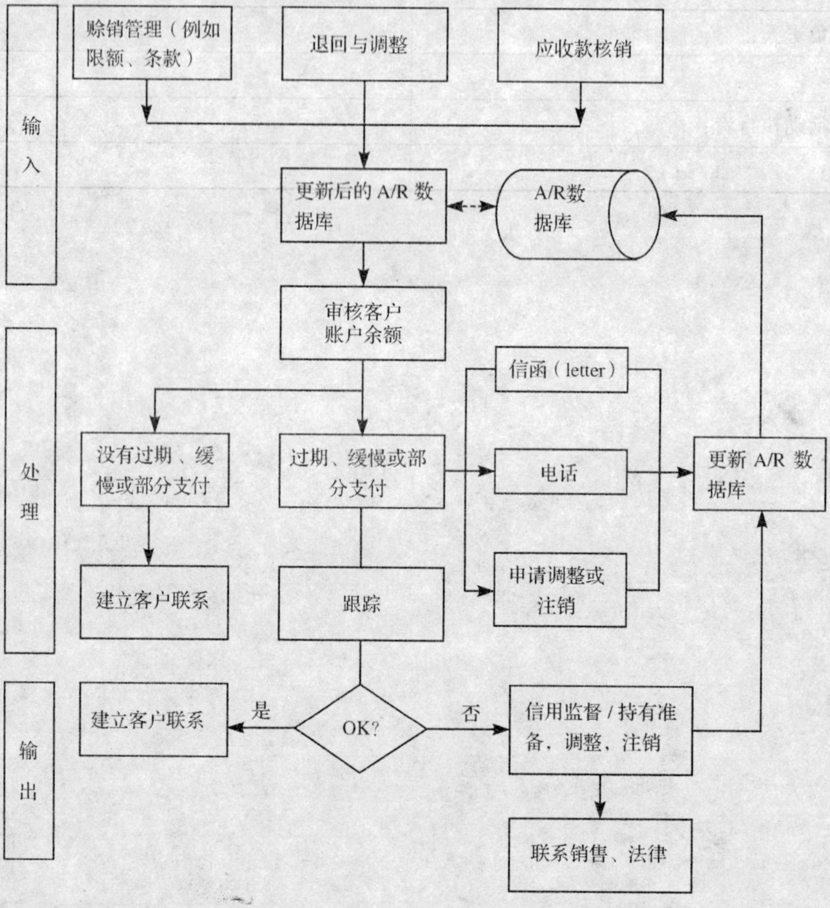

三、准备核对表

1. 是否有书面的政策和程序？是否有一系列分等级的备选方案和脚本给收款者以请求客户付款？

2. 涉及这个问题的外部法律法规是否已经发生变化？

3. 是否已经对收款人员就公司的政策与程序和应对客户的方法进行了培训？

4. 是否建立同级评审制度，以选取样本并验证采用的收款方法，并更新应收账款(A/R)收款数据库？审查的结果是否记录？

5. 对客户注销或调整的申请是否实施了管理层审核？在客户注销或调整发生时，是否记录了管理层的批准？

6. 如果使用了终端计算(EUC)电子数据表，它们是否符合 EUC 的审核和批准程序？

四、控制目标与活动

1. 完整性

A/R 数据库是客户应收账款信息的唯一来源，它包含客户联系信息、客户 A/R 信用额度、条款和条件、购买历史、收款历史、付款历史，并容许公司 A/R 代表每次接洽顾客 A/P 代表后添加评价。进行观察，以确保没有其他数据库或临时记录文件用来记录 A/R 交易。

2. 准确性

A/R 收款问题要记录在收款数据库中(例如一个中心数据库)。选取样本，验证客户 A/R 余额像 A/R 数据库和账龄分析报告中报告的那样准确。

3. 授权

选取样本，验证 A/R 管理者按照公司的政策与程序审核、批准并传达了对客户 A/R 余额的调整。

4. 一致性

审核客户 A/R 分类账和总账余额的一致性。审核并调整账龄分析报告和总账。

5. 通过观察职能与职责、审核记录的流程图和/或程序实施职责分离测试。职责分离存在于承担以下职责的员工之间：

(1)记录明细账的人与那些负责收取现金和总账控制账户的人；

(2)批准信用额度和 A/R 条件的人与批准调整 A/R 账户余额的人；

(3)设法收到付款的人与那些收到和/或记录付款核销的人以及那些调节A/R余额的人。

6. 信息技术控制

(1)A/R 数据库有接触限制,它支持公司的职责分离;

(2)经常更新 A/R 数据库,使收款人员有最新的情况报告;

(3)A/R 数据库包含了系统控制,以识别客户状态和控制总量的变化,从而保证记录的准确性。

五、关键措施

1. 平均收账期——表示收回未付 A/R 需要的时间;

2. A/R 周转率——表示一年内 A/R 周转的次数。

六、这个测试指南用作以下内容的内部控制活动

流程负责人:	
地点:	
控制活动执行者:	
日期:	

内部控制		
程序号:3-2-5	部分:会计与财务	共3页
应收账款——信用管理		
所属部门	发布/生效日期:	替代以前发布的

一、参考政策与程序

1. 应收账款——赊销、收款和核销;
2. 坏账准备。

二、流程图

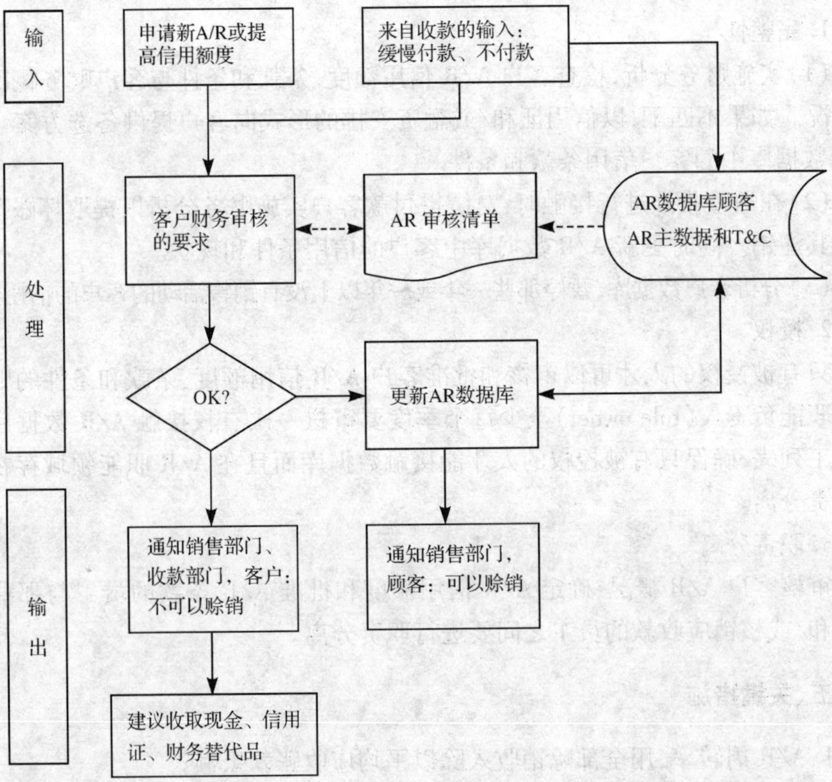

三、准备核对表

1. 是否有书面的政策与程序?公司涉及这个问题的规章、制度和信息技术

(IT)系统是否已经对员工进行了培训?

2. 是否有为赊销管理的员工准备核对表,让他们实施财务分析和建立一个客户应收账款概图(profile)?核对表是否与销售和现金要求的目的和目标一致?核对表是否得到了销售、会计(treasury)和财务部门高级管理人员的批准?

3. 是否建立了同级审核制度,以选取样本并验证对于提高客户信用和完善客户概况已经进行了适当的原始记录、分析和决策?审核的结果是否记录?

4. 赊销管理者是否及时地审核月度账龄分析计划或过期应付客户账户的清单,并调查异常项目?

5. 如果申请对客户信用保留或提高信用超过了批准的限额,是否对其实施管理层审核?

四、控制目标与活动

1. 完整性

(1)实施财务分析,检查客户 A/R 信用额度、条款和条件与客户财务概况的匹配情况。如果不匹配,以信用证和/或融资安排的形式向客户提供备选方案。更新 A/R 数据库中的客户信用条款和条件。

(2)在通过收款进行接触时,对缓慢付款客户实施财务分析以提取坏账准备或者将其注销。同时更新 A/R 数据库中客户的信用条件和现状。

(3)分析客户数据库,暂停那些一年或一年以上没有销售活动的客户的信用额度。

2. 授权

只有被授权的人才可以审核和批准客户 A/R 信用额度、条款和条件的财务概况。职能负责人(role owner)至少每个季度要审核一次有权接触 A/R 数据库系统的员工列表,确保只有被授权的人才能接触数据库而且在 A/R 职能领域存在适当的职责分离。

3. 职责分离

审核客户 A/R 概况、确定 A/R 信用额度和批准 A/R 条款的员工与那些执行收款和/或核销应收款的员工之间要进行职责分离。

五、关键措施

1. A/R 周转率,用全部赊销收入除以平均应收账款余额;

2. 赊销收入与现销收入的百分比;

3. 将批准的现有客户的信用额度与逾期未付的客户销售额和坏账准备进行比较的列表;

4. 在实施的信用分析和某些客户之间进行根源分析,这些客户的 A/R 余额纳入了坏账准备和/或客户 A/R 余额已经注销。

六、这个测试指南用作以下内容的内部控制活动

程序负责人：	
地点：	
控制活动执行者：	
日期：	

内部控制		
程序号:3-2-6	部分:会计与财务	共3页
现金和有价证券		
所属部门	发布/生效日期:	替代以前发布的

一、参考政策与程序

1. 现金和银行存款;
2. 现金和有价证券;
3. 日记账分录;
4. 账户调整。

二、流程图

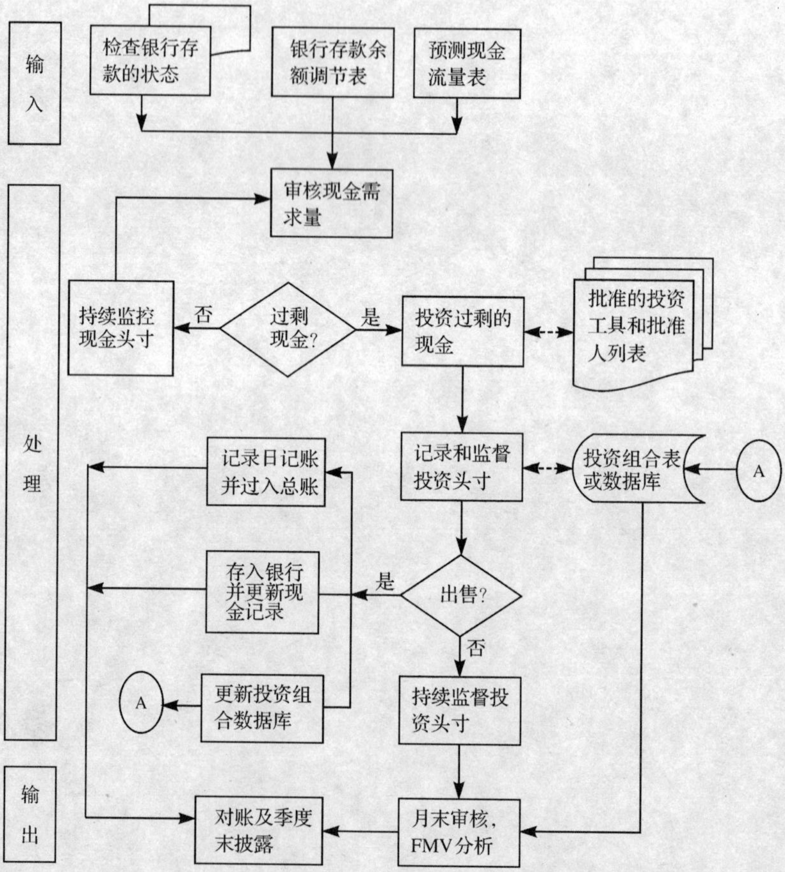

三、准备核对表

1. 是否确定了现金和银行存款、投资和有价证券的政策和程序？针对现金与银行存款和有价证券的政策与程序，是否对员工进行了培训？

2. 从出纳到负责投资、监督和处置过剩现金的员工是否有清晰的授权？是否给银行一个授权的签字式样的列表并在列表发生变动时及时告知银行？对资金存取是否有独立的签字式样列表？是否告知银行不要兑现支票或者其他金融工具给未经授权的个人？

3. 企业是否有经过授权的、定义清晰的、记录的数据库来记录和监督多余的现金和有价证券？

4. 对每个银行账户是否有独立的总账或分类账？

5. 银行账户和有价证券每月调节吗？调节表中的偏差是否及时的调查和更正？调节是否经过适当层级的审核和批准？

6. 如果使用终端用户计算(EUC)电子表格，它们符合 EUC 的审核和批准程序吗？

四、控制目标与活动

1. 完整性

(1)投资组合电子表格监督投资、公允市场价值的变化、现金从一种证券向另一种证券的流动和投资的处置。观察投资组合的维护和使用。

(2)在投资组合电子表格中记录、监督、追踪所有的投资。观察以确保没有辅助数据库或数据储存库。选取一组交易的样本，以追溯至原始文件。

2. 准确性

(1)至少每月，监督并审核投资组合的公允市场价值，确保及时作出有关公允市场价值变化的决策。审核自我评估核对表同级审核的调查结果。

(2)每月要验证投资组合电子表格中公式的准确性，要得到同级审核的确认。选取季度末的电子表格进行审核，并遵循终端用户计算审核和批准流程。

(3)恰当地列报财务信息和所有其他信息，这些其他信息是公允列报和遵循一般公认会计准则(GAAP)所必需的，包括披露实现和未实现的损益、清算和减值的有价证券。审核相关的财务(treasury)政策与程序以确保它们是完整、准确和获得批准的，并得到了传达。

3. 授权

(1)投资获得批准，并在授权确定的限度内。根据现金和有价证券的政策与程序确定的限额对多余现金进行投资。审核月度财务报告，并选择一个“自始至终”

的样本进行审核和审计。

(2)通过审批后,被授权人可以将多余现金转入批准的有价证券账户。所有的交易必须经过授权并形成记录。审核清单中交易的完整性、准确性和是否获得授权。

(3)财务主管(treasurer)审核和批准所有投资相关的会计分录和支持性文件,包括转移、购买、出售、利息收入、实现的损益和未实现的损益及相关所得税影响,通过签字和日期得以证实。审核会计分录,确保准确的账户编码、支持性文件和及时的处理。

(4)财务主管(treasurer)审核和批准提供给对外报告的季度披露,这些用于提交公司的10Q和10K文件。审核季度末提交的文件、支持性文件和审计痕迹。

4. 一致性

(1)每月调节银行账户和有价证券账户之间的现金转移。每月,投资组合账户余额要与当月发生的交易活动进行调节。选取调节表以确保适当的分析、支持单据、审核和批准签字。

(2)财务主管至少每季度审核包括货币市场基金在内的投资组合,以确保符合现金与有价证券政策与程序确定的投资限额。

五、关键措施

1. 列示公司和国家持有的投资的类型和投资的货币类型,并按到期日先后分类;

2. 投资组合和各项投资的投资回报;

3. 实现的公允市场价值和未实现的损益;

4. 有价证券投资处置和现金流动的损益。

六、这个测试指南用作以下内容的内部控制活动

流程负责人:	
地点:	
控制活动执行者:	
日期:	

	内部控制	
程序号:3-2-7	部分:会计与财务	共 3 页
	财务预算和分析	
所属部门	发布/生效日期:	替代以前发布的

一、参考政策与程序

1. 财务预算和分析;
2. 关键财务指标。

二、流程图

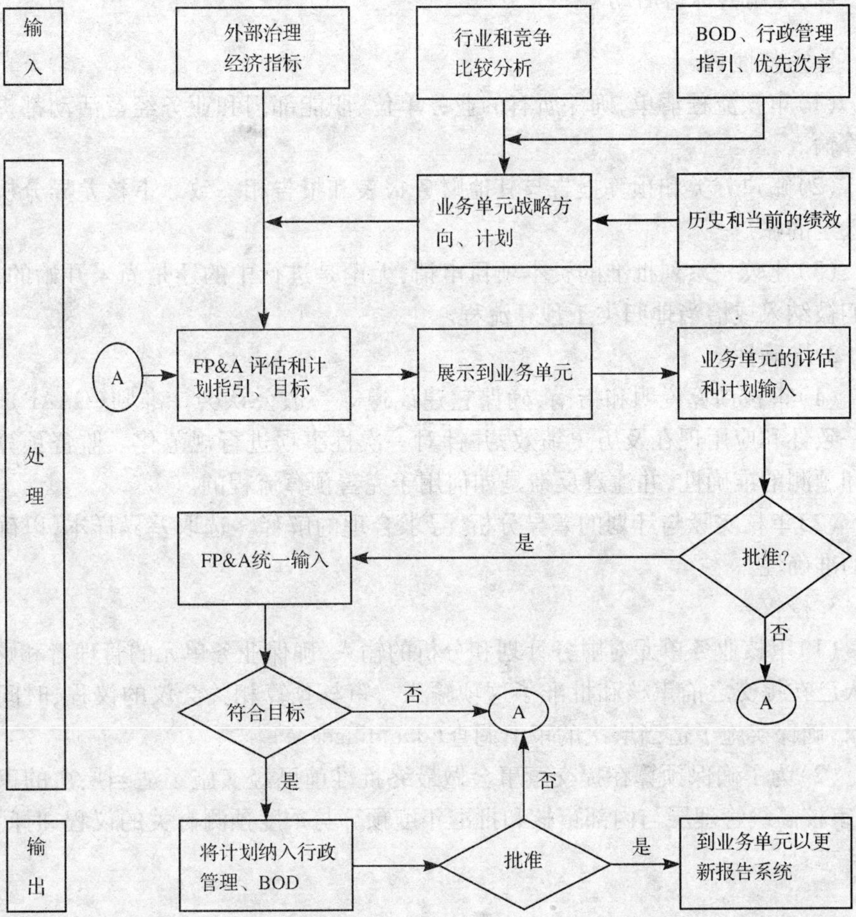

三、准备核对表

1. 是否有决定计划指引、说明和目标的书面政策和程序？员工是否针对这个方面的规定、制度和信息技术(IT)系统进行培训？

2. 在最终确定计划之前是否有充分的预算时间可以用于充分的评价和审核？

3. 是否定期召开会议讨论用于建立部门预算的方法和计算以及衡量绩效的程序？这些会议是否记录了会议议程、会议的时间和行动事项？

4. 是否对账户进行了恰当的分类和归类，从而使其细节的摘要符合财务报表报告？

5. 如果使用终端用户计算(EUC)电子表格，那么它们符合EUC审核和批准程序吗？

四、控制目标与活动

1. 完整性

(1)审核流程清单，确保所有的业务单位、职能部门和业务经营活动都提交了预算输入。

(2)账户分类和预算报告与其他财务报表和报告相一致。审核差异分析和抽样选定的账户。

(3)比较一系列批准的资本项目申请，无论是进行中的还是尚未开始的，确保它们被纳入或恰当地归类于预算流程。

2. 准确性

(1)审核预算说明和指南，确保它建议遵守一般公认会计准则(GAAP)、期间的一致性和应用现在及历史绩效，并针对一次性事项进行规范化。监督预算的效果和预测的准确性，并注意反馈是如何用于完善预算流程的。

(2)审核实际与计划的差异分析，寻求合理的解释。选取差异样本，以确定解释的准确性。

3. 授权

(1)审核业务单元对财务计划和分析的输入，确保业务单元的管理者和财务负责人已在提交之前审核和批准了这项输入。审核预算相关会议的议程、时间和备忘录，确保实施了适当层次的审慎调查(due diligence)。

(2)为了确保预算在提交董事会做最终批准前已经实施了适当层次的审慎调查，审核高级管理层与内部审核和批准年度预算与季度预测有关的议程、时间安排和备忘录。

4. 信息技术控制

在预算应用软件中，采用系统控制总量来确保完整和准确的处理预算输入。审核应用软件的设计，并与控制总量配比。

五、关键措施

1. 计划的差异和项目预测的准确性；
2. 预算绩效的实现和关键业绩指标。

六、这个测试指南用作以下内容的内部控制活动

流程负责人：	
地点：	
控制活动执行者：	
日期：	

内部控制		
程序号:3-2-8	部分:会计与财务	共4页
固定资产、长期资产、不动产、厂房设备资本化的资产		
所属部门	发布/生效日期:	替代以前发布的

一、参考的政策与程序

1. 固定资产、长期资产、不动产(property)、厂房和设备;
2. 实地盘存;
3. 会计分录;
4. 账户调节。

二、流程图

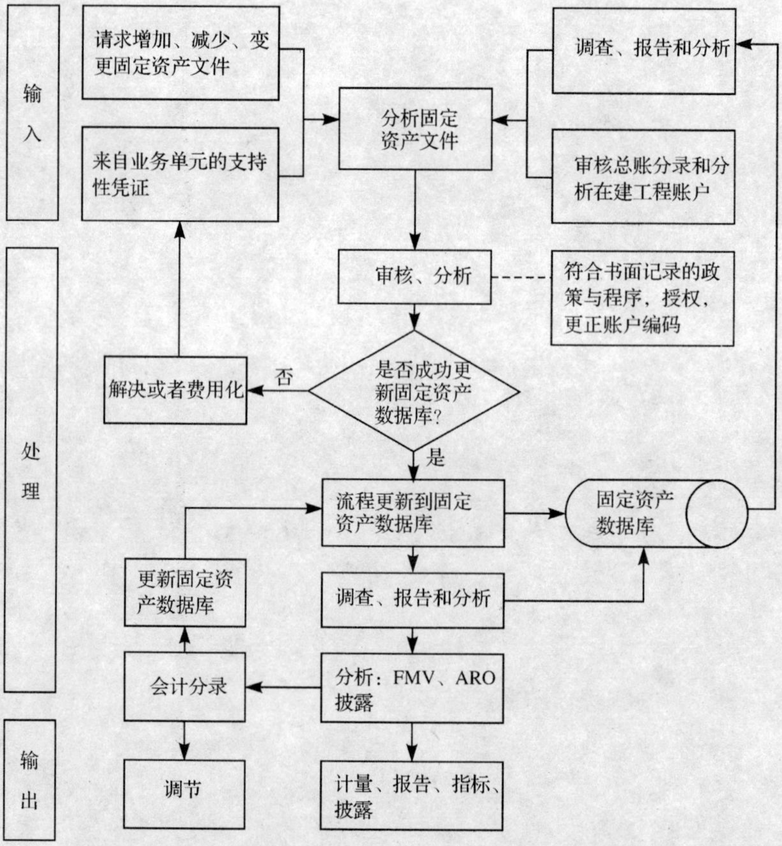

三、准备核对表

1. 有成文的政策和程序吗？地方司法和公司的政策与程序之间的差异[例如由于一般公认会计准则(GAAP)和/或税法产生的差异]是否进行记录、批准、监督和追踪？

2. 由于固定资产记录影响企业的所有领域，是否对业务单元的代表以及会计和财务人员进行教育和培训？

3. 对于固定资产的增加、移动和处置是否有审批的表格？

4. 是否建立同级审核以抽样和验证采用的收集方法并更新固定资产数据库？审核的结果是否形成记录？

5. 是否有固定资产实物盘存计划来验证固定资产的存在？

6. 对于固定资产的注销或者调整是否经过管理层的审核和批准？

7. 如果使用终端用户计算(EUC)电子表格，它们是否符合 EUC 审核和批准程序？

四、控制目标与活动

1. 完整性

(1)为了查找未记录的固定资产，固定资产负责人或指定人员要审核过入总账特定费用账户(如办公室、信息技术及维修和保养)的活动，以识别符合或超过当地资本化阀值的活动。每月通过对需要资本化项目的会计分录签字来记录这项审核。

(2)固定资产负责人或指定人员审核在建工程(CIP)和/或清算账户，以确定采购应该资本化还是费用化。审核在建工程账户余额和资本化和费用化的政策与程序。

2. 准确性

(1)所有过入固定资产分类账的交易是有效、准确的，并与总账核对一致。固定资产分析人员编制自我评估核对表，以记录固定资产数据库的增加、变化和减少，对这些自我评估核对表进行同级审核。选取一个核对表的样本，审核完整性、准确性和授权。

(2)固定资产资本化数额要与公司批准的资本化限额和政策相一致。审核公司的固定资产政策与程序在不同期间的可比性以及是否遵循 GAAP。审核在不同地域间应用的一致性。

(3)将固定资产编号，并归到适当的资产分类账户，而且，在资产使用时开始计提折旧。审核资产的分类和账户编码资产的类型。审核折旧明细表并将其与公司政策比较。

3. 授权

(1)固定资产部门将所有CIP的清单传递给各个业务单元领域(如房地产、设备、IT),这些部门确认工程的完成和投入使用时间。这项审核要由固定资产负责人的批准签字来证明。追踪收到的对编制和登记会计分录资产再分类的反馈。选取一套“自始至终”的交易样本,追溯至原始单据。

(2)固定资产管理者的审核和批准要由签字和注明会计分录的日期来证明,这些日记账用于将折旧分录过入总账。

(3)固定资产管理者审核和批准提供给对外报告的季度披露,这些用于提交公司的10Q和10K文件。审核季度末提交的文件、支持性文件和审计痕迹。

4. 一致性

(1)固定资产记录包括资产的描述和识别、存放地点、购买时间、供应商、投入使用的时间、资产成本、应折旧年限、税法要求的折旧年限(如果不同)、可回收价值或残值等详细信息以及适当的总账账户。不完整的项目要标出来作为调整的项目。审核固定资产数据库,确保数据的完整性和准确性。

(2)固定资产负责人每月要审核和批准固定资产总账余额与累计折旧分类账的调节,并签字和注明日期。审核调节的准确性、及时性和对不相符项目的处理。

(3)审核CIP的调整和/或清算账户。选取最近完成的项目,并追踪交易活动至CIP以及从CIP到最终账户分类。

5. 资产保护

(1)要记录、计划、沟通和实施盘点的流程。审核实物盘存的计划和结果。抽样测试实物存货的盘点。

(2)审核固定资产的存在性及计价,调节账面余额与实物资产余额。

①固定资产负责人或指定人员要定期盘点固定资产,并依据盘点结果调整固定资产明细账。如果发现不一致,要对差异进行调查、审核、批准、签字,并注明日期。

②固定资产负责人或指定人员的审核和批准要由签字和注明会计分录的日期来证明,这些分录用于记录由于盘点过程中发现的差异而对总账进行的调整。

6. 对固定资产数据库有更新或维护权限的员工与下列员工之间要存在和保持职责分离:

(1)有权处理供货商发票的员工(如应付账款);

(2)根据采购单登记货物收据的员工(如收货部门、采购部门或者业务区域)。

7. 信息技术控制

通过人力资源数据库的系统输入,识别那些因为工作职责需要权限的员工和按照管理层的批准需要权限的员工，把权限限于那些获得授权的员工。审核这个流程，确保采用了最新的人力资源数据库文件。验证和测试用于分配职责和授予固定资产数据库权限的标准。

五、关键措施

1. 固定资产使用寿命文件；
2. 固定资产滚动分析，确定对固定资产数据库的增加、减少、折旧和调整；
3. 资产回报、投资回报。

六、这个测试指南用作以下内容的内部控制活动

流程负责人：	
地点：	
控制活动执行者：	
日期：	

	内部控制	
程序号:3-2-9	部分:会计与财务	共3页
	公司间交易——往来款项	
所属部门	发布/生效日期:	替代以前发布的

一、参考政策与程序

1. 公司间交易;
2. 会计分录;
3. 账户调节。

二、流程图

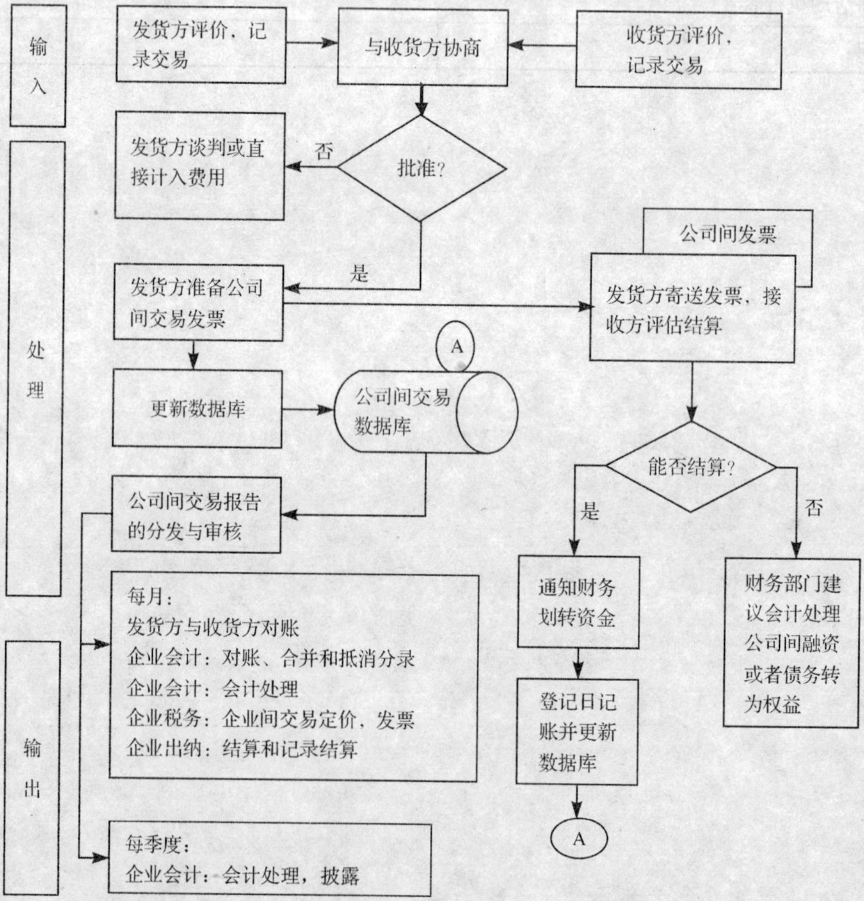

三、准备核对表

1. 是否制定和传达了相关的政策与程序，并测试了其合规性？员工是否就这些政策和程序进行了培训？

2. 企业税务部门和财务（treasury）部门是否审查和批准了公司间交易的政策、程序和指南？转移定价提高包括了哪里需要提高以及提高的必要性？

3. 是否为所有的公司间交易编制公司间发票？

4. 公司间余额是否作为结算流程的一部分清算？

5. 是否及时结算公司间往来款项？

6. 预扣税款和外币汇兑差异是否依据公司政策与程序进行处理？

四、控制目标与活动

1. 遵守法律法规

（1）审核和验证公司间协议的制定、审核和批准，这些是当地法律和法规所规定和必需的。

（2）审核和分析公司间政策、程序和操作指南，确保遵循当地法律法规和GAAP。与公司税务和进口/出口部门验证跨境处理。与财务部验证操作指南。

2. 完整性

（1）审核和分析公司间账目往来款项的类型和处理的总账活动。审核相应业务领域的活动，以确保完整、准确和及时识别两个经营主体内的公司间应收账款与应付账款。

（2）当地政府审计官（local country controllers）审核账户活动，以确保符合公司间往来款项的事项在作为公司间交易处理之前得到了适当的记录、审核和批准。遵循当地政府审计官的程序并审核批准流程。

（3）审核交易处理截止、合并、公司间抵消分录处理的操作说明和核对清单。观察并评价这个流程。

3. 准确性

（1）审核交易的流程和选取的交易样本，以确保在发送收款请求之前获得了收货方的批准和验收。发送收款请求的主体（例如持有公司间应收账款的主体）开具公司间发票，并交给收到收款请求的主体（例如有责任结算公司间应付账款的主体）。验证发票包含的信息是否满足客户和税务审计的要求。

（2）审核操作说明并遵守清算公司间余额的惯例。

（3）审核预扣税和/或外汇差异的计算及会计处理。

4. 授权

(1)在登记内部控制交易会计分录或者传递公司间发票之前,发送收款请求的主体必须获得收到收款请求的主体的同意。通过签字和注明日期来证明授权情况。

(2)各种类型的公司间往来款项及其相关的会计和税务处理要受到公司税务、财务、会计和财务报告部门的审核,包括检查原始数据、测试完整性和检查输出的数据。审核会议日程、会议记录以及政策和程序的补救措施事项。

(3)审核公司间活动是否遵循和一贯应用公司的方法。公司审计官审核详细的进度计划和财务披露,并签字,注明日期。审核对财务披露和支持性文档的输入信息。

5. 一致性

审核公司间账户的调节情况,以确保账户余额是准确的,不存在由于提价(up-lift charges)、外汇或者其他费用产生的残余影响。接下来要确保争议得到及时地处理,调整得到记录、批准和签字。

6. 信息技术控制

(1)作为一项系统检查,公司间数据库要与会计分录的细节匹配,以确保发送的主体和接收的主体使用相同的会计科目分类。

(2)只有获得授权的员工才可以访问公司间交易数据库。每个季度,职能的负责人审核访问权限,确保只有获得授权的人才可以接触公司间交易数据库。

五、关键措施

1. 每个会计期间处理的公司间交易的数量和金额;
2. 不一致或争议项目的数量和时滞(aging);
3. 调整差异和解决争议的时间;
4. 结算的时间和结算的类型(例如,现金、融资、权益)。

六、这个测试指南用作以下内容的内部控制活动

流程负责人:	
地点:	
控制活动执行者:	
日期:	

内部控制

程序号:3-2-10　　部分:会计与财务　　共 6 页

原材料和存货的入库、转移和发运

所属部门　　发布/生效日期:　　替代以前发布的

一、参考政策和程序

1. 原材料和存货;
2. 存货的实地盘存;
3. 会计分录;
4. 账户调节。

二、流程图

1. 入库

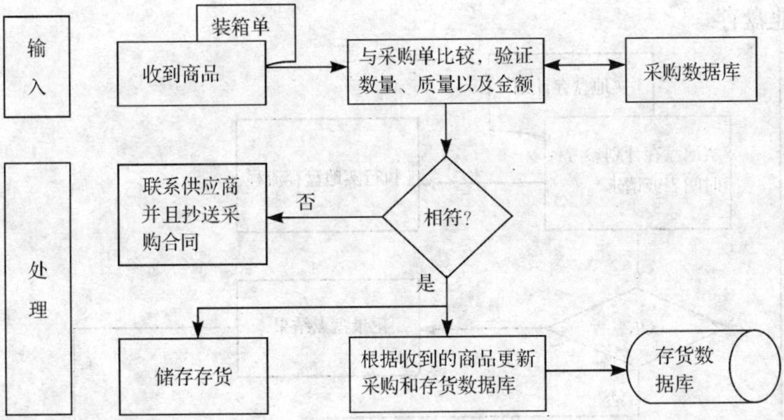

2. 转移

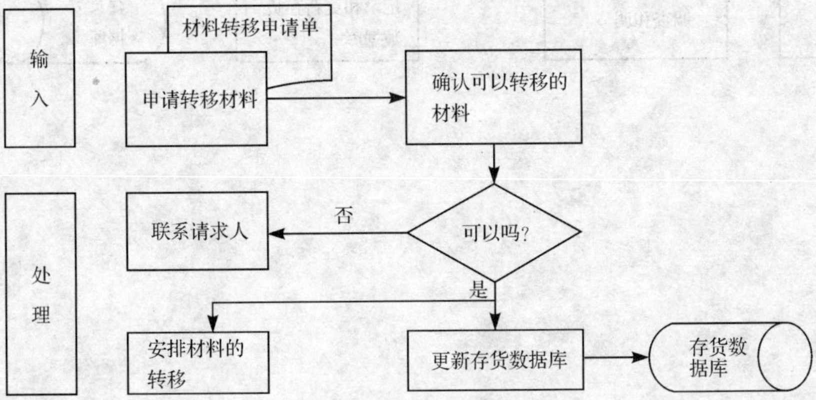

3. 发运

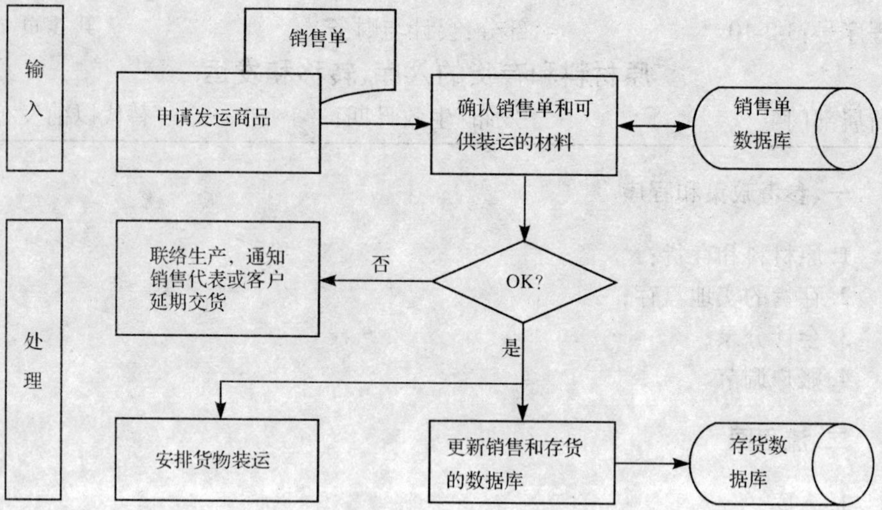
输入
销售单
申请发运商品
确认销售单和可供装运的材料
销售单数据库
处理
联络生产，通知销售代表或客户延期交货
否
OK?
是
安排货物装运
更新销售和存货的数据库
存货数据库

4. 实地盘存

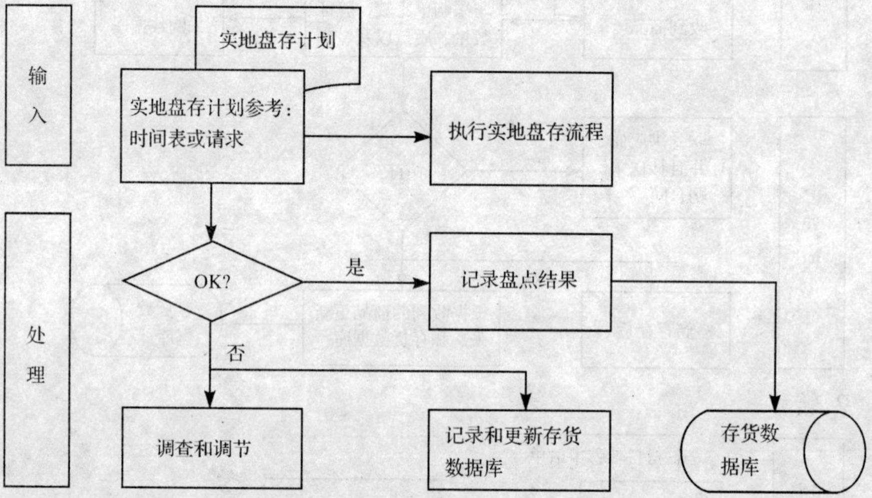
输入
实地盘存计划
实地盘存计划参考：时间表或请求
执行实地盘存流程
处理
OK?
是
记录盘点结果
否
调查和调节
记录和更新存货数据库
存货数据库

5. 处置

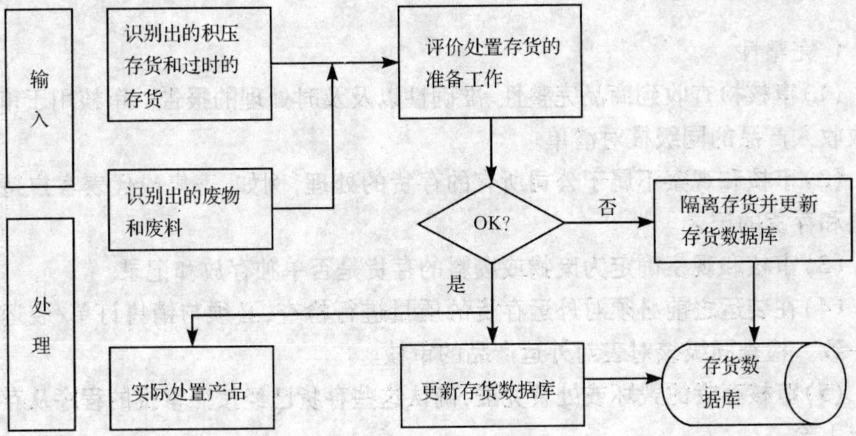

三、准备核对表

1. 是否有成文的公司政策和程序来说明原材料和存货的采购、材料和存货的保管、材料和存货的转移和处置？是否对相关人员进行其职能和责任的培训？

2. 如果使用了终端用户计算（EUC）电子表格，那么它们符合 EUC 审核和批准程序吗？

3. 是否只有被授权的员工才能接触存货数据库？

4. 是否收到的所有材料和存货都有经过审批的采购订单？在收到材料和存货时，审核原材料和货物的数量、质量、准确性是否与采购订单一致？

5. 材料和存货数据库是否及时更新以反映收到的原材料和存货以及储存地点？

6. 与订单不相符的原材料和存货是否及时拒绝收货或退回给供应商？

7. 通过生产和分配循环专业的原材料和存货是否准确及时地登记？

8. 存货的实地盘点是否在年度内实施并遵守了公司程序？

9. 装运的所有商品都有批准的装运单吗？在材料和存货装运之前，是否检查其数量、质量和准确性与装运单一致？材料和存货数据库是否更新以反映已装运的存货？

10. 在处置存货之前，是否适当隔离了残缺的、积压的和过期的材料和存货？是否及时更新了材料和存货的数据库？

11. 是否评价存货管理流程运行的效率和效果？

12. 是否保留材料和存货处置的毁坏证明？

13. 是否采用同级评审或自我评估清单来检查和验收材料和存货以及装运和发出材料和存货？

四、控制目标与活动

1. 完整性

(1)审核检查收到商品完整性、准确性以及及时处理的报告。审核用于审核和接收收入产品的同级核对清单。

(2)审核和观察不属于公司所有的存货的处理，例如，寄售或代表客户持有的材料和存货的记录。

(3)审核和观察确定为废物或废料的存货是否单独存放和记录。

(4)在装运之前必须对外运存货的质量进行检查，必须与销售订单/装运申请单一致。检查同级核对表对外运产品的审核。

(5)审核存货的毁坏或处置凭证，确认这些存货已经按照审批的程序从存货记录上去除。

2. 准确性

审核存货记录的准确性和完整性，以追踪存货自始至终的转移。存货记录应该包括产品代码或识别码、产品名称或描述、供应商、入库日期、采购单编号、数量、单价、存货验收人的标识符和存货的储存地点。存货数据库信息的材料转移模块要收集的信息包括原材料转移的申请人、日期和新的储存地点。在存货数据库的外运模块中，每一个存货记录都要更新以反映客户名称和/或者客户编代码、装运日期、装运数量、承运商或索引代码和销售单编号。

3. 及时性

(1)观察条形码扫描设备的使用情况，收集和记录存货数据库内的信息。

(2)审核和观察在会计期末收到的和没有计入存货数据库的存货根据公司应计政策和程序是否是应计项目。对期末和期初材料和存货收货单进行抽样测试，确保适当的会计期间识别和期间选择。

4. 信息技术控制

(1)控制访问存货数据库的权限。

(2)使用控制总量确保交易记录的完整性。确保控制总量的操作指引和实际应用在适当的控制点并入，并充当适当的控制指标。

(3)存货数量和价值的增减触发用于编制会计分录的报告。公司尽可能要有自动的流程来记录入库和出库存货的踪迹。公司尽可能要有自动的流程来记录材料和存货在生产循环中的转移。选取一个样本，通过数据处理和日记账分录报告，审核、追踪、核对材料和存货的转移。

5. 一致性

(1)审核和分析存货的调整，按照产品分类和数量识别存货的入库、转移、处置和装运。

(2)审核和分析产品销售成本(例如存货数据库)与存货的发运(例如销售订单数据库)之间的调节。

(3)审核和分析收货的装货单(例如采购数据库中的商品入库单)与收到并记录到存货数据库中的存货之间的调节以及与批准的和完整的采购订单的一致性。

(4)审核和分析出库发运报告和已发运存货之间的一致性,以及存货数据库中记录的存货与批准的销售订单之间的调节。

6. 通过观察员工的职能和责任以及审核书面的流程图和/或程序来实施职责分离测试。职责分离存在下列人员之间:

(1)授权采购材料和存货的人员与验收入库、保管存货的人员。

(2)验收入库和保管材料和存货的人员与授权采购、转移或处置材料和存货的人员。

(3)实地保管原材料和存货的人员与那些负责会计核算、记录保存和核对调节的人员。

7. 资产保护

(1)观察指定的接收区域和流程,确保将交易完整、准确地记录于适当的数据库。

(2)观察指定的发运区域和流程,确保将交易完整、准确地记录于适当的数据库。

(3)审核和观察材料和存货在下列情形下的实物处理和会计处理:入库验收、在不同部门和仓库之间转移、由于发运或外运的发出。

(4)观察存货的实地盘点,并抽样检查盘点数。

(5)确定公司已经给材料和存货适当的投保,而且代表供应商和/或客户持有的材料和存货包括在了公司投保的范围内。

(6)观察和确定仓库的入口是安全的。确定存货得到了适当的保护,以免被损坏、盗窃和滥用。

五、关键措施

1. 存货年限和状态报告;

2. 存货转移与销售预测的比较;

3. 已装运但未开票;

4. 已开票但未装运;

5. 归入积压和过时材料和存货的储备以及实际数量和金额;

6. 归入坏损和废弃材料和存货的储备以及实际数量和金额。

六、这个测试指南用作以下内容的内部控制活动

流程负责人：	
地点：	
控制活动执行者：	
日期：	

内部控制		
程序号:3-2-11	部分:会计与财务	共3页
日记账分录和非常规交易		
所属部门	发布/生效日期:	替代以前发布的

一、参考政策和程序

1. 日记账分录和非常规交易；

2. 账户调节。

二、流程图

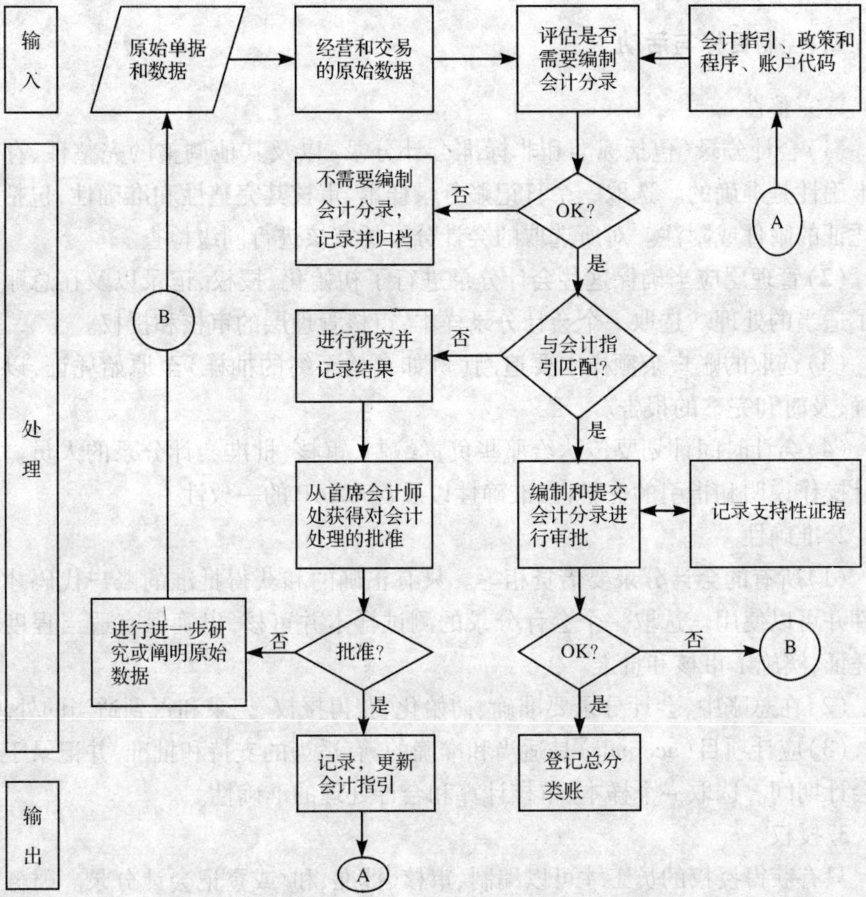

三、准备核对表

1. 存在书面的政策和程序吗？员工是否就这个方面的规则、制度和信息技术(IT)系统进行培训？

2. 公司有附有定义的会计科目表和对每个账户会计处理的说明指引吗？

3. 企业是否详细规划了在财务报表中分类和列示的科目？

4. 对账户的建立、变更、撤销是否有审核和批准控制？

5. 需要接触、编制、审核和/或批准会计分录的员工可以取得会计处理指南(包括会计科目表、账户代码)？

6. 如果使用终端用户计算(EUC)电子表格，它们符合 EUC 审核和批准程序吗？

7. 所有的日记账分录都包括审核、批准和支持性凭证吗？

四、控制目标与活动

1. 完整性

(1)会计分录(包括标准和非标准会计分录)以及其他调整的完整性、存在性和准确性是准确的。选取一个日记账分录样本，审核其完整性和准确性，包括支持性凭证的附件或附注。对所选取的会计分录的审核进行同级检查。

(2)管理层应当确保这些会计分录进行了初始化、授权、记录以及在总账中得到了适当的处理。选取一个会计分录样本，审核管理层的审核和授权。

(3)选取的账户余额样本要追溯(例如自始至终的抽样)至原始凭证，以确保准确、及时和完整的报告。

(4)会计时间计划要传达给那些负责编制、审核、批准会计分录的人员。审核会计操作说明和指引的完整性、准确性以及与 GAAP 的一致性。

2. 准确性

(1)所有的会计分录要借贷相等。只有正确的和获得批准的账户代码才符合条件并可以使用。选取一个会计分录的测试样本并审核，以确保有适当程度的支持凭证，实施了审核和批准。

(2)在总账中，会计分录要准确、初始化、获得授权、记录和得到适当的处理。

(3)应计项目(accruals)是适当和准确的，有适当的支持和批准，并记录于适当的会计期间。选取一个样本，审核计算和会计处理的准确性。

3. 授权

只有获得授权的员工才可以编制、审核、批准、和/或登记会计分录。财务报告中要保留一份获得批准的人员的名单。

4. 一致性

对账户进行调节或详细地分析，确保会计余额是正确的，并记录于适当的会计期间。

5. 信息技术

(1) 如果使用 IT 应用软件编制会计分录，那么必须有控制措施确保对于既定的会计期间只有完整、准确和及时的会计分录得到了处理。选择一个样本，对通过技术流程的交易实施穿行测试。

(2) 确保只有正确的账户代码用于会计分录。审核和分析公司的会计科目表和总分类账。

(3) 在总账中，数据输入或会计分录要准确、初始化、获得授权、记录和得到适当的处理。

五、关键措施

1. 在编制财务报表时调节控制总额。在财务报表编制结束之前，要调节过渡账户和暂记账户；
2. 会计分录记录的时间与会计进度进行比较；
3. 监控和追踪会计分录的数量和金额；
4. 每个被授权的编制者和审批人所处理的会计分录的数量；
5. 标准的重复会计分录、更正分录的数量和金额。

六、这个测试指南用作以下内容的内部控制活动

流程负责人：	
地址：	
控制活动执行者：	
日期：	

内部控制		
程序号:3-2-12	部分:会计与财务	共4页
应付薪酬		
所属部门	发布/生效日期:	替代以前发布的

一、参考政策和程序

1. 账户调节;
2. 银行往来调节;
3. 现金和银行存款;
4. 工资/薪水和付款授权;
5. 充公(escheat)。

二、流程图

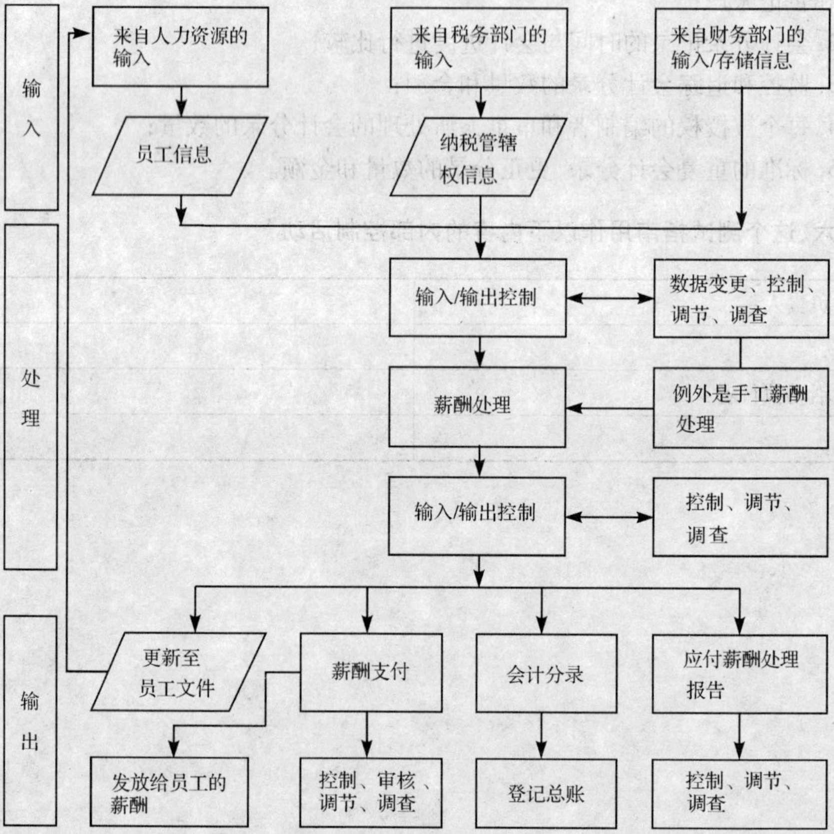

三、准备核对表：

1. 存在书面的政策和程序吗？员工是否就这个方面的规则、制度和信息技术(IT)系统进行培训？

2. 是否追查输入样本至原始凭证并证实信息的完整性和准确性？是否有收集和审核样本信息以及记录补救计划和措施的策略？

3. 是否将系统相关的 IT 控制嵌入到人力资源的输入以及薪酬计算和支付系统的输入/输出设计中？是否记录了审核的结果？

4. 如果使用了终端用户计算(EUC)电子表格，它们符合 EUC 审核和批准程序吗？

5. 这些职能和责任是否与以下员工的职责相分离：(1)为那些符合薪酬标准的人制定或批准薪酬的员工；(2)处理付款的员工？

6. 如果薪酬业务外包，那么薪酬部门是否有有效的 SAS 70 的相关文件？公司是否已实施抽样测试，以确保在处理公司薪酬的外部地点实施了控制、审核和审计？是否记录了结果？

7. 是否要求员工至少每年验证薪酬和银行存款信息？

8. 是否及时地记录、监督和解决员工薪酬的争议？

四、控制目标与活动

1. 遵守法律法规

(1)审核流程，以确保适当地会计处理和报告那些需要分离出来进行充公处理(escheat treatment)的薪酬支票。

(2)审核会计处理和充公报告。

(3)审核当地监管法律和法规与公司标准实践不同的那些处理程序。

(4)审核和调节税负和监管报告与实际薪酬的金额。确保适当地记录和支付非常规的要求。

2. 完整性、准确性和及时性

(1)处理的或支付的薪酬是准确和完整的。根据批准的比例和计算公式计算薪酬，录入应付薪酬系统，包括附加工资和扣除项目。审核和分析各会计期间对计划支出的控制总量及差异。选取样本，并遵循从时间记录到计算到薪酬支付的流程。

(2)审核和分析资金在公司银行账户之间到所附薪酬(cover payroll)转移的时间。

(3)审核员工薪酬争议记录，以确保及时、准确地解决争议，进行根源分析，并持续改进应付薪酬的流程。

3. 授权

(1)审核和分析薪酬的政策、程序以及处理付款的说明。

(2)由财务指引指定的两位获得授权的员工授权和批准手工检查。观察和审核人工检查流程。选取一个支票的样本,并验证计算、管理层审核和授权的签字人。

(3)审核所有会计分录的编制方法,包括费用、负债和为薪酬处理产生的现金。选取样本会计分录,审核支持性凭证和交易的处理。

4. 一致性

(1)每次开具薪酬支票之后,实施对薪酬处理账户的银行调节。选取银行对账单,审核其准确性、管理层审核和授权以及适当的会计分录处理。

(2)通过后面的总额和选取的贯穿交易、审核和批准循环的样本,审核处理和调节的痕迹。例如,审核从计算和支付薪酬到记录和登记会计分录以及最终结算已兑现薪酬支票到银行对账单这一流程。

5. 资产保护

空白支票和签章保存在了上锁的安全地方,只有获得授权的人员才可以接触。对这些资产实施实地检查。

6. 通过观察职能和责任、审核记录的流程图和/或程序,实施职责分离测试。职责分离存在于以下员工之间:

(1)有权限进入系统的人员与处理数据的人员;

(2)有权限接触员工主数据、确定符合条件的员工与批准工资率的人员;

(3)授权的人员和输入数据的人员;

(4)审批和监督数据修改或系统维护的人员和那些录入或处理数据的人员;

(5)审核和调节报告的人员。

7. 信息技术控制

(1)审核接触控制以及公司薪酬系统和人力资源员工记录之间获得授权的员工清单。

(2)IT 处理和计算控制要内置于薪酬的计算,它要识别超出批准限额的数额。

(3)审核和分析 IT 控制日志。审核和分析选取的系统控制报告,并沿着这个流程解决例外报告中的问题。

(4)如果这个流程的任何一部分进行了外包,那么要审核提交给公司的 SAS 70 报告,以确保外包服务的提供者应用了适当的内部控制。选取样本,以确保信息处理的一贯性。

五、关键措施

1. 建立薪酬处理绩效度量措施（例如处理的薪酬支票的数量和领取薪酬的员工的数量）；

2. 每次运行与薪酬相关的处理错误的数量；

3. 手工或流程外开出支票的数量和百分比。

六、这个测试指南用作以下内容的内部控制活动

流程负责人：	
地点：	
控制活动执行者：	
日期：	

内部控制		
程序号:3-2-13	部分:会计与财务	共4页
采购		
所属部门	发布/生效日期:	替代以前发布的

一、相关的政策和程序

1. 采购;
2. 应付账款——申请向第三方供应商付款。

二、流程图

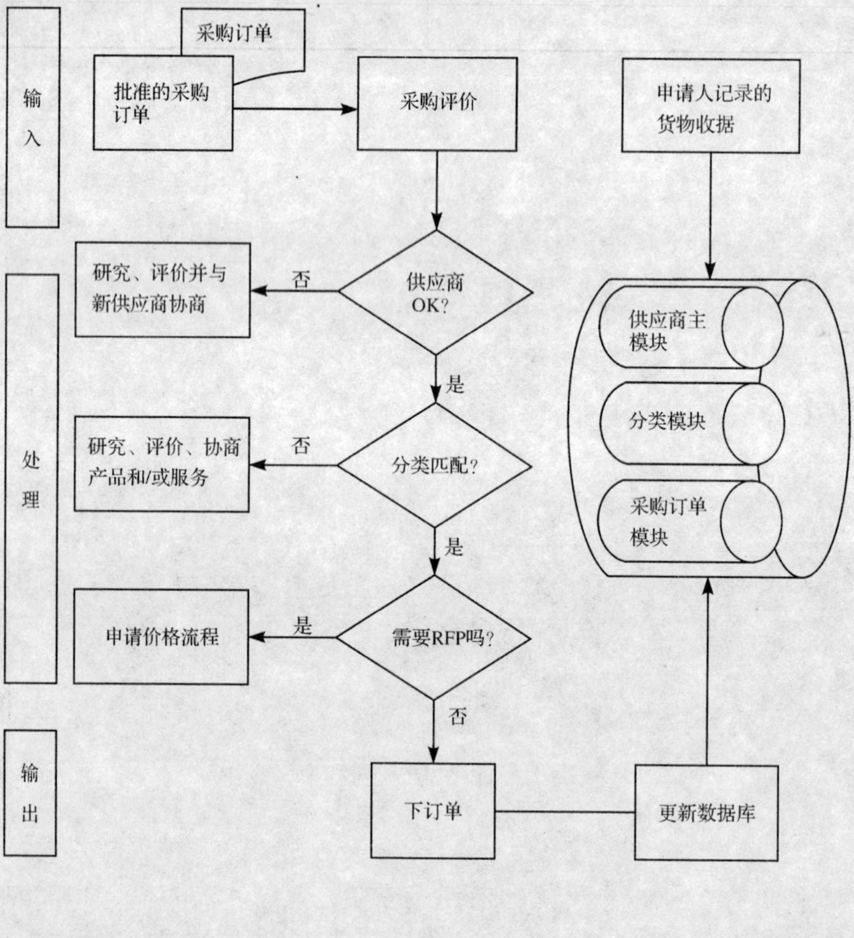

三、准备核对表

1. 是否有成文的政策和程序？员工是否就采购系统的规则、制度和信息技术（IT）系统进行培训？

2. 采购交易是否得到了适当的采购申请单、采购订单（POs）、验收报告以及支持价格竞争的证据支持？

3. 在接收成为公司批准的供货商之前，供应商是否经过了资质审查和审核流程？

4. 对供应商的审核是否包括对其财务状况、产品质量和/或服务效果的审核？如果供应商的合同条款和条件与公司的不同，审核是否包括对供应商合同的条款和条件的审核？

5. 系统相关的 IT 控制是否嵌入了采购/付款分配系统的系统输入设计？审核的结果是否形成了记录？

6. 采购订单或采购订单的剩余余额是否至少每年清算一次？

7. 如果采购活动外包，那么是否有有效的 SAS 70 文件？公司是否已经实施了样本测试，以确保在公司采购活动发生的地点实施了控制、审核和审计？结果是否记录？

8. 是否对未完成和未填制的采购订单进行时间分析，并追踪解决方法或关闭？

四、控制目标与活动

1. 遵守法律法规

审核这个流程，以确保供应商资格需要通过政府数据库来处理，确保公司与批准的供应商进行交易并向其付款。

2. 遵守合同条款和条件

审核并确保所有的供应商都有有效的采购合同，如果有非标准的条款和条件，那么这些合同应当有附加财务和法律批准。

3. 完整性

（1）穿行测试并观察从采购申请到采购订单的流程。选取一个获得批准的采购订单的样本，并审核准确性、完整性和处理的及时性。

（2）穿行测试并观察货物验收流程以及申请部门关闭未交货采购订单。选取一个样本，并审核准确性、完整性和处理的及时性。

4. 准确性

（1）审核采购活动报告和绩效指标，确保能够准确、完整、及时地报告。审核补救措施和计划。

（2）审核会计科目表以及会计科目设置在批准的采购订单上的应用情况。

（3）对那些采购订单和发票存在质量和数量差异的应付账款（A/P）例外报告

进行审核。选取一个样本,审核解决方案、补救措施和行动计划。

5. 授权

(1)选取一个采购订单样本,审核其完整性、准确性以及授权审批情况。审核POs是否下给了符合要求和获得批准的供应商。

(2)选取采购订单变更的一个样本,验证变更的准确性和预授权情况。

(3)审核例外报告,而且,POs的补救计划要在收到商品或接受服务之后实施。

(4)观察和穿行测试供应商资格审查流程。审核和分析供应商绩效报告、供应商现场考察报告和补救行动计划。

(5)审核下给不符合要求的供应商的订单或未获得批准的货物或服务的订单的例外报告和补救计划。

6. 通过观察职能和责任以及审核记录的流程图和/或程序实施职责分离的测试。职责分离存在于以下员工之间:

(1)负责供应商主数据和维护(归采购部分所有)的员工与有权处理采购发票(应付账款部门)的员工;

(2)通过POs(归采购部分所有)申请采购商品和/或服务的员工与负责向供应商下订单的员工;

(3)审批POs(由申请采购商品和/或服务的业务领域实施)的员工与有权处理供应商发票的员工;

(4)与供应商洽谈合同条款和条件的采购专业员与申请采购货物和/或服务的员工;

(5)处理供应商发票的员工与负责验收采购订单所列货物(由验收部门或申请采购货物和/或服务的业务领域实施)的员工。

7. 信息技术控制

(1)根据公司政策和程序,至少每季度,文件共享的所有人要对采购系统和文件共享权限进行审核,以确保权限只限于获得授权的员工。

(2)设计附加的采购系统控制,这些控制要:

①在货物验收的过程中,不容许改动采购订单(例如:改动产品或服务订单,改变数量和/或先前批准的金额);

②追踪重复付款的一揽子采购订单的余额,而且,当余额为零时,终止这个采购订单。

五、关键措施

1. 采购流程绩效衡量指标;

2. 每个采购分类中合格供应商的数量,包括供应商的绩效指标;

3. 与每个采购订单的数额相比，采购订单的数量和频率。

六、这个测试指南用作以下内容的内部控制活动

流程负责人：	
地点：	
控制活动执行者：	
日期：	

内部控制		
程序号:3-2-14	部分:会计与财务	共4页
收入确认		
所属部门	发布/生效日期:	替代以前发布的

一、相关政策和程序

1. 收入的确认;
2. 授权;
3. 会计分录。

二、流程图

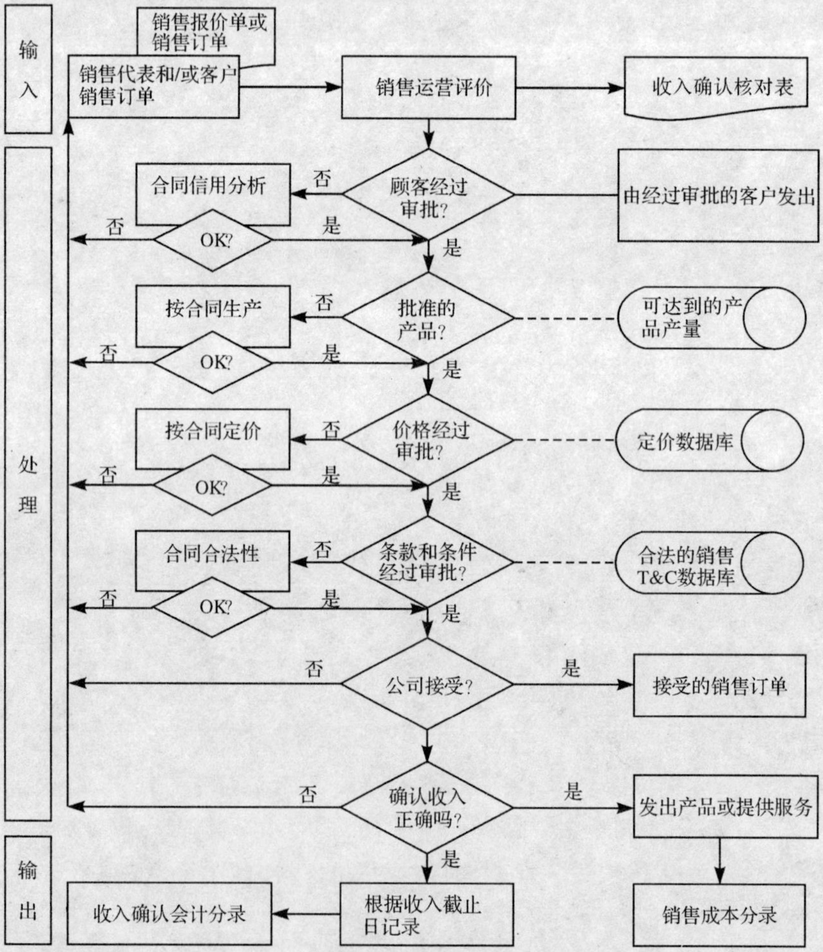

三、准备核对表

1. 是否有书面的政策和程序？是否已经对员工进行了有关收入的规则、制度和信息技术(IT)系统的培训？

2. 关于这个问题,外部的规则和制度是否发生了变化？

3. 是否有适当的会计科目表、标准的会计分录、控制账户和辅助账簿用于根据产品或服务的分类和地理位置来记录、分类和汇总收入？

4. 如果使用终端计算机(EUC)电子表格,它们是否符合 EUC 的审核和批准程序？

5. 是否编制收入确认核对清单以帮助处理特定的收入确认问题？

6. 是否建立同行审核以证实收入确认核对表的应用和使用情况？

7. 是否按产品和地区对收入、销售和销售成本实施分析？

四、控制目标与活动

1. 遵守合同条款

(1)所有的客户都有有效的、经过审批的合同。客户要求的非标准合同条款和条件需要另外的财务和法律批准。审核无有效合同顾客的例外报告,并补救解决方案。

(2)审核客户的不满意和扩大报告,以识别客户对公司产品和/或服务提出问题的类型。分析公司如何调查这些问题的根本原因、如何改进程序以及如何与客户解决问题。

2. 完整性

(1)所有的销售订单都录入到销售数据库中,而且公司一旦接受,销售订单就要发出去执行。审核例外报告并且追踪纠正计划。选择并抽样测试销售订单的完整性、准确性和处理的及时性。

(2)审核零金额(zero - dollar)销售订单收入和存货会计处理的准确性。审核零利润销售报告并验证零数额销售履约的原因。选取一个样本并测试原因分类的准确性。

(3)完成的销售订单要与原始合同核对,解释、授权以及记录存在的差异。合同和支持性记录包括批准要跟销售订单与客户文件一起保留和保存。审核同行或自我评估核对表。选取一个样本并验证核对报告和纠正计划。

3. 及时性

在每月月末结账之前传达有关收入截止期间的说明。审核传达情况和时间安排。

4. 准确性

(1)审核和分析公司收入确认的政策和程序。选取一个收入确认核对表的样本,确信满足了收入确认的标准。对于选取的交易样本,审核并追踪自始至终的支持记录，包括客户的合同、销售订单、发运和履行订单以及客户的通信联系。

(2)审核并分析估计和准备金账户对公司政策和程序的遵守性、计算的准确性以及处理的及时性。重新计算估计和准备金账户，看是否准确和一致。

5. 授权

(1)选取一个销售订单样本，审核订单的完整性、准确性以及处理订单之前的授权。

(2)审核产品和区域的收入分部报告，看是否一贯应用了公司的方法。财务副总裁(VP)或公司主管审核、标明并安排详细的进度和财务披露。

6. 一致性

在以下业务中进行账户分析和核对：

(1)销售订单数据库以及记录和确认的收入；

(2)应收账款以及确认的收入；

(3)销售、使用税以及收入；

(4)企业间收入和企业间应收账款；

(5)收入与应付专利权使用费；

(6)销售订单、收入和奖金。

7. 通过观察职责和责任以及审核记录的流程图和/或程序来实施职责分离的测试。职责分离存在于以下员工之间：

(1)编制、录入和完成销售订单的员工与记录相关会计交易的员工；

(2)向客户开具发票的员工与收取和处理客户账款的员工；

(3)记录会计交易的员工与核对账户的员工。

五、关键措施

1. 连续会计期间收入移动；

2. 纵向收益表分析，将收益表中每行汇总栏表示为收入的百分比，并与不同会计期间的百分数比较；

3. 销售订单的数量和金额：

(1)尚未处理的订单(例如，等待公司审核或接受的订单)；

(2)未完成的订单(例如，已经接受但尚未履行的订单)；

(3)已处理的订单(例如，已发货并进行了会计处理的订单)；

(4)销售、收入和按产品部门和地区对收入的调整。

六、该测试指南用作以下内容的内部控制活动

流程负责人：	
地点：	
控制活动执行者：	
日期：	

内部控制		
程序号:3-2-15	部分:会计与财务	共 3 页
给商业伙伴的零售订单		
所属部门	发布/生效日期:	替代以前发布的

一、相关政策和程序

1. 配送和完成(fulfillment);
2. 存货;
3. 产品定价;
4. 收入的确认。

二、流程图

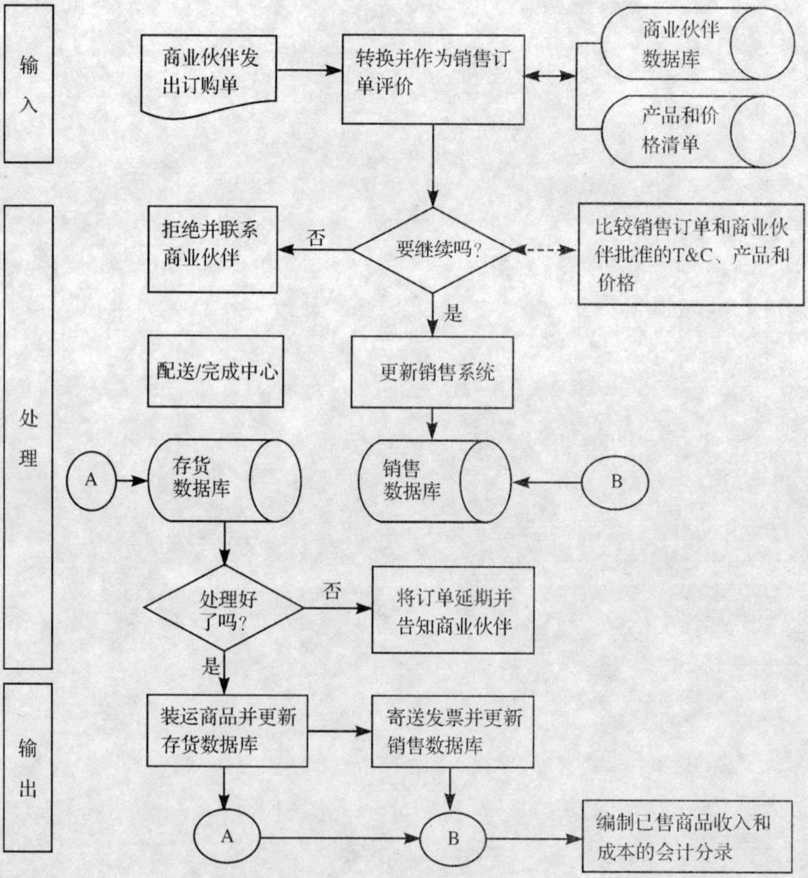

三、准备核对表

1. 是否有书面的政策和程序？是否已经对员工进行了有关这个主题的规则、制度和信息技术（IT）系统的培训？

2. 在被接受成为公司批准的零售商业伙伴之前，是否对商业伙伴执行资质审查和审核程序？

3. 所有商业伙伴是否有有效的最新合同？

4. 是否根据准确和最新的产品和定价单生成零售订单？

5. 是否追踪输入的样本至原始单据，并验证准确性和完整性？是否有收集和审核样本以及记录补救计划和措施战略？

6. 系统相关的IT控制是否嵌入为销售订单系统提供信息或获取信息的设计？审核结果是否记录？

7. 如果使用了终端计算机电子数据表，它们是否遵照了EUC审核和批准程序？

8. 是否审核了职责和责任，以确保适当的职责分离？

四、控制目标与活动

1. 遵守合同条款

零售伙伴名单是完整和准确的，并且表示经过授权的零售伙伴，他们与公司有有效的主销售协议。所有商业伙伴都有有效的、经过审批的合同。如果商业伙伴需要非标准的合同条款和条件，需要另外的财务和法律审批。

2. 完整性

（1）商业伙伴的产品单和定价单是完整和准确的，并且表示公司授权卖给零售伙伴的产品。审核产品和定价单的授权和沟通，并反映这些产品和价格清单包含在商业伙伴的订单里。

（2）在将销售订单送达分配部门执行之前，销售订单负责人要审核和批准销售订单。审核完成的销售订单以确保企业以报出的价格完成要求的产品数量，并验证计算的范围。选取样本并测试支持性记录。

3. 准确性

（1）所有装运的货物得到了准确、及时的记录，并记录在适当的期间。审核装运报告，并选取一个样本检查证明文件（supporting document）。

（2）观察从公司收到和处理销售订单到完成，到装运单，再到登记会计分录的流程。观测记录控制结论和发现的问题。

4. 授权

(1)商业伙伴具有相应的资质和经过预先审批,并经过信用授权。

(2)根据公司的政策和程序,因为这些需要另外的审核和批准,生成销售订单报告以识别那些小于或大于一般销售订单数量和金额的销售订单。审核并分析这些另外管理层审核、批准的报告和证明文件。

5. 一致性

(1)编制、审核和批准收到的销售订单和完成的销售订单之间的核对表;未调节的事项留待以后解决。选取核对表,审核源数据,重新计算并验证审批情况。

(2)核对完成的销售订单和商业伙伴应收账款数据流。选取样本,审核计算、审批和证明文件。

6. 通过观察职能和责任以及审核流程图、程序等来执行职责分离的测试。职责分离存在于以下员工之间:

评价和批准商业伙伴的人员与处理销售订单、装运产品或处理应收账款的人员。

7. 信息技术控制

(1)系统自动地监控顾客的信用限额,而且如果顾客的采购订单超过系统中已批准的信用限额时,将该顾客标示为“超过信用限额”。

(2)只有有效的、准确的采购订单进入系统。在进入系统之前,要审核订单的准确性和有效性,以采购订单的结束来证实。

五、关键措施

1. 销售订单数量;产品数量、按照商业伙伴划分的合同价值;

2. 销售订单在销售订单管理部门的状态(例如,不准确或不完整的信息),顾客的信用状况,经过批准并移交配送的订单,未收到款的销售;

3. 销售订单的完成状态(例如,延期交货、部分完成、完成);

4. 商业伙伴的收入和利润。

六、该测试指南用作以下内容的内部控制活动

流程负责人:	
地点:	
控制活动执行者:	
日期:	

	内部控制	
程序号:3-2-16	部分:会计与财务	共 4 页
	所得税	
所属部门	发布/生效日期:	替代以前发布的

一、相关政策和程序

1. 纳税准备(tax preparation);
2. 会计分录;
3. 账户核对。

二、流程图

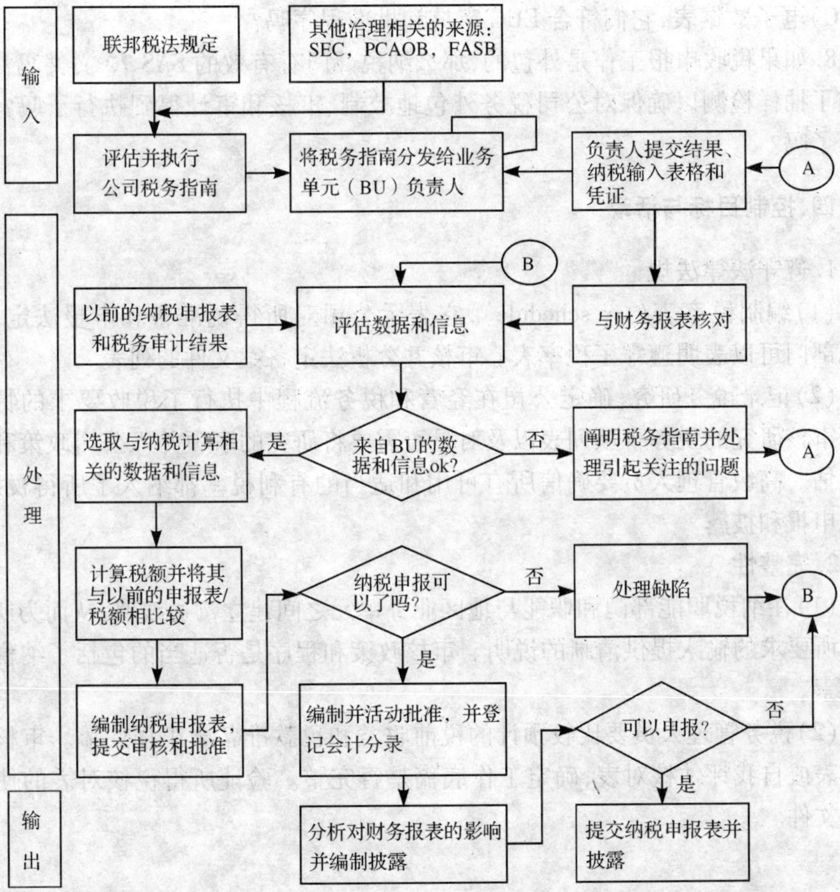

三、准备核对表：

1. 是否有书面的政策和程序？是否已经对员工进行了有关这个主题的规则、制度与信息技术(IT)系统和软件的培训？

2. 是否已经向业务单元负责人传达了税务指南,或任命了向税务部门提供输入的人员？

3. 纳税部门使用程序和应用软件来核对业务单元的输入与财务报表的输入吗？

4. 纳税准备所用的会计记录和财务报告所用的会计记录核对一致吗？

5. 所得税的计算遵守了税务机关的规则和要求吗？

6. 所得税的计算是以公司实际的交易为基础,并得到适当的原始记录的支持吗？

7. 所得税计算、编制和审批核对表配置给了纳税部门吗？如果使用终端计算(EUC)电子数据表,它们符合 EUC 审核和批准程序吗？

8. 如果税收申报工作是外包的,那么纳税部门有有效的 SAS 70 文件吗？公司实施了抽样检测以确保对公司税务外包地控制、审核和审计得到执行了吗？结果记录了吗？

四、控制目标与活动

1. 遵守法律法规

(1)编制税率表(tax schedule),它表示公司对所得税准备和申报法定义务。纳税部门可以表明遵守了税率表。审核并分析法定备案文件的列表。

(2)记录税务研究,确定公司在经营和税务流程中执行了税收要求的特定程序。审核研究的税务事项列表以及对是否需要将研究的事项并入公司政策和程序的评估。高级管理人员要确信所有可用和适当的有利税率都纳入了所得税准备、纳税申报和披露。

2. 完整性

(1)在纳税职能部门和职能与地区业务单元之间建立沟通线路,从而为所得税准备所要求的输入提供清晰的说明。审核政策和程序是否适当的包括了纳税考虑的因素。

(2)税务管理人员要比较预计的税前收益和税款准备金工作底稿。审核同行核对表或自我评估核对表,确定工作底稿是否完整。验证所得税核对表的使用和证明文件。

3. 准确性

(1)税款准备金的计算得到了适当的记录、准确的确定、证明并记录于总账。审核用于计算、检查、批准税款准备金的假设和流程。选取计算样本重新计算。

(2)计算和完整、准确的记录销售税和使用税负债,及时申请付款。审核和分析销售税和使用税的工作底稿以及负债的列报。

(3)业务单元和纳税管理人员要验证所收集数据的真实性和完整性。纳税职能部门及时地重新计算税额,以评估计算的准确性和合理性。内部控制审核数据输入和税额计算。

(4)为了相互制衡和确保准确,编制所得税计算/工作产品(work product)的人员、审核和批准税额申报的人员、批准和/或核对会计分录的人员要有明确的分工。执行穿行测试,观察从收到数据输入到编制会计分录、从纳税申报到支付税款的整个流程。

4. 授权

(1)税务副总裁审核和批准必须用于预算和预测的所得税税率。这个税率要与实际计算的年末税率一致。

(2)税务副总裁审核和批准所得税会计分录以及当期债务和递延债务、短期债务和长期债务之间的分类。

(3)税务副总裁审核和批准多个州的混合所得税税率。

(4)首席财务官(CFO)每季度要审核和批准应急准备金(contingency reserve),注意证明文件是否符合第5号财务会计准则公告以及对税务账户的相关影响。

(5)在所得税方面,对公司的政策和程序(例如,企业间交易、跨境交易和转移产品定价)进行充分的审核和批准。

(6)审核所得税准备金,呈报、披露要求的完整性、准确性和对法律法规的遵循性。财务副总裁或公司负责人(controller)审核、签署和安排详细的时间进度和财务披露。审核披露和证明文件。

5. 一致性

(1)把业务单元提交的财务数据与向纳税部门提交的财务信息进行核对调节。选取一些调节进行审核和分析。

(2)税务副总裁审核和批准延展的计划,并分析哪些包括了当期应付所得税、递延所得税和税款准备金。选取一些调节进行审核和分析。

(3)税务副总裁审核所要求的税收分录与反映在总分类账上的余额之间的核对调节,以确定信息被正确地过入总分类账以及所得税账户被正确地表述。选取一些调节进行审核和分析。

(4)每月把应计的销售收入和使用税应急准备与支持性计划和总分类账核对

调节,以确保应计收入是完整和准确的。选取一些调节进行审核和分析。

五、关键措施

1. 在损益类和资产负债表税费账户内,采用逐期的、完整的和单个业务单元的税率;

2. 公司所得税税率与行业领军企业比较。

六、该测试指南用作以下内容的内部控制活动

流程负责人:	
地点:	
控制活动执行者:	
日期:	

附　录

这个工作表是一个基于 excel 的程序,它已经预先填入来自测试指南的信息,从而在执行 SOX 测试时可以作为计划、测试、记录和纠正的工具。这部分由以下内容组成:

1. 工作表;

2. 控制活动结果表;

3. 报告记分卡。

工作表

下面是每一列的描述。在工作表的开头有一个例子,所以你可以看到它是如何完成的。

内部控制——计划、测试和修补工作表
1. 流程/账户 采用自上而下的评估方法,列出需要测试的重要流程和账户。
2. 控制目标/风险 识别必须记录和测试的控制目标或风险要素。 确定自己的控制目标或利用本手册提出的测试指引中识别和确定的目标。
3. 控制活动 识别计划的必须记录或测试的控制活动。 设计自己的控制活动,或者利用本手册提出的测试指引中识别和确定的那些控制活动。 记住:控制活动必须表明内部控制代表确定了实质性的活动,这些活动将会为控制正在运行提供充分的证据。支持性证据应包含在"内部控制——测试结果表"或为其提供参考。
4. 样本数量和测试的结果 描述用来决定样本规模的方法,确定样本规模,并描述测试结果。 参考"内部控制——测试结果"核对表和收集的支持性证据。 记得要关注哪些领域的控制目标是按照设计运行的以及在哪些时间没有结果。 即使不是立即的控制暴露(control exposure),记住也要包含可能导致控制暴露的领域或流程的效果和效率存在改进机会的领域。
5. 适当的控制 根据控制目标是否适当以及是否被控制活动所证明确定"是"或"否"。 如果是"否",那么描述该问题并对控制进行评级,因为评估会参考你对控制是否按照本应该有的方式在运行的评价。评级从 1 到 4,每一级的定义为:1 级表示重大缺陷,2 级表示重要漏洞,3 级表示应报告的情况,4 级表示有效的控制。

续表

内部控制——计划、测试和修补工作表
6. 流程负责人 那些评为1、2、3级的项目需要流程负责人监督补救工作。这一条是为了确定流程负责人或负责补救的人的姓名。 7. 补救措施 如果需要补救措施，确定紧接下来的下一步措施和补救行动计划。 补救措施和下一步措施应与流程经理协作制定。 8. 后续措施/到期日 对于那些不能马上改正的问题来说，就需要后跟进日。这个日期从测试日期起不能超过两个星期，以确保从流程经理那里得到及时的反馈。如果纠正措施需要重大的流程再造，那么在定期会议做出计划，以确保再造的设计可以纠正控制的问题。 到期日指的是问题被纠正而且可以重新测试的日期。 容留一些时间以实施纠正措施并通过效果指标来证明纠正措施得到了应用；接下来，重新测试控制目标。

内部控制——控制活动测试的结果
因为内部控制代表测试每个控制目标，他们应该通过完成控制活动结果表来追踪测试和结果。需要收集证据来支持对控制活动所做的认定，这个表格可以作为这些证据的封面。 每一个测试结果，不管是正面的还是负面的，都必须进行记录，以表明内部控制代表在审核这个流程时运用了适当水平的应有谨慎。另外，那些表明有缺陷的项目需要进行识别和分类，以便采取补救措施。

内部控制——报告记分卡
“内部控制——记录记分卡”在本章最后，它是一种便于报告和沟通企业内部控制状态的方式。

附录：内部控制计划、测试和补救工作表

流程/账户	控制目标或风险	控制活动或测试	样本规模和测试结果	如果没有敞口，控制的适当性（Y/N）	流程负责人	补救措施	后续措施/到期日
应付账款	准确性	为了准确记录交易以及对费用分类，有一个账户科目表和确定账户分配的说明。日常情况下，建立同行审核。测试一个交易样本，检查账户编码的准确性。	证明存在说明和有效的账户科目表可以用于为交易编码，但是也会有错误。从所有水平的交易金额限值中选取50笔交易作为样本。同行审核可以获得核对表。对于大多数没有完全审核的重大交易来说，在同行审核中会存在失误。错误很小，不会影响财务报告数据或信息。	是，3，控制基本到位，但是仍有改进的机会。	Jane Doe	1）应付账款系统自动支付编码。2）设定同行审核的阈值：高于特定金额（如20 000美元）的全部选取；5 000到20 000美元的随机选取50%；5 000美元以下的选取20%。不是每天审核，而是考虑每周实施一次同行审核，并涵盖这一周的活动。管理者从每类中选取一个样本进行审核。	1）5天内对应付账款系统进行投资分析和变更请求分析。2）利用5天来审核和同行审核核对表，期后立即恢复同行审核，由管理者签字确认。
应收账款——收款	一致性	审核客户应收账款余额在总账和明细账之间的调节。审核和调整总账的账龄分析报告。	审核和分析该季度每月编制的调节表。对未确认数额的深入分析包括反复的情况，日常情况下会把降价给予对产品质量不满意的客户。这些降价并不作为收入的调整反映，而是在坏账准备中确认。	否，2，虽然编制了调节表，但是没有进行适当的分析、记录和批准。收入没有适当确认。	Terry Doe	审核公司的政策与程序，确保其包括以下内容：对所有的合同后变化都要经过适当的财务和法律批准。确保坏账准备只用于坏账费用，客户没有能力偿还欠公司的债务。	每周都要审核，直到这个问题得到解决，政策与程序应是清晰的。接下来要对应收账款员工进行培训。

续表

流程/账户	控制目标或风险	控制活动或测试	样本规模和测试结果	如果没有敞口,控制的适当性(Y/N)	流程负责人	补救措施	后续措施/到期日
收入	遵守合同条款	所有客户都要有一个有效的和经过批准的合同。客户要求的非标准合同条款和条件需要额外的财务和法律批准。对没有有效合同的客户,审核例外报告并补救解决措施。	样本规模:金额高于100 000美元的客户合同选取100%;金额在50 000美元到100 000美元的随机选取50%;低于50 000美元的随机选取10%。客户签署标准条款和条件,但是,存在的附件表明如果客户"不高兴",客户可以退回产品或接受对欠公司货款的调整。	否,1,存在一项重大缺陷。存在未批准的带有接受条款的附件,而且由于价格既没有固定也不可确定,收入没有适当确认。	Mike Doe	审核收入确认政策与程序,确保这个问题得到了恰当的处理。那些不符合公司政策的可以终止。评价近期合同,以确定这个问题的程度。向SEC的前期重述和披露是必需的。建立一个流程来监督合同和附件、培训销售人员、销售管理以及有关收入确认问题和后果的法律和财务问题。	在2天内评价具有这项条款的合同。5天内提出一项补救计划和措施。
应付账款	完整性	只有那些已经被记账的发票和账单申请才可以包括在付款序列中(run)。应付账款经理授权进行交易和批准支付。审核和观察这个流程。					

续表

流程/账户	控制目标或风险	控制活动或测试	样本规模和测试结果	如果没有敞口,控制的适当性(Y/N)	流程负责人	补救措施	后续措施/到期日
应付账款	准确性	为了准确记录交易以及对费用分类,有一个账户科目表和确定账户分配的说明。日常情况下,建立同行审核。测试一个交易样本,检查账户编码的准确性。					
应付账款	准确性	根据协商一致的条款和条件向供应商付款。选择几笔付款并与供应商付款条件核实。执行并记录同行测试。					
应付账款	授权	只向供应商主数据库中确定的预先获准的供应商付款。审核偏差和例外报告,寻求补救计划。					
应付账款	授权	所有付款的审核和授权以签名和日期作为证据。审核人和授权人要确定在授权范围内。检查签名人列表,确保他们有适当层级的授权。					

续表

流程/账户	控制目标或风险	控制活动或测试	样本规模和测试结果	如果没有敞口，控制的适当性(Y/N)	流程负责人	补救措施	后续措施/到期日
应付账款	资金支付	对于手工支票和电汇，只有应付账款系统确认的、经批准的供应商发票可以通过手工付款处理。对于每一次电汇，都要完成自我评估核对表。选择样本，并追溯付款到原始文档。					
应付账款	一致性	应付账款代表准备一份月度应付未付款项报告的调整表/应付账款总分类账的明细分类账，并及时解决任何偏差。应付账款经理通过签署结束的日期为审核和批准调节提供证据。选择一个样本并审核支持文件和批准层级。					
应付账款	一致性	不匹配的事项或标记为部分收到/支付的事项要识别出来并进行调查。审核和观察这些是如何解决的；记录控制问题。					

续表

流程/账户	控制目标或风险	控制活动或测试	样本规模和测试结果	如果没有敞口,控制的适当性(Y/N)	流程负责人	补救措施	后续措施/到期日
应付账款	资产保护	用于处理付款的资产(如盘点货物、签名模板、电汇终端、支票签字机)要保存在安全的地方,只有被授权的人才可接触。审核、观察和记录资产的安全性保护措施。					
应付账款	职责分离	职责分离测试通过观察职能和责任、审核记录的流程图和/或程序来实施。职责分离存在于有以下职责的员工之间:					
应付账款	职责分离	接触并维护供应商主数据(由采购部门拥有)的员工与有权处理供应商发票的员工(应付账款部门)。					
应付账款	职责分离	编制和保存请购单(由采购部门拥有)的员工与有权处理供应商发票的员工。					

续表

流程/账户	控制目标或风险	控制活动或测试	样本规模和测试结果	如果没有敞口，控制的适当性(Y/N)	流程负责人	补救措施	后续措施/到期日
应付账款	职责分离	审批请购单(由需要货物和/或服务的业务区域执行)的员工和处理供应商发票的员工。					
应付账款	职责分离	处理供应商发票的员工与根据请购单接收商品(由收到商品的部门或需要货物和/或服务的商业区域执行)的员工。					
应付账款	职责分离	处理供应商发票的员工与应付账款付款的员工。					
应付账款	职责分离	编制银行存款余额调节表(由财务部门执行)的员工与处理供应商发票的员工。					
应付账款	职责分离	把发票录入应付账款IT系统的员工与被授权签署支票和电子资金转账的员工。					

续表

流程/账户	控制目标或风险	控制活动或测试	样本规模和测试结果	如果没有敞口,控制的适当性(Y/N)	流程负责人	补救措施	后续措施/到期日
应付账款	信息技术控制	应付账款系统设定为自动处理发票付款,其价格可容忍限度为正负10%或超过请购单总额100美元,无论哪个更小。数量必须不能超过请购单的总数量。数量或价格容忍度的偏差对系统中的付款进行阻止。					
应付账款	信息技术控制	根据公司的政策和程序,设置IT系统来执行三方配比。					
应付账款	信息技术控制	每季度,文件共享负责人对应付账款IT系统和文件共享权限实施记录的审核,确保权限限于被授权的人员。					
应付账款	信息技术控制	根据请购单处理发票,包括输入、编辑或取消发票的能力。					

续表

流程/账户	控制目标或风险	控制活动或测试	样本规模和测试结果	如果没有敞口，控制的适当性(Y/N)	流程负责人	补救措施	后续措施/到期日
应付账款	信息技术控制	处理发票和没有请购单和/或货物验收的付款申请，包括输入、编辑和取消发票的能力。					
应付账款	信息技术控制	开出付款发票。					
应付账款	信息技术控制	有权进行手工付款。					
应付账款	信息技术控制	解除已自动阻止付款的发票。					
应付账款	信息技术控制	其他应付账款 IT 系统设计的控制要：					
应付账款	信息技术控制	对同一个供应商不允许处理重复的发票编号。					
应付账款	信息技术控制	不处理不活跃供应商的应付交易。					
应付账款	信息技术控制	追踪反复付款的一揽子请购单的剩余余额，并在余额为 0 时终止请购单。					

续表

流程/账户	控制目标或风险	控制活动或测试	样本规模和测试结果	如果没有敞口，控制的适当性（Y/N）	流程负责人	补救措施	后续措施/到期日
应付账款	信息技术控制	设置适当的控制以确保循环进行的供应商付款根据合同条款处理。					
应收账款——信贷管理	完整性	实施财务分析，检查顾客 A/R 的信贷限额、条件、协议与顾客财务状况相匹配。否则，向顾客提供如信用证、融资安排形式的备选方案。更新 A/R 数据库中顾客的信用条件和协议。					
应收账款——信贷管理	完整性	通过收款过程中对客户的了解，企业对还款较慢的客户的信用状况进行分析，对它们提取坏账准备或者注销。同时更新 A/R 数据库中客户的信用条件和协议。					
应收账款——信贷管理	完整性	分析客户数据库中非活动客户（一年以上没有销售）的信用限额。					

续表

流程/账户	控制目标或风险	控制活动或测试	样本规模和测试结果	如果没有敞口,控制的适当性(Y/N)	流程负责人	补救措施	后续措施/到期日
应收账款——信贷管理	授权	只有被授权的人才可以复核并审批客户的信贷限额和条件。决策者应该至少每个季度审核一次有权接触 A/R 数据库系统的员工名单,确保只有被授权的人才能接触数据库而且在 A/R 范围内设置职责分离。					
应收账款——信贷管理	职责分离	在能够复核客户 A/R 文件、建立 A/R 信贷限额、授予信用条件的员工和执行收款和收现的员工间设立职责分离。					
应收账款——收款	完整性	A/R 数据库是应收账款信息的唯一资源,它包含顾客合同信息、顾客 A/R 信用限额、条款和协议、购买历史、收款记录、还款记录和附加的企业 A/R代表每次接洽顾客 A/P代表后添加的评价。进行观察,以确保没有其他数据库或临时记录文件用来记录 A/R 交易。					

续表

流程/账户	控制目标或风险	控制活动或测试	样本规模和测试结果	如果没有敞口，控制的适当性(Y/N)	流程负责人	补救措施	后续措施/到期日
应收账款——收款	准确性	记录在收款数据库中(例如，一个中心数据库)。选取样本，验证客户 A/R 余额像 A/R 数据库和账龄分析报告中报告的那样准确。					
应收账款——收款	授权	选取样本，验证 A/R 管理者按照公司的政策与程序审核、批准并传达了对客户 A/R 余额的调整。					
应收账款——收款	一致性	检查顾客 A/R 总账和分账余额是否一致。复核总账并按总账调整账龄报告。					
应收账款——收款	职责分离	通过观察职能与职责、审核记录的流程图和/或程序实施职责分离测试。职责分离存在于承担以下职责的员工之间：					

续表

流程/账户	控制目标或风险	控制活动或测试	样本规模和测试结果	如果没有敞口，控制的适当性(Y/N)	流程负责人	补救措施	后续措施/到期日
应收账款——收款	职责分离	记录明细账的人与那些负责收取现金和总账控制账户的人。					
应收账款——收款	职责分离	批准信用额度和 A/R 条件的人与批准调整 A/R 账户余额的人。					
应收账款——收款	职责分离	设法收到付款的人与那些收到和/或记录付款核销的人以及那些调节 A/R 余额的人。					
应收账款——收款	信息技术控制	A/R 数据库有接触限制，它支持公司的职责分离。					
应收账款——收款	信息技术控制	经常更新 A/R 数据库，使收款人员有最新的情况报告。					
应收账款——收款	信息技术控制	A/R 数据库包含了系统控制，以识别客户状态和控制总量的变化，从而保证记录的准确性。					

续表

流程/账户	控制目标或风险	控制活动或测试	样本规模和测试结果	如果没有敞口,控制的适当性(Y/N)	流程负责人	补救措施	后续措施/到期日
应收账款——应收账款核销	合规性	对不匹配的项目进行账龄分析,将超过 90 天的未达账项和支持凭证提交核销经理,以包括在核销分析中。选取核销清单中的交易进行复核。					
应收账款——应收账款核销	完整性	对于加锁信箱交易,日常现金收款完整、准确地记录于适当的期间。银行提供了一种服务,他们可以接触公司的 A/R 账户以及与未偿付的客户票据清算收到的支票。他们只被允许清算那些准确匹配的项目。没有精确匹配的项目直接计入清算账户,由公司应收款核销小组提供解决方案。沿核销的现金到原始文件(例如,发票和顾客付款)的过程选取样本并测试。					

续表

流程/账户	控制目标或风险	控制活动或测试	样本规模和测试结果	如果没有敞口,控制的适当性(Y/N)	流程负责人	补救措施	后续措施/到期日
应收账款——应收账款核销	完整性	如果顾客邮寄付款,每天的支票要及时存入银行,而且现金用于完整、准确地记录于适当期间的客户 A/R 未付票据。沿核销的现金到原始文件(例如,发票和顾客付款)的过程选取样本并测试。					
应收账款——应收账款核销	完整性	财务分析师(treasury analyst)编制并获得对会计分录的批准,这些会计分录记录了存入现金总账的现金。审核会计分录是否有适当的支持凭证、会计编码和批准。					
应收账款——应收账款核销	完整性	对于按照发票号码和金额来核销应收款有成文的规则(例如,方法),而且,这些规则要告知核销应收账款的员工。为了确保规则部属的准确性,实施样本测试。					

续表

流程/账户	控制目标或风险	控制活动或测试	样本规模和测试结果	如果没有敞口,控制的适当性(Y/N)	流程负责人	补救措施	后续措施/到期日
应收账款——应收账款核销	完整性	对于收款机收据(cash register receipt),现金要每天记录和存入。要验证收款机的程序可以准确的处理折扣、销售和使用税及其他收款机计算功能。检查和测试收银机的读数以确保准确。					
应收账款——应收账款核销	准确性	对于退回商品的调整,穿行测试和观察商品退回流程的申请,并记录控制问题。选取一个退回调整的样本,并追查至商品退回的申请和商品实物。					
应收账款——应收账款核销	准确性	对于所有其他对A/R余额的调整,穿行测试和观察这个流程。选取一个调整的样本,检查它们是否符合公司的政策、是否经过适当的批准和处理。					

续表

流程/账户	控制目标或风险	控制活动或测试	样本规模和测试结果	如果没有敞口,控制的适当性(Y/N)	流程负责人	补救措施	后续措施/到期日
应收账款——应收账款核销	准确性	审核同行审核核对表。审核、观察和记录完整和准确的核销应收账款的问题,并记录调查结果。					
应收账款——应收账款核销	授权	只有被授权的人员可以接触现金收据。每月,A/R系统访问人员与应收账款核销经理一起确定那些有权核销应收账款的人员名单。					
应收账款——应收账款核销	一致性	每天,出纳(treasury analyst)要通过比较之前和之后的银行账户余额来验证和核对输入的电子银行报表(EBS)的完整性和准确性。审核财务分析师所作调节的样本。					
应收账款——应收账款核销	一致性	每天,应收账款核销经理编制一份收到的原始文档和通过加锁信箱交易、邮寄交易核销的应收款和相关调整的调节表。审核样本的调节。					

续表

流程/账户	控制目标或风险	控制活动或测试	样本规模和测试结果	如果没有敞口，控制的适当性(Y/N)	流程负责人	补救措施	后续措施/到期日
应收账款——应收账款核销	职责分离	职责分离测试可以通过观察职能和职责以及审核成文的流程图和/或程序来实施。下列员工之间的职责要分离：					
应收账款——应收账款核销	职责分离	编制银行余额调节表的员工和登记现金或总账或明细账的员工。					
应收账款——应收账款核销	职责分离	批准客户退回的产品和/或原材料，检查是否已收到相应产品和/或原材料的员工与那些核销或调整客户未付A/R余额的员工。					
应收账款——应收账款核销	职责分离	对调整客户的未付A/R余额提供授权的员工与对客户未付的A/R余额进行调整的员工。					
应收账款——应收账款核销	职责分离	存入收到的现金(禁止有撤回的特权)。					

续表

流程/账户	控制目标或风险	控制活动或测试	样本规模和测试结果	如果没有敞口,控制的适当性(Y/N)	流程负责人	补救措施	后续措施/到期日
应收账款——应收账款核销	信息技术控制	验证 IT 和系统控制,确保系统能完整地、准确地处理数据和信息。审核各种类型的问题及其解决方案的例外报告。					
应收账款——应收账款核销	信息技术控制	IT 已经实施了接触控制,确保只有获得授权的人员可以更新客户的 A/R 余额。					
应收账款——坏账准备	完整性	使用月末应收账款账龄分析报告确定坏账余额的月末坏账准备以及顾客应收账款活动是最新的和完整的。					
应收账款——坏账准备	完整性	审核效率,即更新客户 A/R 余额和输入 A/R 账龄分析报告的及时性;记录从销售订单货物完成装运到更新A/R余额的时间,记录从确认收到现金到更新A/R余额的时间。					

续表

流程/账户	控制目标或风险	控制活动或测试	样本规模和测试结果	如果没有敞口,控制的适当性(Y/N)	流程负责人	补救措施	后续措施/到期日
应收账款——坏账准备	完整性	审核效果,即 A/R 账龄分析报告中所提供信息的缺陷。确定并调节公司 A/R 余额与客户的 A/P 记录。					
应收账款——坏账准备	准确性	根据公司的政策、程序和会计指南计提坏账准备并恰当地计算和列报。对使用的数据、计算和报告建立管理层监督、审核和批准制度。					
应收账款——坏账准备	准确性	验证使用了最新的A/R账龄分析报告计提坏账准备。					
应收账款——坏账准备	准确性	验证使用经批准的模板/电子表格来收集输入信息和测试计算结果。					
应收账款——坏账准备	准确性	验证所有相关的账户余额(包括管理层判断确认的那些账户余额),已经纳入坏账准备的计算范围内。					

续表

流程/账户	控制目标或风险	控制活动或测试	样本规模和测试结果	如果没有敞口，控制的适当性(Y/N)	流程负责人	补救措施	后续措施/到期日
应收账款——坏账准备	一致性	审核月度 A/R 调节表的完整性、准确性，确保不一致的项目及时得到调查和处理。确保调节已经得到了管理层的审核和批准。					
应收账款——坏账准备	授权	坏账准备得到了正确和准确的授权，并记录于总账。					
应收账款——坏账准备	授权	审核，账户调节、日记账分录的分析和批准以及支持性文件都经过适当的授权。					
应收账款——坏账准备	授权	财务经理通过比较总账余额和批准的计算，证实坏账准备已得到正确记录。					
应收账款——坏账准备	授权	审核坏账准备遵守和一贯应用了公司的计提方法。财务副总或公司总会计师审核、签字并确定详细日程和财务披露的时间。审核财务披露的输入和支持性文件。					

续表

流程/账户	控制目标或风险	控制活动或测试	样本规模和测试结果	如果没有敞口，控制的适当性(Y/N)	流程负责人	补救措施	后续措施/到期日
应收账款——坏账准备	信息技术控制	证实系统控制嵌入了程序，并按照设计实施。系统控制可能包含如下的配比：顾客的 A/R 输入与发票等其他公司信息；公司收到的还款必须等于记入客户 A/R 账户的还款数额；核销应收款的总额必须等于用于未付的客户 A/R 余额的现金。					
现金和有价债券	完整性	投资组合电子表格监督投资、公允市场价值的变化、现金从一种证券向另一种证券的流动和投资的处置。观察投资组合的维护和使用。					
现金和有价债券	完整性	在投资组合电子表格中记录、监督、追踪所有的投资。观察以确保没有辅助数据库或数据储存库。选取一组交易的样本，以追溯至原始文件。					

续表

流程/账户	控制目标或风险	控制活动或测试	样本规模和测试结果	如果没有敞口,控制的适当性(Y/N)	流程负责人	补救措施	后续措施/到期日
现金和有价债券	准确性	至少每月,监督并审核投资组合的公允市场价值,确保及时做出有关公允市场价值变化的决策。审核自我评估核对表同级审核的调查结果。					
现金和有价债券	准确性	每月要验证投资组合电子表格中公式的准确性,要得到同级审核的确认。选取季度末的电子表格进行审核,并遵循终端用户计算审核和批准流程。					
现金和有价债券	准确性	恰当地列报财务信息和所有其他信息,这些其他信息是公允列报和遵循一般公认会计准则(GAAP)所必需的,包括披露实现和未实现的损益、清算和减值的有价证券。审核相关的财务(treasury)政策与程序以确保它们是完整、准确和获得批准的,并得到了传达。					

续表

流程/账户	控制目标或风险	控制活动或测试	样本规模和测试结果	如果没有敞口,控制的适当性(Y/N)	流程负责人	补救措施	后续措施/到期日
现金和有价债券	授权	投资获得批准,并在授权确定的限度内。根据现金和有价证券的政策与程序确定的限额对多余现金进行投资。审核月度财务报告,并选择一个"自始至终"的样本进行审核和审计。					
现金和有价债券	授权	通过审批后,被授权人可以将多余现金转入批准的有价证券账户。所有的交易必须经过授权并形成记录。审核清单中交易的完整性、准确性和是否获得授权。					
现金和有价债券	授权	财务主管(treasurer)审核和批准所有投资相关的会计分录和支持性文件,包括转移、购买、出售、利息收入、实现的损益和未实现的损益及相关所得税影响,通过签字和日期得以证实。审核会计分录,确保准确的账户编码、支持性文件和及时的处理。					

续表

流程/账户	控制目标或风险	控制活动或测试	样本规模和测试结果	如果没有敞口,控制的适当性(Y/N)	流程负责人	补救措施	后续措施/到期日
现金和有价债券	授权	财务主管(treasurer)审核和批准提供给对外报告的季度披露,这些用于提交公司的10Q和10K文件。审核季度末提交的文件、支持性文件和审计痕迹。					
现金和有价债券	一致性	每月调节银行账户和有价证券账户之间的现金转移。每月,投资组合账户余额要与当月发生的交易活动进行调节。选取调节表以确保适当的分析、支持单据、审核和批准签字。					
现金和有价债券	一致性	财务主管至少每季度审核包括货币市场基金在内的投资组合,以确保符合现金与有价证券政策与程序确定的投资限额。					

续表

流程/账户	控制目标或风险	控制活动或测试	样本规模和测试结果	如果没有敞口,控制的适当性(Y/N)	流程负责人	补救措施	后续措施/到期日
财务预算和分析	完整性	审核流程清单,确保所有的业务单位、职能部门和业务经营活动都提交了预算输入。					
财务预算和分析	完整性	账户分类和预算报告与其他财务报表和报告相一致。审核差异分析和抽样选定的账户。					
财务预算和分析	完整性	比较一系列批准的资本项目申请,无论是进行中的还是尚未开始的,确保它们被纳入或恰当地归类于预算流程。					
财务预算和分析	准确性	审核预算说明和指南,确保它建议遵守一般公认会计准则(GAAP)、期间的一致性和应用现在及历史绩效,并针对一次性事项进行规范化。监督预算的效果和预测的准确性,并注意反馈是如何用于完善预算流程的。					

续表

流程/账户	控制目标或风险	控制活动或测试	样本规模和测试结果	如果没有敞口，控制的适当性（Y/N）	流程负责人	补救措施	后续措施/到期日
财务预算和分析	准确性	审核实际与计划的差异分析，寻求合理的解释。选取差异样本，以确定解释的准确性。					
财务预算和分析	授权	审核业务单元对财务计划和分析的输入，确保业务单元的管理者和财务负责人已在提交之前审核和批准了这项输入。审核预算相关会议的议程、时间和备忘录，确保实施了适当层次的审慎调查（due diligence）。					
财务预算和分析	授权	为了确保预算在提交董事会做最终批准前已经实施了适当层次的审慎调查，审核高级管理层与内部审核和批准年度预算与季度预测有关的议程、时间安排和备忘录。					

续表

流程/账户	控制目标或风险	控制活动或测试	样本规模和测试结果	如果没有敞口，控制的适当性（Y/N）	流程负责人	补救措施	后续措施/到期日
财务预算和分析	信息技术控制	在预算应用软件中，采用系统控制总量来确保完整和准确的处理预算输入。审核应用软件的设计，并与控制总量配比。					
固定资产和长期资产	完整性	为了查找未记录的固定资产，固定资产负责人或指定人员要审核过入总账特定费用账户（例如办公室、信息技术及维修和保养）的活动，以识别符合或超过当地资本化阀值的活动。每月通过对需要资本化项目的会计分录签字来记录这项审核。					
固定资产和长期资产	完整性	固定资产负责人或指定人员审核在建工程（CIP）和/或清算账户，以确定采购应该资本化还是费用化。审核在建工程账户余额和资本化和费用化的政策与程序。					

续表

流程/账户	控制目标或风险	控制活动或测试	样本规模和测试结果	如果没有敞口,控制的适当性(Y/N)	流程负责人	补救措施	后续措施/到期日
固定资产和长期资产	准确性	所有过入固定资产分类账的交易是有效的、准确的,并与总账核对一致。固定资产分析人员编制自我评估核对表,以记录固定资产数据库的增加、变化和减少,对这些自我评估核对表进行同级审核。选取一个核对表的样本,审核完整性、准确性和授权。					
固定资产和长期资产	准确性	固定资产资本化数额要与公司批准的资本化限额和政策相一致。审核公司的固定资产政策与程序在不同期间的可比性以及是否遵循GAAP。审核在不同地域间应用的一致性。					
固定资产和长期资产	准确性	将固定资产编号,并归到适当的资产分类账户,而且,在资产使用时开始计提折旧。审核资产的分类和账户编码资产的类型。审核折旧明细表并将其与公司政策比较。					

续表

流程/账户	控制目标或风险	控制活动或测试	样本规模和测试结果	如果没有敞口,控制的适当性(Y/N)	流程负责人	补救措施	后续措施/到期日
固定资产和长期资产	授权	固定资产部门将所有CIP的清单传递给各个业务单元领域(例如,房地产、设备、IT),这些部门确认工程的完成和投入使用时间。这项审核要由固定资产负责人的批准签字来证明。追踪收到的对编制和登记会计分录资产再分类的反馈。选取一套"自始至终"的交易样本,追溯至原始单据。					
固定资产和长期资产	授权	固定资产管理者的审核和批准要由签字和注明会计分录的日期来证明,这些日记账用于将折旧分录过入总账。					
固定资产和长期资产	授权	固定资产管理者审核和批准提供给对外报告的季度披露,这些用于提交公司的10Q和10K文件。审核季度末提交的文件、支持性文件和审计痕迹。					

续表

流程/账户	控制目标或风险	控制活动或测试	样本规模和测试结果	如果没有敞口，控制的适当性(Y/N)	流程负责人	补救措施	后续措施/到期日
固定资产和长期资产	一致性	固定资产记录包括资产的描述和识别、存放地点、购买时间、供应商、投入使用的时间、资产成本、应折旧年限、税法要求的折旧年限（如果不同）、可回收价值或残值等详细信息以及适当的总账账户。不完整的项目要标出来作为调整的项目。审核固定资产数据库，确保数据的完整性和准确性。					
固定资产和长期资产	一致性	固定资产负责人每月要审核和批准固定资产总账余额与累计折旧分类账的调节，并签字和注明日期。审核调节的准确性、及时性和对不相符项目的处理。					
固定资产和长期资产	一致性	审核 CIP 的调整和/或清算账户。选取最近完成的项目，并追踪交易活动至 CIP 以及从 CIP 到最终账户分类。					

续表

流程/账户	控制目标或风险	控制活动或测试	样本规模和测试结果	如果没有敞口,控制的适当性(Y/N)	流程负责人	补救措施	后续措施/到期日
固定资产和长期资产	资产保护	要记录、计划、沟通和实施盘点的流程。审核实物盘存的计划和结果。抽样测试实物存货的盘点。					
固定资产和长期资产	资产保护	审核固定资产的存在性及计价,调节账面余额与实物资产余额。					
固定资产和长期资产	资产保护	固定资产负责人或指定人员要定期盘点固定资产,并依据盘点结果调整固定资产明细账。如果发现不一致,要对差异进行调查、审核、批准、签字,并注明日期。					
固定资产和长期资产	资产保护	固定资产负责人或指定人员的审核和批准要由签字和注明会计分录的日期来证明,这些分录用于记录由于盘点过程中发现的差异而对总账进行的调整。					

续表

流程/账户	控制目标或风险	控制活动或测试	样本规模和测试结果	如果没有敞口,控制的适当性(Y/N)	流程负责人	补救措施	后续措施/到期日
固定资产和长期资产	职责分离	对固定资产数据库有更新或维护权限的员工与下列员工之间要存在和保持职责分离:有权处理供货商发票的员工(例如:应付账款);根据采购订单登记货物收据的员工(例如:收货部门、采购部门或者业务区域)。					
固定资产和长期资产	信息技术控制	通过人力资源数据库的系统输入,识别那些因为工作职责需要权限的员工和按照管理层的批准需要权限的员工,把权限限于那些获得授权的员工。审核这个流程,确保采用了最新的人力资源数据库文件。验证和测试用于分配职责和授予固定资产数据库权限的标准。					

续表

流程/账户	控制目标或风险	控制活动或测试	样本规模和测试结果	如果没有敞口，控制的适当性（Y/N）	流程负责人	补救措施	后续措施/到期日
公司间交易	遵守法律法规	审核和验证公司间协议的制定、审核和批准，这些是当地法律和法规所规定和必需的。					
公司间交易	遵守法律法规	审核和分析公司间政策、程序和操作指南，确保遵循当地法律法规和GAAP。与公司税务和进口/出口部门验证跨境处理。与财务部验证操作指南。					
公司间交易	完整性	审核和分析公司间账目往来款项的类型和处理的总账活动。审核相应业务领域的活动，以确保完整、准确和及时识别两个经营主体内的公司间应收账款与应付账款。					

续表

流程/账户	控制目标或风险	控制活动或测试	样本规模和测试结果	如果没有敞口,控制的适当性(Y/N)	流程负责人	补救措施	后续措施/到期日
公司间交易	完整性	当地政府审计官(local country controllers)审核账户活动,以确保符合公司间往来款项的事项在作为公司间交易处理之前得到了适当的记录、审核和批准。遵循当地政府审计官的程序并审核批准流程。					
公司间交易	完整性	审核交易处理截止、合并、公司间抵消分录处理的操作说明和核对清单。观察并评价这个流程。					
公司间交易	准确性	审核交易的流程和选取的交易样本,以确保在发送收款请求之前获得了收货方的批准和验收。发送收款请求的主体(例如,持有公司间应收账款的主体)开具公司间发票,并交给收到收款请求的主体(例如,有责任结算公司间应付账款的主					

续表

流程/账户	控制目标或风险	控制活动或测试	样本规模和测试结果	如果没有敞口,控制的适当性(Y/N)	流程负责人	补救措施	后续措施/到期日
		体)。验证发票包含的信息是否满足客户和税务审计的要求。					
公司间交易	准确性	审核操作说明并遵守清算公司间余额的惯例。					
公司间交易	准确性	审核预扣税和/或外汇差异的计算及会计处理。					
公司间交易	授权	在登记内部控制交易会计分录或者传递公司间发票之前,发送收款请求的主体必须获得收到收款请求的主体的同意。通过签字和注明日期来证明授权情况。					
公司间交易	授权	各种类型的公司间往来款项及其相关的会计和和税务处理要受到公司税务、财务、会计和财务报告部门的审核,包括检查原始数据、测试完整性和检查输出的数据。审核会议日程、会议记录以及政策和程序的补救措施事项。					

续表

流程/账户	控制目标或风险	控制活动或测试	样本规模和测试结果	如果没有敞口,控制的适当性(Y/N)	流程负责人	补救措施	后续措施/到期日
公司间交易	授权	审核公司间活动是否遵循和一贯应用公司的方法。公司审计官审核详细的进度计划和财务披露,并签字,注明日期。审核对财务披露和支持性文档的输入信息。					
公司间交易	一致性	审核公司间账户的调节情况,以确保账户余额是准确的,不存在由于提价(uplift charges)、外汇或者其他费用产生的残余影响。接下来要确保争议得到及时的处理,调整得到记录、批准和签字。					
公司间交易	信息技术控制	作为一项系统检查,公司间数据库要与会计分录的细节匹配,以确保发送的主体和接收的主体使用相同的会计科目分类。					

续表

流程/账户	控制目标或风险	控制活动或测试	样本规模和测试结果	如果没有敞口，控制的适当性（Y/N）	流程负责人	补救措施	后续措施/到期日
公司间交易	信息技术控制	只有获得授权的员工才可以访问公司间交易数据库。每个季度，职能的负责人审核访问权限，确保只有获得授权的人才可以接触公司间交易数据库。					
原材料和存货	完整性	审核检查收到商品完整性、准确性以及及时处理的报告。审核用于审核和接收收入产品的同级核对清单。					
原材料和存货	完整性	审核和观察不属于公司所有的存货的处理，例如，寄售或代表客户持有的材料和存货的记录。					
原材料和存货	完整性	审核和观察确定为废物或废料的存货是否单独存放和记录。					

续表

流程/账户	控制目标或风险	控制活动或测试	样本规模和测试结果	如果没有敞口,控制的适当性(Y/N)	流程负责人	补救措施	后续措施/到期日
原材料和存货	完整性	在装运之前必须对外运存货的质量进行检查,必须与销售订单/装运申请单一致。检查同级核对表对外运产品的审核。					
原材料和存货	完整性	审核存货的毁坏或处置凭证,确认这些存货已经按照审批的程序从存货记录上去除。					
原材料和存货	准确性	审核存货记录的准确性和完整性,以追踪存货自始至终的转移。存货记录应该包括产品代码或识别码、产品名称或描述、供应商、入库日期、采购单编号、数量、单价、存货验收人的标识符和存货的储存地点。存货数据库信息的材料转移模块要收集的信息包括原材料转移的申请人、日期和新的储					

续表

流程/账户	控制目标或风险	控制活动或测试	样本规模和测试结果	如果没有敞口,控制的适当性(Y/N)	流程负责人	补救措施	后续措施/到期日
		存地点。在存货数据库的外运模块中,每一个存货记录都要更新以反映客户名称和/或者客户编代码、装运日期、装运数量、承运商或索引代码和销售单编号。					
原材料和存货	及时性	观察条形码扫描设备的使用情况,收集和记录存货数据库内的信息。					
原材料和存货	及时性	审核和观察在会计期末收到的和没有计入存货数据库的存货根据公司应计政策和程序是否是应计项目。对期末和期初材料和存货收货单进行抽样测试,确保适当的会计期间识别和期间选择。					
原材料和存货	信息技术控制	控制访问存货数据库的权限。					

续表

流程/账户	控制目标或风险	控制活动或测试	样本规模和测试结果	如果没有敞口，控制的适当性(Y/N)	流程负责人	补救措施	后续措施/到期日
原材料和存货	信息技术控制	使用控制总量确保交易记录的完整性。确保控制总量的操作指引和实际应用在适当的控制点并入，并充当适当的控制指标。					
原材料和存货	信息技术控制	存货数量和价值的增减触发用于编制会计分录的报告。公司尽可能要有自动的流程来记录入库和出库存货的踪迹。公司尽可能要有自动的流程来记录材料和存货在生产循环中的转移。选取一个样本，通过数据处理和日记账分录报告，审核、追踪、核对材料和存货的转移。					
原材料和存货	一致性	审核和分析存货的调整，按照产品分类和数量识别存货的入库、转移、处置和装运。					

续表

流程/账户	控制目标或风险	控制活动或测试	样本规模和测试结果	如果没有敞口,控制的适当性(Y/N)	流程负责人	补救措施	后续措施/到期日
原材料和存货	一致性	审核和分析产品销售成本(例如,存货数据库)与存货的发运(例如,销售订单数据库)之间的调节。					
原材料和存货	一致性	审核和分析收货的装货单(例如,采购数据库中的商品入库单)与收到并记录到存货数据库中的存货之间的调节以及与批准的和完整的采购订单的一致性。					
原材料和存货	一致性	审核和分析:(1)出库发运报告和已发运存货之间的一致性;(2)存货数据库中记录的存货与批准的销售订单之间的调节。					
原材料和存货	职责分离	通过观察员工的职能和责任以及审核书面的流程图和/或程序来实施职责分离测试。职责分离存在下列人员之间:					

续表

流程/账户	控制目标或风险	控制活动或测试	样本规模和测试结果	如果没有敞口，控制的适当性（Y/N）	流程负责人	补救措施	后续措施/到期日
原材料和存货	职责分离	授权采购材料和存货的人员与验收入库、保管存货的人员。					
原材料和存货	职责分离	验收入库和保管材料和存货的人员与授权采购、转移或处置材料和存货的人员。					
原材料和存货	职责分离	实地保管原材料和存货的人员与那些负责会计核算、记录保存和核对调节的人员。					
原材料和存货	资产保护	观察指定的接收区域和流程，确保将交易完整、准确地记录于适当的数据库。					
原材料和存货	资产保护	观察指定的发运区域和流程，确保将交易完整、准确地记录于适当的数据库。					
原材料和存货	资产保护	审核和观察材料和存货在下列情形下的实物处理和会计处理：入库验收、在不同部门和仓库之间转移、由于发运或外运的发出。					

续表

流程/账户	控制目标或风险	控制活动或测试	样本规模和测试结果	如果没有敞口,控制的适当性(Y/N)	流程负责人	补救措施	后续措施/到期日
原材料和存货	资产保护	观察存货的实地盘点,并抽样检查盘点数。					
原材料和存货	资产保护	确定公司已经给材料和存货适当的投保,而且代表供应商和/或客户持有的材料和存货包括在了公司投保的范围内。					
原材料和存货	资产保护	观察和确定仓库的入口是安全的。确定存货得到了适当的保护,以免被损坏、盗窃和滥用。					
日记账分录	完整性	会计分录(包括标准和非标准会计分录)以及其他调整的完整性、存在性和准确性是准确的。选取一个日记账分录样本,审核其完整性和准确性,包括支持性凭证的附件或附注。对所选取的会计分录的审核进行同级检查。					

续表

流程/账户	控制目标或风险	控制活动或测试	样本规模和测试结果	如果没有敞口,控制的适当性(Y/N)	流程负责人	补救措施	后续措施/到期日
日记账分录	完整性	管理层应当确保这些会计分录进行了初始化、授权、记录以及在总账中得到了适当的处理。选取一个会计分录样本,审核管理层的审核和授权。					
日记账分录	完整性	选取的账户余额样本要追溯(例如,自始至终的抽样)至原始凭证,以确保准确、及时和完整的报告。					
日记账分录	完整性	会计时间计划要传达给那些负责编制、审核、批准会计分录的人员。审核会计操作说明和指引的完整性、准确性以及与 GAAP 的一致性。					
日记账分录	准确性	所有的会计分录要借贷相等。只有正确的和获得批准的账户代码才符合条件并可以使用。选取一个会计分录的测试样本并审核,以确保有适当程度的支持凭证,实施了审核和批准。					

续表

流程/账户	控制目标或风险	控制活动或测试	样本规模和测试结果	如果没有敞口，控制的适当性（Y/N）	流程负责人	补救措施	后续措施/到期日
日记账分录	准确性	在总账中，会计分录要准确、初始化、获得授权、记录和得到适当的处理。					
日记账分录	准确性	应计项目（accruals）是适当和准确的，有适当的支持和批准，并记录于适当的会计期间。选取一个样本，审核计算和会计处理的准确性。					
日记账分录	授权	只有获得授权的员工才可以编制、审核、批准、和/或登记会计分录。财务报告中要保留一份获得批准的人员的名单。					
日记账分录	一致性	对账户进行调节或详细地分析，确保会计余额是正确的，并记录于适当的会计期间。					

续表

流程/账户	控制目标或风险	控制活动或测试	样本规模和测试结果	如果没有敞口,控制的适当性(Y/N)	流程负责人	补救措施	后续措施/到期日
日记账分录	信息技术	如果使用 IT 应用软件编制会计分录,那么必须有控制措施确保对于既定的会计期间只有完整、准确和及时的会计分录得到了处理。选择一个样本,对通过技术流程的交易实施穿行测试。					
日记账分录	信息技术	确保只有正确的账户代码用于会计分录。审核和分析公司的会计科目表和总分类账。					
日记账分录	信息技术	在总账中,数据输入或会计分录要准确、初始化、获得授权、记录和得到适当的处理。					
应付薪酬	遵守法律法规	审核流程,以确保适当的会计处理和报告那些需要分离出来进行充公处理(escheat treatment)的薪酬支票。					

续表

流程/账户	控制目标或风险	控制活动或测试	样本规模和测试结果	如果没有敞口,控制的适当性(Y/N)	流程负责人	补救措施	后续措施/到期日
应付薪酬	遵守法律法规	审核会计处理和充公报告。					
应薪酬	遵守法律法规	审核当地监管法律和法规与公司标准实践不同的那些处理程序。					
应付薪酬	遵守法律法规	审核和调节税负和监管报告与实际薪酬的金额。确保适当地记录和支付非常规的要求。					
应付薪酬	完整性、准确性和及时性	处理的或支付的薪酬是准确和完整的。根据批准的比例和计算公式计算薪酬,录入应付薪酬系统,包括附加工资和扣除项目。审核和分析各会计期间对计划支出的控制总量及差异。选取样本,并遵循从时间记录到计算到薪酬支付的流程。					
应付薪酬	完整性、准确性和及时性	审核和分析资金在公司银行账户之间到所附薪酬(cover payroll)转移的时间。					

续表

流程/账户	控制目标或风险	控制活动或测试	样本规模和测试结果	如果没有敞口，控制的适当性(Y/N)	流程负责人	补救措施	后续措施/到期日
应付薪酬	完整性、准确性和及时性	审核员工薪酬争议记录，以确保及时、准确地解决争议，进行根源分析，并持续改进应付薪酬的流程。					
应付薪酬	授权	审核和分析薪酬的政策、程序以及处理付款的说明。					
应付薪酬	授权	由财务指引指定的两位获得授权的员工授权和批准手工检查。观察和审核人工检查流程。选取一个支票的样本，并验证计算、管理层审核和授权的签字人。					
应付薪酬	授权	审核所有会计分录的编制方法，包括费用、负债和为薪酬处理产生的现金。选取样本会计分录，审核支持性凭证和交易的处理。					

续表

流程/账户	控制目标或风险	控制活动或测试	样本规模和测试结果	如果没有敞口,控制的适当性(Y/N)	流程负责人	补救措施	后续措施/到期日
应付薪酬	一致性	每次开具薪酬支票之后,实施对薪酬处理账户的银行调节。选取银行对账单,审核其准确性、管理层审核和授权以及适当的会计分录处理。					
应付薪酬	一致性	通过后面的总额和选取的贯穿交易、审核和批准循环的样本,审核处理和调节的痕迹。例如,审核从计算和支付薪酬到记录和登记会计分录以及最终结算已兑现薪酬支票到银行对账单这一流程。					
应付薪酬	资产保护	空白支票和签章保存在了上锁的安全地方,只有获得授权的人员才可以接触。对这些资产实施实地检查。					

续表

流程/账户	控制目标或风险	控制活动或测试	样本规模和测试结果	如果没有敞口，控制的适当性(Y/N)	流程负责人	补救措施	后续措施/到期日
应付薪酬	职责分离	通过观察职能和责任、审核记录的流程图和/或程序，实施职责分离测试。职责分离存在以下员工之间：					
应付薪酬	职责分离	有权限进入系统的人员与处理数据的人员。					
应付薪酬	职责分离	有权限接触员工主数据、确定符合条件的员工与批准工资率的人员。					
应付薪酬	职责分离	授权的人员和输入数据的人员。					
应付薪酬	职责分离	审批和监督数据修改或系统维护的人员和那些录入或处理数据的人员。					
应付薪酬	职责分离	审核和调节报告的人员。					
应付薪酬	信息技术控制	审核接触控制以及公司薪酬系统和人力资源部门员工记录之间获得授权的员工清单。					

续表

流程/账户	控制目标或风险	控制活动或测试	样本规模和测试结果	如果没有敞口,控制的适当性(Y/N)	流程负责人	补救措施	后续措施/到期日
应付薪酬	信息技术控制	IT 处理和计算控制要内置于薪酬的计算,它要识别超出批准限额的数额。					
应付薪酬	信息技术控制	审核和分析 IT 控制日志。审核和分析选取的系统控制报告,并沿着这个流程解决例外报告中的问题。					
应付薪酬	信息技术控制	如果这个流程的任何一部分进行了外包,那么要审核提交给公司的 SAS 70 报告,以确保外包服务的提供者应用了适当的内部控制。选取样本,以确保信息处理的一贯性。					
采购	遵守合同条款和协议	审核并确保所有的供应商都有有效的采购合同,如果有非标准的条款和条件,那么这些合同应当有附加财务和法律批准。					

续表

流程/账户	控制目标或风险	控制活动或测试	样本规模和测试结果	如果没有敞口，控制的适当性（Y/N）	流程负责人	补救措施	后续措施/到期日
采购	完整性	穿行测试并观察从采购申请到采购订单的流程。选取一个获得批准的采购订单的样本，并审核准确性、完整性和处理的及时性。					
采购	完整性	穿行测试并观察货物验收流程以及申请部门关闭未交货采购订单。选取一个样本，并审核准确性、完整性和处理的及时性。					
采购	准确性	审核采购活动报告和绩效指标，确保能够准确、完整、及时地报告。审核补救措施和计划。					
采购	准确性	审核会计科目表以及会计科目设置在批准的采购订单上的应用情况。					
采购	准确性	对那些采购订单和发票存在质量和数量差异的应付账款（A/P）的例外报告进行审核。选取一个样本，审核解决方案、补救措施和行动计划。					

续表

流程/账户	控制目标或风险	控制活动或测试	样本规模和测试结果	如果没有敞口,控制的适当性(Y/N)	流程负责人	补救措施	后续措施/到期日
采购	授权	选取一个采购订单样本,审核其完整性、准确性以及授权审批情况。审核 POs 是否下给了符合要求和获得批准的供应商。					
采购	授权	选取采购订单变更的一个样本,验证变更的准确性和预授权情况。					
采购	授权	审核例外报告,而且,Pos 的补救计划要在收到商品或接受服务之后实施。					
采购	授权	观察和穿行测试供应商资格审查流程。审核和分析供应商绩效报告、供应商现场考察报告和补救行动计划。					
采购	授权	审核下给不符合要求的供应商的订单或未获得批准的货物或服务的订单的例外报告和补救计划。					

续表

流程/账户	控制目标或风险	控制活动或测试	样本规模和测试结果	如果没有敞口，控制的适当性(Y/N)	流程负责人	补救措施	后续措施/到期日
采购	职责分离	通过观察职能和责任以及审核记录的流程图和/或程序实施职责分离的测试。职责分离存在于以下员工之间：					
采购	职责分离	负责供应商主数据和维护(归采购部分所有)的员工与有权处理采购发票(应付账款部门)的员工。					
采购	职责分离	通过PO(归采购部分所有)申请采购商品和/或服务的员工与负责向供应商下订单的员工。					
采购	职责分离	审批采购订单(由申请采购商品和/或服务的业务领域实施)的员工与有权处理供应商发票的员工。					
采购	职责分离	与供应商洽谈合同条款和条件的采购专业员与申请采购货物和/或服务的员工。					

续表

流程/账户	控制目标或风险	控制活动或测试	样本规模和测试结果	如果没有敞口,控制的适当性(Y/N)	流程负责人	补救措施	后续措施/到期日
采购	职责分离	处理供应商发票的员工与负责验收采购订单所列货物(由验收部门或申请采购货物和/或服务的业务领域实施)的员工。					
采购	信息技术控制	根据公司政策和程序,至少每季度,文件共享的所有人要对采购系统和文件共享权限进行审核,以确保权限只限于获得授权的员工。					
采购	信息技术控制	设计附加的采购系统控制,这些控制要:					
采购	信息技术控制	在货物验收的过程中,不容许改动采购订单(例如:改动产品或服务订单,改变数量和/或先前批准的金额)。					
采购	信息技术控制	追踪重复付款的一揽子采购订单的剩余余额,而且,当余额为零时,终止这个采购订单。					

续表

流程/账户	控制目标或风险	控制活动或测试	样本规模和测试结果	如果没有敞口，控制的适当性（Y/N）	流程负责人	补救措施	后续措施/到期日
收入	遵守合同条款	所有的客户都有有效的、经过审批的合同。客户要求的非标准合同条款和条件需要另外的财务和法律批准。审核无有效合同顾客的例外报告，并补救解决方案。					
收入	遵守合同条款	审核客户的不满意和扩大报告，以识别客户对公司产品和/或服务提出问题的类型。分析公司如何调查这些问题的根本原因、如何改进程序以及如何与客户解决问题。					
收入	完整性	所有的销售订单都录入到销售数据库中，而且公司一旦接受，销售订单就要发出去执行。审核例外报告并且追踪纠正计划。选择并抽样测试销售订单的完整性、准确性和处理的及时性。					

续表

流程/账户	控制目标或风险	控制活动或测试	样本规模和测试结果	如果没有敞口,控制的适当性(Y/N)	流程负责人	补救措施	后续措施/到期日
收入	完整性	审核零金额(zero - dollar)销售订单收入和存货会计处理的准确性。审核零利润销售报告并验证零数额销售履约的原因。选取一个样本并测试原因分类的准确性。					
收入	完整性	完成的销售订单要与原始合同核对,解释、授权以及记录存在的差异。合同和支持性记录包括批准要跟销售订单与客户文件一起保留和保存。审核同行或自我评估核对表。选取一个样本并验证核对报告和纠正计划。					
收入	及时性	在每月月末结账之前传达有关收入截止期间的说明。审核传达情况和时间安排。					

续表

流程/账户	控制目标或风险	控制活动或测试	样本规模和测试结果	如果没有敞口，控制的适当性（Y/N）	流程负责人	补救措施	后续措施/到期日
收入	准确性	确信满足了收入确认的标准。对于选取的交易样本，审核并追踪自始至终（cradle－to－grave）的支持记录，包括客户的合同、销售订单、发运和履行订单以及客户的通信联系。					
收入	准确性	审核并分析估计和准备金账户对公司政策和程序的遵守性、计算的准确性以及处理的及时性。重新计算估计和准备金账户，看是否准确和一致。					
收入	授权	选取一个销售订单的样本，审核订单的完整性、准确性以及处理订单之前的授权。					

续表

流程/账户	控制目标或风险	控制活动或测试	样本规模和测试结果	如果没有敞口,控制的适当性(Y/N)	流程负责人	补救措施	后续措施/到期日
收入	授权	审核收入根据产品和区域的分部报告,看是否一贯应用了公司的方法。财务副总裁(VP)或公司主管审核、标明并安排详细的进度和财务披露。					
收入	一致性	在以下业务中进行账户分析和核对:					
收入	一致性	销售订单数据库以及记录和确认的收入。					
收入	一致性	应收账款以及确认的收入。					
收入	一致性	销售、使用税以及收入。					
收入	一致性	企业间收入和企业间应收账款。					
收入	一致性	收入与应付专利权使用费。					
收入	一致性	销售订单、收入和奖金。					

续表

流程/账户	控制目标或风险	控制活动或测试	样本规模和测试结果	如果没有敞口,控制的适当性(Y/N)	流程负责人	补救措施	后续措施/到期日
收入	职责分离	通过观察职责和责任以及审核记录的流程图和/或程序来实施职责分离的测试。职责分离存在于以下员工之间:					
收入	职责分离	编制、录入和完成销售订单的员工与记录相关会计交易的员工。					
收入	职责分离	向客户开具发票的员工与收取和处理客户账款的员工。					
收入	职责分离	记录会计交易的员工与核对账户的员工。					
零售订单	遵守合同条款	零售伙伴名单是完整和准确的,并且表示经过授权的零售伙伴,他们与公司有有效的主销售协议。所有商业伙伴都有有效的、经过审批的合同。如果商业伙伴需要非标准的合同条款和条件,需要另外的财务和法律审批。					

续表

流程/账户	控制目标或风险	控制活动或测试	样本规模和测试结果	如果没有敞口，控制的适当性（Y/N）	流程负责人	补救措施	后续措施/到期日
零售订单	完整性	商业伙伴的产品单和定价单是完整和准确的，并且表示公司授权卖给零售伙伴的产品。审核产品和定价单的授权和沟通，并反映这些产品和价格清单包含在商业伙伴的订单里。					
零售订单	完整性	在将销售订单送达分配部门执行之前，销售订单负责人要审核和批准销售订单。审核完成的销售订单以确保企业以报出的价格完成要求的产品数量，并验证计算的范围。选取样本并测试支持性记录。					
零售订单	准确性	所有装运的货物得到了准确、及时的记录，并记录在适当的期间。审核装运报告，并选取一个样本检查证明文件（supporting document）。					

续表

流程/账户	控制目标或风险	控制活动或测试	样本规模和测试结果	如果没有敞口,控制的适当性(Y/N)	流程负责人	补救措施	后续措施/到期日
零售订单	准确性	观察从公司收到和处理销售订单到完成,到装运单,再到登记会计分录的流程。观测记录控制结论和发现的问题。					
零售订单	授权	商业伙伴具有相应的资质和经过预先审批,并经过信用授权。					
零售订单	授权	根据公司的政策和程序,因为这些需要另外的审核和批准,生成销售订单报告以识别那些小于或大于一般销售订单数量和金额的销售订单。审核并分析这些另外管理层审核、批准的报告和证明文件。					
零售订单	一致性	编制、审核和批准收到的销售订单和完成的销售订单之间的核对表;未调节的事项留待以后解决。选取核对表,审核源数据,重新计算并验证审批情况。					

续表

流程/账户	控制目标或风险	控制活动或测试	样本规模和测试结果	如果没有敞口,控制的适当性(Y/N)	流程负责人	补救措施	后续措施/到期日
零售订单	一致性	核对完成的销售订单和商业伙伴应收账款数据流。选取样本,审核计算、审批和证明文件。					
零售订单	职责分离	通过观察职能和责任以及审核流程图、程序等来执行职责分离的测试。职责分离存在于以下员工之间:					
零售订单	职责分离	评价和批准商业伙伴的人员与处理销售订单、装运产品或处理应收账款的人员。					
零售订单	信息技术控制	系统自动地监控顾客的信用限额,而且如果顾客的采购订单超过系统中已批准的信用限额时,将该顾客标示为“超过信用限额”。					
零售订单	信息技术控制	只有有效的、准确的采购订单进入系统。在进入系统之前,要审核订单的准确性和有效性,以采购订单的结束来证实。					

续表

流程/账户	控制目标或风险	控制活动或测试	样本规模和测试结果	如果没有敞口，控制的适当性(Y/N)	流程负责人	补救措施	后续措施/到期日
所得税	遵守法律法规	编制税率表(tax schedule)，它表示公司对所得税准备和申报法定义务。纳税部门可以表明遵守了税率表。审核并分析法定备案文件的列表。					
所得税	遵守法律法规	记录税务研究，确定公司在经营和税务流程中执行了税收要求的特定程序。审核研究的税务事项列表以及对是否需要将研究的事项并入公司政策和程序的评估。高级管理人员要确信所有可用和适当的有利税率都纳入了所得税准备、纳税申报和披露。					
所得税	完整性	在纳税职能部门和职能与地区业务单元之间建立沟通线路，从而为所得税准备所要求的输入提供清晰的说明。审核政策和程序是否适当地包括了纳税考虑的因素。					

续表

流程/账户	控制目标或风险	控制活动或测试	样本规模和测试结果	如果没有敞口,控制的适当性(Y/N)	流程负责人	补救措施	后续措施/到期日
所得税	完整性	税务管理人员要比较预计的税前收益和税款准备金工作底稿。审核同行核对表或自我评估核对表,确定工作底稿是否完整。验证所得税核对表的使用和证明文件。					
所得税	准确性	税款准备金的计算得到了适当的记录、准确的确定、证明并记录于总账。审核用于计算、检查、批准税款准备金的假设和流程。选取计算样本重新计算。					
所得税	准确性	计算和完整、准确地记录销售税和使用税负债,及时申请付款。审核和分析销售税和使用税的工作底稿以及负债的列报。					

续表

流程/账户	控制目标或风险	控制活动或测试	样本规模和测试结果	如果没有敞口，控制的适当性（Y/N）	流程负责人	补救措施	后续措施/到期日
所得税	准确性	业务单元和纳税管理人员要验证所收集数据的真实性和完整性。纳税职能部门及时地重新计算税额，以评估计算的准确性和合理性。内部控制审核数据输入和税额计算。					
所得税	准确性	为了相互制衡和确保准确，编制所得税计算/工作产品（work product）的人员、审核和批准税额申报的人员、批准和/或核对会计分录的人员要有明确的分工。执行穿行测试，观察从收到数据输入到编制会计分录、从纳税申报到支付税款的整个流程。					
所得税	授权	税务副总裁审核和批准必须用于预算和预测的所得税税率。这个税率要与实际计算的年末税率一致。					

续表

流程/账户	控制目标或风险	控制活动或测试	样本规模和测试结果	如果没有敞口,控制的适当性(Y/N)	流程负责人	补救措施	后续措施/到期日
所得税	授权	税务副总裁审核和批准所得税会计分录以及当期债务和递延债务、短期债务和长期债务之间的分类。					
所得税	授权	税务副总裁审核和批准多个州的混合所得税税率。					
所得税	授权	首席财务官(CFO)每季度要审核和批准应急准备金(contingency reserve),注意证明文件是否符合第5号财务会计准则公告以及对税务账户的相关影响。					
所得税	授权	在所得税方面,对公司的政策和程序(例如,企业间交易、跨境交易和转移产品定价)进行充分的审核和批准。					

续表

流程/账户	控制目标或风险	控制活动或测试	样本规模和测试结果	如果没有敞口,控制的适当性(Y/N)	流程负责人	补救措施	后续措施/到期日
所得税	授权	审核所得税准备金,呈报、披露要求的完整性、准确性和对法律法规的遵循性。财务副总裁或公司负责人(controller)审核、签署和安排详细的时间进度和财务披露。审核披露和证明文件。					
所得税	一致性	把业务单元提交的财务数据与向纳税部门提交的财务信息进行核对调节。选取一些调节进行审核和分析。					
所得税	一致性	税务副总裁审核和批准延展的计划,并分析哪些包括了当期应付所得税、递延所得税和税款准备金。选取一些调节进行审核和分析。					

续表

流程/账户	控制目标或风险	控制活动或测试	样本规模和测试结果	如果没有敞口,控制的适当性(Y/N)	流程负责人	补救措施	后续措施/到期日
所得税	一致性	税务副总裁审核所要求的税收分录与反映在总分类账上的余额之间的核对调节,以确定信息被正确地过入总分类账以及所得税账户被正确地表述。选取一些调节进行审核和分析。					
所得税	一致性	每月把应计的销售收入和使用税应急准备与支持性计划和总分类账核对调节,以确保应计收入是完整和准确的。选取一些调节进行审核和分析。					

内部控制——控制活动测试的结果

因为内部控制代表测试每个控制目标,他们应该通过完成控制活动结果表来追踪测试和结果。需要收集证据来支持对控制活动所做的认定,这个表格可以作为这些证据的封面。

每一个测试结果,不管是正面的还是负面的,都必须进行记录,以表明内部控制代表在审核这个流程时运用了适当水平的应有谨慎。另外,那些表明有缺陷的项目需要进行识别和分类,以便采取补救措施。

内部控制——控制活动测试的结果

公司	地点	财务期间:	编制人:
		日期:	审核人:

目的

范围或流程描述:

参考政策和程序

被测试控制活动的结果

列举和确认控制目标和每一个被测试的控制活动。如测试指引列示的那样,仿效或建立控制目标和活动的交叉索引。

控制活动结果应该确认样本规模、取样的标准和结果;索引结果 E 表示控制存在,CT 表示控制得到了完全和及时的执行,VA 表示控制是有效和准确的。在你的测试计划中可以包含认为适当的其他认定水平。

评估指的是对控制是否按照它本应有的方式运行的评价。评级从 1 到 4,每一级的定义为:1 级表示重大缺陷,2 级表示重要漏洞,3 级表示应报告的情况,4 级表示有效的控制。

被测试控制活动的结果

被测试控制的描述	认定	被测试控制活动的结果	评估 1,2,3,4
1			
2			
3			

评价:根据我的观点,对于上述控制的整体控制评估评级为(插入等级 1,2,3,4),并描述你得出这一结论的理由。

编制人:______________________ 日期:______________

审核和批准人:______________________ 日期:______________

一旦完成,把测试指引作为封面附到证明文件上,并传递到内部控制。

报告记分卡			
公司	地点	财务期间：	编制人：
		日期：	审核人：

分发给：首席执行官、首席财务官、实施团队和流程负责人

目的：整合从"控制活动测试的结果"中发现的问题，并报告补救公开问题的进展情况。

目标：零重要漏洞和零重大缺陷

测试目前为 <插入与内部控制测试计划相匹配的日期>

发现的问题：

流程	总#控制	等级1 SD	等级2 MW	等级3 RC
合计				

评级从1到4，每一级的定义为：1级表示重大缺陷（SD），2级表示重要漏洞（MW），3级表示应报告的情况（RC）。

措施：

流程	流程负责人	补救措施	预计完成日期	

内部控制评论或观察

缩略语

AP or A/P:应付账款
AR or A/R:应收账款
BOD:董事会
BS or B/S:资产负债表
CAO:首席会计官
CAO:首席行政官
CEO:首席执行官
CFO:首席财务官
CIP:在建工程
公司—IDEAL LLC
COO:首席运营官
COSO or Framework: Treadway 委员会的发起组织委员会
CT:完整和及时的
DOA:授权
DPO:应付账款天数
E:存在
EBS:电子银行对账单
EUC:终端用户计算系统
FASB: 财务会计准则委员会
FCPA: 美国反海外贿赂法
GAAP: 美国一般公认会计准则
GL:总分类账
ICOFR:财务报告内部控制
IDEAL:介绍、设计、评价和评估领导能力
IFAC:国际会计师联合会
IIA:内部审计师协会
IS:信息服务
IT:信息技术
Legal:法律部

Letter:每季度的次级确认(subcertification)函或陈述函
Matrix:流程负责人矩阵
MBA:工商管理硕士
MD&A:管理层讨论和分析
MW:重要漏洞
PCAOB: 公众公司会计监督委员会
PO:采购订单
Program:内部控制方案
RASCI:职责、授权、支持、协商和告知
RC:应报告的情况
SAS:审计准则公告
SD:重大缺陷
SEC:证券交易委员会
SOX:2002 年萨班斯—奥克斯利法案
U. S. GAAP: 美国一般公认会计准则
VA:有效和准确
VP:副总裁